AnwaltsGebühren

Anwaltsgebühren in Verkehrssachen

7. Auflage 2025

Begründet von
Richterin am Oberlandesgericht
Dr. Julia Bettina Onderka, Bonn

Fortgeführt von
Rechtsanwalt und Fachanwalt für Verwaltungsrecht
Dr. Michael Pießkalla, LL.M.Eur., München

DeutscherAnwaltVerlag

Zitiervorschlag:
Pießkalla, Anwaltsgebühren in Verkehrssachen, § 1 Rn 1

Hinweis
Die Ausführungen in diesem Werk wurden mit Sorgfalt und nach bestem Wissen erstellt. Sie stellen jedoch lediglich Arbeitshilfen und Anregungen für die Lösung typischer Fallgestaltungen dar. Die Eigenverantwortung für die Formulierung von Verträgen, Verfügungen und Schriftsätzen sowie für die Abrechnung von Unfallmandanten trägt der Benutzer. Autor und Verlag übernehmen keinerlei Haftung für die Richtigkeit und Vollständigkeit der in diesem Buch enthaltenen Ausführungen und Formulierungs- sowie Berechnungsbeispiele.

Anregungen und Kritik zu diesem Werk senden Sie bitte an
kontakt@anwaltverlag.de
Autor und Verlag freuen sich auf Ihre Rückmeldung.

Satz: Reemers Publishing Services, Krefeld
Druck: Hans Soldan Druck GmbH, Essen
Umschlaggestaltung: gentura, Holger Neumann, Bochum
ISBN 978-3-8240-1755-3

Bibliografische Information der Deutschen Nationalbibliothek
Die Deutsche Nationalbibliothek verzeichnet diese Publikation in der Deutschen Nationalbibliografie; detaillierte bibliografische Daten sind im Internet über http://dnb.d-nb.de abrufbar.

Für Judith, Thomas und Christian

Vorwort

Die verkehrsrechtliche Mandatsbearbeitung gehört bis heute zum „Brot und Butter"-Geschäft vieler, gerade kleinerer und mittelständischer, Rechtsanwaltskanzleien. Dass eine effektive Bearbeitung des jeweiligen Auftrages – hierzu gehören Fälle aus dem Zivilrecht genauso wie solche aus dem Ordnungswidrigkeiten-, dem Straf- und Fahrerlaubnisrecht – fundierte Kenntnisse der jeweiligen Rechtsmaterie erfordern, versteht sich dabei von selbst. Denn der Begriff des „Massengeschäftes", den sowohl Rechtsschutzversicherungen als auch die Staatskasse bisweilen gebetsmühlenartig nutzen, um die Anwaltshonorare herunter zu kürzen, kann keineswegs mit „Einfachheit" gleichgesetzt werden. Gerade deshalb sollten auch die einschlägigen Vorschriften des Gebührenrechts bekannt sein. Wer hier nachlässig vorgeht, verschenkt bares Geld. Dies gilt für die Abrechnung nach den Vorschriften des RVG und bei Vergütungsvereinbarungen gleichermaßen.

Der 20. Deutsche Bundestag hat, auf Initiative der FDP-Fraktion, noch vor der vorgezogenen Bundestagsneuwahl 2025 den Entwurf eines Gesetzes zur Neuregelung der Vormünder- und Betreuervergütung und zur Entlastung von Betreuungsgerichten und Betreuern sowie zur Änderung des Rechtsanwaltsvergütungsgesetzes und des Justizkostenrechts (KostBRÄG) in das parlamentarische Verfahren eingebracht. Die 3. Lesung und Annahme erfolgte am 31.1.2025. Als Ergebnis wurden die Wertgebühren mit Wirkung vom 1.6.2025 um 6 Prozent, Betragsrahmen- und Festgebühren um jeweils 9 Prozent angehoben. Die Erhöhung war angesichts der auch von der Anwaltschaft zu stemmenden Preissteigerungen der vergangenen Jahre (Miete, Energie, Lebenshaltung) längst überfällig. Jubelschreie werden mit Blick auf die Folgen, welche sich allenfalls auf einen maßvollen Inflationsausgleich – bei dem die Kolleginnen und Kollegen, die in hochpreisigen Regionen Deutschlands tätig sind, deutlich benachteiligt werden – beschränken, wohl ausbleiben. Der Trend zu Vergütungsvereinbarungen wird – und muss – anhalten.

Die freundliche Aufnahme der Vorauflagen des Buches zeigt nicht nur die hohe praktische Bedeutung des Verkehrsrechts für die anwaltliche Tätigkeit, sondern auch das Bewusstsein vieler Rechtsanwältinnen und Rechtsanwälte, dass praktische Ratgeber zum Gebührenrecht einen sinnvollen Beitrag leisten können, die Abrechnung gegenüber Mandanten und Rechtsschutzversicherern, die in vielen Fällen Kostendeckung übernehmen und nicht selten dazu neigen, Gebührenkürzungen vorzunehmen, zu optimieren.

Autor und Verlag hoffen, dass das vorliegende, unter Berücksichtigung des KostBRÄG 2025 aktualisierte Werk auch in Zukunft einen Beitrag zu einer effektiven und inhaltlich zufriedenstellenden Bewältigung kostenrechtlicher Fragen beitragen kann.

München, im Juli 2025 *Dr. Michael Pießkalla, LL.M.Eur*

Inhaltsverzeichnis

Pießkalla

Anwaltsgebühren in Verkehrssachen

Literaturverzeichnis (Kommentare und Monographien)[1]

van Bühren, Das verkehrsrechtliche Mandat – Band 4: Versicherungsrecht, 3. Auflage 2016 – zit.: *van Bühren*, Das verkehrsrechtliche Mandat, Band 4

van Bühren (Hrsg.), Handbuch Versicherungsrecht, 8. Auflage 2024 – zit.: van Bühren (*Bearbeiter*), Handbuch Versicherungsrecht

van Bühren/Held, Unfallregulierung, 10. Auflage 2023 – zit.: *van Bühren/Held*, Unfallregulierung

Burhoff/Volpert, RVG Straf- und Bußgeldsachen, 6. Auflage 2021

Buschbell/Höke, Münchener Anwaltshandbuch Straßenverkehrsrecht, 6. Auflage 2025 – zit.: Buschbell (*Bearbeiter*)

Gerold/Schmidt, Rechtsanwaltsvergütungsgesetz, 26. Auflage 2023 – zit.: Gerold/Schmidt (*Bearbeiter*), RVG

Gerold/Schmidt/von Eicken/Madert, Bundesgebührenordnung für Rechtsanwälte, 15. Auflage 2003 – zit.: Gerold/Schmidt (*Bearbeiter*), BRAGO

Grüneberg, Bürgerliches Gesetzbuch, 84. Auflage 2025 – zit.: Grüneberg (*Bearbeiter*), BGB

Hansens/Braun/Schneider, Praxis des Vergütungsrechts, 2. Auflage 2007 – zit.: Hansens/Braun/Schneider (*Bearbeiter*)

Hartung/Römermann/Schons, Praxiskommentar zum Rechtsanwaltsvergütungsgesetz, 2. Auflage 2006 – zit.: Hartung/Römermann/Schons (*Bearbeiter*), RVG

Kindermann, Gebührenpraxis für Anwälte, 2001

Mayer/Kroiß, Rechtsanwaltsvergütungsgesetz, 8. Auflage 2021 – zit.: Mayer/Kroiß (*Bearbeiter*), RVG

Mayer/Kroiß/Teubel, Das neue Gebührenrecht, 2004

Schneider, Abrechnung in Verkehrssachen nach dem DAV-Abkommen, 2000

Schneider, Das verkehrsrechtliche Mandat – Band 2: Verkehrszivilrecht, 8. Auflage 2020 – zit.: Schneider, Das verkehrsrechtliche Mandat, Band 2

Schneider, Die Vergütungsvereinbarung, 2005

Schneider, Fälle und Lösungen zum RVG, 6. Auflage, 2022

Schneider/Mock, Das neue Gebührenrecht für Anwälte, 2004

1 Zeitschriftenbeiträge sind im Literaturverzeichnis nicht aufgeführt.

Schneider/Volpert, AnwaltKommentar Rechtsanwaltsvergütungsgesetz, 9. Auflage 2021 – zit.: AnwK-RVG (*Bearbeiter*)

Thomas/Putzo, Zivilprozessordnung, 46. Auflage 2025 – zit.: Thomas/Putzo (*Bearbeiter*), ZPO

Tietgens/Nugel, AnwaltFormulare Verkehrszivilrecht, 9. Auflage 2024

Toussaint, Kostenrecht, 54. Auflage 2024

Zöller, Zivilprozessordnung, 35. Auflage 2024 – zit.: Zöller (*Bearbeiter*), ZPO

§ 1 Die Tätigkeit im Verkehrszivilrecht

A. Außergerichtliche Tätigkeit

I. Einleitung

Die außergerichtliche Tätigkeit des Anwalts im Rahmen des verkehrszivilrechtlichen Mandates, in vielen Fällen eine Unfallregulierung, kann verschiedene Verfahrensstadien umfassen. Will der Mandant unmittelbar nach einem Unfall beispielsweise zunächst wissen, wie er sich zu verhalten hat, ob er für den Unfall (mit-)haftet, wie die Chancen auf Erstattung der Mietwagenkosten für die Dauer der Reparatur seines beschädigten Fahrzeuges bzw. einer Nutzungsentschädigung stehen oder ob er für sein Schleudertrauma Schmerzensgeld erhält, so nimmt der Anwalt eine Beratung vor (vgl. Rdn 4 ff.). Eventuell kommt auch die Erstattung eines Gutachtens zu bestimmten klärungsbedürftigen Rechtsfragen durch den Anwalt in Betracht (vgl. Rdn 48 ff.). 1

Wichtig 2

Angesichts der zunehmenden Nutzung von Fernkommunikation bei der Mandatserteilung sollte auf das Fernabsatz-Widerrufsrecht nach §§ 312c i.V.m. 356 BGB geachtet werden. Die Ausführungen zu Vergütungsvereinbarungen gelten für sämtliche anwaltlichen Geschäftsbesorgungsverträge mit **Verbrauchern** (vgl. § 6 Rdn 35).

Setzt sich das Mandat dann fort, indem der Anwalt zum Zwecke der Regulierung mit dem Unfallgegner bzw. dessen Haftpflichtversicherer Kontakt aufnimmt, einzelne Schadenspositionen erörtert, Einsicht in Akten nimmt oder Sachverständigengutachten überprüft, ist der Bereich der außergerichtlichen Vertretung erreicht. Für diese Tätigkeit erhält der Anwalt, wenn die Abrechnung auf Grundlage des Rechtsanwaltsvergütungsgesetzes (RVG) erfolgen soll, eine Geschäftsgebühr (vgl. Rdn 50 ff.). Vertritt der Anwalt mehrere Auftraggeber, so ist diese unter bestimmten Voraussetzung – wegen sog. Mehrfachvertretung – erhöht (vgl. Rdn 174 ff.). 3

Neben der Vergütung für Beratung und Vertretung kann auch eine Einigungsgebühr entstehen, wenn der Anwalt an einer außergerichtlichen Beendigung im Wege eines Vergleiches mitwirkt (vgl. Rdn 145 ff.).

II. Beratung

Führt der Anwalt im Rahmen einer Verkehrsunfallregulierung eine Beratung durch, so richtet sich sein Vergütungsanspruch nach den folgenden Grundsätzen. 4

1. Auftrag

5 Zunächst muss dem Anwalt der Auftrag für eine Beratung erteilt werden. Unter einer Beratung versteht man einen mündlichen oder schriftlichen **Rat** oder eine **Auskunft**. Ein **Rat** ist die Empfehlung des Anwalts, wie sich der Mandant in einer bestimmten tatsächlichen Situation verhalten soll.

6 *Beispiel*

Fahrer F meldet sich telefonisch bei Anwalt A. Er hat gerade ein parkendes Auto angefahren und will nun wissen, ob und wie lange er am Unfallort warten müsse oder ob er nicht einfach seine Visitenkarte auf der Windschutzscheibe befestigen könne.

7 Schon bei Übernahme des Auftrags treffen den Anwalt bestimmte Beratungspflichten im Hinblick auf die Kostenfrage. Je nachdem, ob der Mandant nach dem geschilderten Unfallverlauf eine vollständige Regulierung durch den Unfallgegner erwarten kann oder ob ihn ein anteiliges Mitverschulden trifft, muss die Inanspruchnahme der **Vollkaskoversicherung** des Mandanten geprüft werden. Bei einer solchen Fallgestaltung gehört es zu den Pflichten des Anwalts, den Mandanten darüber aufzuklären, dass er die Anwaltskosten für die Inanspruchnahme der eigenen Fahrzeugversicherung selbst zu tragen hat, solange diese sich nicht in Verzug befindet. Auch Rechtsschutzversicherer ersetzen diese Kosten unter diesen Umständen in aller Regel nicht (vgl. § 3 Rdn 142 ff.).[1]

a) Abgrenzung zum Gutachtenauftrag

8 Entscheidend ist bei einem solchen Rat – anders als beim Gutachten – das Ergebnis, nämlich die konkrete abschließende **Verhaltensempfehlung** an den Mandanten. Bei der Auskunft geht es dagegen um die Antwort auf bestimmte Fragen allgemeiner Art. Hierzu gehören beispielsweise Fragen zu einer anwendbaren Rechtsnorm oder zur Zuständigkeit einer Behörde.

9 Der Schwerpunkt eines Gutachtens liegt dagegen in der vertieften Auseinandersetzung mit rechtlichen Problemen und der Darstellung der entsprechenden Erwägungen, die später ebenfalls in einem Rat münden können, aber nicht müssen. Kommt es dem Mandanten auf die Einzelheiten dieser rechtlichen Erwägungen an, liegt kein Auftrag zur Beratung, sondern zur Gutachtenerstellung vor. Für die Abgrenzung zwischen einem schriftlichen Rat – der auch durchaus eine Begründung enthalten kann – und einem Gutachten ist entscheidend auf die objektiv erkennbaren Wünsche des Mandanten abzustellen.

1 Vgl. *van Bühren*, Das verkehrsrechtliche Mandat, Band 4, § 1 Rn 5.

b) Abgrenzung zum Prozessauftrag

Der Auftrag kann ausdrücklich oder stillschweigend erteilt werden. Entscheidend ist, dass vom Anwalt lediglich eine Beratung verlangt wird. Will der Mandant den Anwalt eigentlich als **Prozessbevollmächtigten** für einen Rechtsstreit beauftragen und nimmt er nach einem entsprechenden Rat von diesem Vorhaben Abstand, handelt es sich nicht um eine außergerichtliche Beratung, sondern es entsteht eine Verfahrensgebühr nach Nrn. 3100, 3101 VV RVG. 10

Beispiel 11

Fahrer F wendet sich an Anwalt A, damit dieser den Unfallgegner G auf Schadensersatz verklagt. Nach Schilderung des Unfallgeschehens kommt A zu dem Ergebnis, dass F die alleinige Verantwortung für den Unfall trägt und daher eine Klage aussichtslos ist. Er rät F von der Klageerhebung ab, was dieser auch befolgt.

Für diese Tätigkeit kann A, obwohl er der Sache nach eine Beratungsleistung erbracht hat, eine Verfahrensgebühr von 0,8 nach Nrn. 3100, 3101 VV RVG berechnen. Denn sein Auftrag war auf die gerichtliche Durchsetzung eines Anspruchs gerichtet und wurde vorzeitig beendet.

c) Abgrenzung zum Vertretungsauftrag

Auch von der Vertretung, für die eine Geschäftsgebühr nach Nr. 2300 VV RVG entsteht, ist die Beratung durch Auslegung des konkret erteilten Auftrags abzugrenzen. Soll der Anwalt **gegenüber Dritten** tätig werden, ist dies ein sicheres Indiz für einen Auftrag im Sinne von Teil 2 Abschnitt 3 VV RVG. 12

Beispiel 13

Fahrer F bittet Anwalt A um Prüfung seiner Ersatzansprüche aus einem Verkehrsunfall. Dies ist ein Auftrag zu einer Beratung. Soll A dagegen die Ansprüche prüfen, um sie sodann gegenüber dem Versicherer des Unfallgegners geltend zu machen, bezieht sich der Auftrag auf eine außergerichtlichen Vertretung, die eine Geschäftsgebühr nach Nr. 2300 VV RVG auslöst.

Die Abgrenzung der Beratung von der Vertretung ist auch deshalb wichtig, weil es für die außergerichtliche Vertretung einen eigenen Gebührentatbestand im Vergütungsverzeichnis gibt, während der Anwalt für die Beratung auf eine Gebührenvereinbarung hinwirken soll (vgl. dazu Rdn 18). Darüber hinaus wird die Vergütung für eine Beratung unter Umständen nur bis zu einem in den ARB festgelegten Maximalbetrag vom Rechtsschutzversicherer ersetzt und muss im Übrigen vom Mandanten selbst getragen werden (vgl. § 3 Rdn 129). Zu erwähnen ist jedoch, dass seit 1.1.2021 eine Einigungsgebühr auch bei einer Beratung anfallen kann, wie Vorb. 1 VV RVG 14 klarstellt: „*Die Gebühren dieses Teils entstehen neben den in anderen Teilen bestimmten Gebühren oder einer Gebühr für die Beratung.*“

15 *Hinweis*

Aus diesen Gründen ist im Einzelfall bei der Mandatsübernahme sorgfältig zu prüfen, ob sich der Auftrag tatsächlich nur auf eine Beratung bezieht oder nicht vielmehr schon auf eine außergerichtliche Vertretung gerichtet ist.

2. Tätigkeit

16 Die Beratungsgebühr entsteht, sobald der Rechtsanwalt einen Auftrag erhält und in Ausführung dieses Auftrags tätig wird. Erledigt sich die Angelegenheit, bevor der Anwalt Rat oder Auskunft erteilen kann, ändert dies an der Entstehung der Gebühr nichts, wenn der Anwalt seine Tätigkeit bereits aufgenommen hat. Denn es kann nicht vom Anwalt verlangt werden, für die Erteilung eines Rates Informationen einzuholen bzw. Recherchen anzustellen, wenn ihm gleichzeitig das Risiko des damit verbundenen Zeitablaufs auferlegt wird. Dass der Anwalt in diesen Fällen ggf. weniger Arbeit hatte, kann im Rahmen der Gebührenhöhe berücksichtigt werden.

17 *Beispiel*

Fahrer F meldet sich telefonisch bei A und teilt mit, er habe einen Unfall mit einem im Ausland zugelassenen Fahrzeug gehabt. F möchte wissen, wie er sich zu verhalten habe. Während A noch recherchiert, meldet sich F erneut und teilt nunmehr mit, der gegnerische Fahrer habe ihm einen ausreichenden Barbetrag überlassen und die Angelegenheit sei damit erledigt.

Hier kann A den bereits erbrachten Aufwand für die Beratung in Rechnung stellen, obwohl er den eigentlichen Rat vor Auftragsbeendigung nicht mehr erteilen konnte.

3. Vergütung

18 Führt der Anwalt im Rahmen einer Unfallregulierung eine Beratung durch, so gibt es dafür seit dem 1.7.2006 keine eigenen Gebührentatbestände mehr. Vielmehr soll der Anwalt nach § 34 Abs. 1 RVG bei Beratung, Gutachtenerstattung und Mediation auf eine **Gebührenvereinbarung** hinwirken. Trifft er eine solche nicht, erhält er eine Vergütung nach den Vorschriften des Bürgerlichen Gesetzbuches (BGB). Ist der Mandant Verbraucher, so führt die fehlende Gebührenvereinbarung darüber hinaus dazu, dass für die Beratung oder Gutachtenerstellung höchstens 250 EUR berechnet werden können, was in den allermeisten Fällen zu einer im Ergebnis nicht einmal kostendeckenden Vergütung führt. Für die **Erstberatung** eines Verbrauchers bleibt es – auch nach der RVG-Reform zum 1.6.2025 – weiterhin bei der Kappungsgrenze von 190 EUR.

Hinweis 19

Es gilt also bei einer Beratung folgende Prüfungsreihenfolge:

Wurde eine Gebührenvereinbarung getroffen?

(+) ☐ Abrechnung nach dieser Vereinbarung

(–) ☐ Ist der Mandant Verbraucher?

 (+) ☐ Erstberatung max. 190 EUR, Beratung/Gutachten max. 250 EUR

 (–) ☐ Abrechnung nach BGB

Die Maximalgebühr für die Beratung eines **Verbrauchers** (250 EUR) entspricht weniger als einer 1,5-Geschäftsgebühr bei einem Streitwert von 2.000 EUR. Bei jeder Beratung eines Verbrauchers, die diesen oder einen höheren Streitwert aufweist, muss der Anwalt also eine finanzielle Einbuße hinnehmen, wenn er keine Gebührenvereinbarung abgeschlossen hat. Dies ist im Bereich der freien Berufe, bei denen die Tätigkeit nach üblichen Vergütungen bzw. Taxen entlohnt wird, einmalig und auch durch den Verbraucherschutz nicht zu rechtfertigen. Die Schutzwürdigkeit des Verbrauchers mag zwar im Hinblick auf die Erstberatung bejaht werden, damit er sich mit akzeptablem finanziellem Aufwand einen ungefähren Überblick über die Rechtslage und die Verhaltensalternativen verschaffen kann. Eine (weitergehende) Beratung oder ein schriftliches Gutachten sind jedoch im Hinblick auf die Dauer und die rechtliche Schwierigkeit der Tätigkeit sowie das Haftungsrisiko nicht mit einer Erstberatung zu vergleichen. Der Abschluss einer Gebührenvereinbarung ist daher dringend zu empfehlen, um die vom Gesetzgeber gewollten Vergütungseinbußen zu vermeiden. 20

Hinweis 21

Als beste Lösung bietet sich die Vereinbarung eines Zeithonorars an (vgl. dazu § 6 Rdn 48 ff.). Alternativ ist eine Abrechnung nach dem Gegenstandswert denkbar, die sich an der früher geltenden Wertgebühr (0,1 bis 1,0) aus dem jeweiligen Gegenstandswert orientiert, wobei die Bestimmung der konkreten Gebühr unter Beachtung der Grundsätze des § 14 Abs. 1 RVG erfolgt.

Doch auch wenn der Mandant kein Verbraucher ist und die Kappungsgrenzen des § 34 Abs. 1 RVG daher nicht eingreifen, ist eine Gebührenvereinbarung unbedingt zu empfehlen. Denn andernfalls wird die Vergütung des Anwalts nach den Vorschriften des BGB berechnet – eine Vorgehensweise, die ein gehöriges Maß an Unberechenbarkeit in sich birgt. Der Anwaltsvertrag ist zwar ohne Zweifel als entgeltliche Geschäftsbesorgung bzw. im Falle der Gutachtenerstattung als entgeltlicher Werkvertrag einzustufen. Jedoch stellt sich dann das Problem, auf welche **„übliche Vergütung“** im Rahmen von §§ 612 Abs. 2, 632 Abs. 2 BGB abzustellen ist. Sicher nicht auf die im Jahre 2006 aufgehobenen Vergütungstatbestände der Nrn. 2100 ff. VV RVG a.F., 22 denn diese sollten nach dem Willen des Gesetzgebers gerade nicht mehr gelten, auch nicht über die „Hintertür" einer vermeintlich „üblichen Vergütung".[2] Es ist zu befürchten, dass in diesem Punkt in Rechtsprechung und Schrifttum weiterhin Unsicherheit bei der Gebührenbestimmung besteht, bis sich „übliche Sätze" eingebürgert bzw. durchgesetzt haben,[3] wobei selbst dann noch fraglich sein dürfte, ob diese üblichen Sätze auch den konkreten Einzelfall angemessen honorieren.

23 *Hinweis*

Das Soldan Institut für Anwaltsmanagement veröffentlicht ein jährliches Berufsrechtsbarometer, das u.a. das Preisniveau anwaltlicher Vergütungsvereinbarungen darstellt. Das Barometer 2017/2018 ergab einen durchschnittlichen bundesweiten Stundensatz von 216 EUR. Ein Beitrag des Beck-Stellenmarktes aus dem Jahr 2021 gab die höchsten Stundensätze im Bereich Regulierung/Verkehr mit 373 EUR an, wobei erhebliche regionale Unterschiede festzustellen sind.[4]

24 Die bestehenden Unwägbarkeiten sollte der Anwalt durch den Abschluss einer Gebührenvereinbarung vermeiden. Nur er kann beurteilen, was seine Arbeit kostet und welches Honorar daher angemessen ist. Letztlich sollte die Abschaffung der Beratungsgebühren die Anwälte dazu bringen, frühzeitig das offene Gespräch mit dem Mandanten, die Honorierung seiner Tätigkeit betreffend, zu suchen.

4. Anrechnung

25 Die Vergütung für eine Beratung ist, soweit nichts anderes mit dem Mandanten vereinbart wurde, auf diejenige Vergütung anzurechnen, die für eine mit der Beratung **zusammenhängende Tätigkeit** entsteht (§ 34 Abs. 2 RVG). Das gilt etwa für die spätere gerichtliche oder außergerichtliche Geltendmachung der vom Beratungsauftrag betreffenden Forderung. Das Gesetz lässt für die Anrechnung einen Zusammenhang zwischen der Beratung und der sonstigen Tätigkeit genügen. Dies bedeutet, dass der Gegenstand der sonstigen

2 So auch AnwK-RVG (*Onderka/Thiel*), § 34 Rn 94; Mayer/Kroiß (*Winkler*), RVG, § 34 Rn 67 ff.; *Kilian*, BB 2006, 1509; a.A.: AG Stuttgart RVGreport 2014, 304; AG Emmerich AGS 2008, 484; AG Dannenberg AGS 2013, 510.

3 Vgl. AG Brühl RVGreport 2009, 460; AG Steinfurth RVGreport 2014, 307; AG Bielefeld AGS 2010, 160. Nach einer Entscheidung des AG Bielefeld (AGS 2010, 160), die auf ein Gutachten der Rechtsanwaltskammer Freiburg Bezug nimmt, sollte ein Stundensatz von 190 EUR (netto) ein bundesweit ermittelter Durchschnittswert für eine Beratung sein. Derartige Ansätze dürften schon in Anbetracht erheblicher regionaler Unterschiede kaum allgemeingültiger Natur sein. Das AG Siegburg (AGS 2015, 503 – vgl. dazu *Hansens*, zfs 2016, 108) wendet §§ 315, 316 BGB an.

4 https://www.beck-stellenmarkt.de/ratgeber/legal-career/zahlen-daten-fakten/die-top-stundensaetze-nach-rechtsgebieten (abgerufen am 2.7.2025).

Tätigkeit mit dem der Beratung innerlich verknüpft sein muss und die beiden Angelegenheiten zeitlich aufeinander folgen müssen.

Beispiel 26

Anwalt A berät Fahrer F auftragsgemäß über dessen Ansprüche im Zusammenhang mit einem Verkehrsunfall. F bittet A sodann, diese Ansprüche gerichtlich durchzusetzen. Eine besondere Absprache über die Anrechnung wird nicht getroffen.

Hier wird die Vergütung für die Beratung auf die Verfahrensgebühr nach Nr. 3100 VV RVG angerechnet.

Die **Auslagen** unterliegen dagegen nicht der Anrechnung und können daher immer in voller Höhe verlangt werden. 27

Soweit die nachfolgende Tätigkeit einen **niedrigeren Gegenstandswert** hat, erfolgt die Anrechnung der Beratungsgebühr nur in dieser reduzierten Höhe. Deshalb darf in solchen Fällen nicht vergessen werden, den verbleibenden Teil der Beratungsvergütung auch abzurechnen.

Beispiel 28

Der Anwalt berät über Schadensersatzansprüche aus einem Verkehrsunfallgeschehen, wobei er nach § 34 Abs. 1 RVG mit seinem Mandanten die Abrechnung einer 1,0-Gebühr aus dem Wert der durch Gutachten belegten Schadenspositionen (20.000 EUR) vereinbart hat. Die Beratung kommt zu dem Ergebnis, dass aufgrund Mithaftung des Mandanten für den Unfall nur ein Teilbetrag von 10.000 EUR gegenüber dem gegnerischen Haftpflichtversicherer geltend gemacht werden soll (durchschnittliche Tätigkeit).

Auf die 1,3-Geschäftsgebühr nach Nr. 2300 VV RVG aus 10.000 EUR ist eine 1,0-Beratungsgebühr aus 10.000 EUR anzurechnen, denn nur insoweit besteht ein Zusammenhang der Beratung mit der Vertretung. Der darüber hinausgehende Teil der Beratungsvergütung ist von der Anrechnung ausgeschlossen.

I. Beratung (Wert: 20.000 EUR)

1. 1,0-Beratungsgebühr gemäß Vereinbarung, § 34 RVG		872,00 EUR
2. Auslagenpauschale, VV 7002		20,00 EUR
Zwischensumme	892,00 EUR	
3. Umsatzsteuer, VV 7008		169,48 EUR
Gesamt		**1.061,48 EUR**

II. Vertretung (Wert: 10.000 EUR)		
1. 1,3-Geschäftsgebühr, VV 2300		847,60 EUR
2. Auslagepauschale, VV 7002		20,00 EUR
./. 1,0-Beratungsgebühr aus 10.000 EUR		– 652,00 EUR
Zwischensumme	215,60 EUR	
3. Umsatzsteuer, VV 7008		40,96 EUR
Gesamt		**256,56 EUR**

29 Wie oben erwähnt, sieht § 34 Abs. 2 RVG ausdrücklich vor, dass in einer Gebührenvereinbarung die Anrechnung der Beratungsgebühr auf spätere Gebühren ausgeschlossen werden kann. Dieser **Ausschluss der Anrechnung** bedarf wegen § 3a Abs. 1 S. 4 RVG nicht zwingend der Form des § 3a Abs. 1 S. 1 und 2 RVG (Textform), wobei diese allerdings zur Beweisführung dringend zu empfehlen ist. Die Vergütungsvereinbarung ist dann beispielsweise um folgende Formulierung zu ergänzen: *„Die Vergütung für die Beratung wird auf eine Gebühr für eine sonstige, mit der Beratung zusammenhängende Tätigkeit nicht angerechnet“* (vgl. dazu § 6 Rdn 53 ff.).

30 *Hinweis*

Der Anrechnungsausschluss ist schon deshalb zu empfehlen, weil dadurch das Problem umgangen wird, wie vereinbarte Stunden- oder Pauschalhonorare auf Geschäfts- oder Verfahrensgebühren bei unterschiedlichem Auftragsumfang anzurechnen sind.

5. Erstberatung eines Verbrauchers

31 Ist der Auftraggeber Verbraucher und beschränkt sich die Tätigkeit des Anwalts auf ein erstes Beratungsgespräch, ist die Beratungsgebühr nach § 34 Abs. 1 S. 3 RVG auf 190 EUR begrenzt (sog. **Kappungsgrenze**). Dieser Satz wurde im Zuge des Kostenrechtsänderungsgesetztes, welches seit 1.1.2021 in Kraft ist, nicht angehoben.

a) Erstberatung

32 Der Auftrag muss sich auf eine erste Beratung beziehen. Die Beratung kann dabei nur in einem mündlichen Rat oder in einer mündlichen Auskunft bestehen, da der Wortlaut auf ein Beratungs**gespräch** abstellt. Für eine schriftliche Erstberatung gegenüber einem Verbraucher – welche in der Praxis allerdings einen Ausnahmefall darstellen dürfte – ist die Kappungsgrenze von 190 EUR also auch ohne Gebührenvereinbarung nicht einschlägig.

33 Eine erste Beratung liegt vor, wenn der Mandant sich wegen des Gegenstandes, auf den sich seine Bitte um Rat oder Auskunft bezieht, zum ersten Mal an den Rechtsanwalt wendet. Gemeinhin wird die Erstberatung als eine **„Einstiegsberatung“** bzw. als eine pau-

schale, überschlägige Beratung charakterisiert.[5] Der Anwalt muss insoweit noch kein vollständiges Ergebnis präsentieren.[6] Nach dem Willen des Gesetzgebers[7] endet der Normbereich der Erstberatungsgebühr, wenn die erste Beratung beendet oder wenn die begonnene Beratung wegen ihres Beratungsgegenstandes unterbrochen ist, z.B. weil der Mandant weitere Unterlagen beibringen muss. Die dann folgende Fortsetzung der Beratung, bei der der Mandant weitere Unterlagen beibringt oder sich mit Zusatzfragen an den Anwalt wendet, ist keine Erstberatung mehr,[8] es sei denn, die erste Besprechung ist lediglich wegen Terminschwierigkeiten vertagt worden.[9]

Beispiel 34

Fahrer F wendet sich noch am Unfallort telefonisch an Anwalt A und bittet um Rat, wie er sich gegenüber Polizei und Unfallgegner verhalten soll. Einige Tage später erscheint F dann in der Praxis des A und bringt die Kostenkalkulation seiner Werkstatt mit. Er fragt A unter nochmaliger Schilderung des Unfallverlaufs, ob und welche Schäden er vom Gegner ersetzt verlangen kann.

Die telefonische Beratung kann als Erstberatung eingestuft werden. Beim späteren Besuch in der Praxis macht F zwar erstmals mögliche Schadensersatzansprüche geltend. Es handelt es sich aber um eine weitere Beratung im Hinblick auf denselben Verkehrsunfall, womit der Bereich der Erstberatung verlassen wird.

Die **Abgrenzung** der Erstberatung von einer Beratung muss im Einzelfall anhand der 35
konkreten Umstände vorgenommen werden. Maßgeblich sind u.a. die Dauer des Gesprächs, die Bandbreite und Schwierigkeit der erörterten Rechtsfragen sowie der Umfang des Tatsachenmaterials, mit denen sich der Anwalt auseinander zu setzen hat. Verschiebt der Rechtsanwalt die Beratung ohne weitere Ausführungen auf einen späteren Termin, weil er sich zunächst sachkundig machen muss, ist der weitere Termin eine Erstberatung, da für die bloß vorläufige Auskunft im ersten Termin überhaupt kein Honorar anfällt.[10] Andererseits kann auch schon innerhalb des ersten Besprechungstermins inhaltlich die Grenze dessen überschritten werden, was man unter pauschaler und überschlägiger Beratung versteht.

b) Verbraucher

Die Erstberatung muss gegenüber einem **Verbraucher** durchgeführt werden. Nach 36
§ 13 BGB ist dies jede natürliche Person, die ein Rechtsgeschäft zu einem Zweck

5 BGH AGS 2008, 7; KG AnwBl 2002, 305.
6 Vgl. AG Essen BeckRS 2013, 7987.
7 Vgl. BT-Drucks 12/6962.
8 OLG Jena AGS 2000, 62.
9 AG Brühl JurBüro 1998, 136.
10 OLG München AnwBl 1999, 228.

abschließt, der weder ihrer gewerblichen noch ihrer selbstständigen beruflichen Tätigkeit zugerechnet werden kann. Auch Personengemeinschaften, die nicht juristische Personen sind (z.B. eine Wohnungseigentümergemeinschaft, eine BGB-Gesellschaft oder eine Erbengemeinschaft) können Verbraucher sein, wenn die anwaltliche Beratung ihren privaten Zwecken dient. Juristische Personen sind hingegen schon aufgrund ihrer Rechtsform keine Verbraucher. Das gilt neben den Kapitalgesellschaften (GmbH, AG usw.) auch für eingetragene Vereine, selbst wenn sie gemeinnützig sind.

37 Für die Frage, ob der Auftraggeber Verbraucher ist, ist auf den **Zweck** der konkreten anwaltlichen Beratung abzustellen. Entscheidend ist nicht, ob der Auftraggeber generell gewerblich oder selbstständig beruflich tätig ist, sondern ob der konkrete Gegenstand der anwaltlichen Beratung – die möglichen Ansprüche aus einem Verkehrsunfallgeschehen – seiner beruflichen bzw. selbstständigen gewerblichen Tätigkeit zuzurechnen ist. Dies richtet sich danach, in welcher Eigenschaft der Auftraggeber das beschädigte Fahrzeug genutzt hat.[11]

38 *Beispiel*

Erleidet Autovermieter F mit seinem privaten Pkw einen Unfall, so verfolgt er mit der anschließenden Beratung durch Anwalt A einen privaten Zweck, auch wenn er generell einer gewerblichen beruflichen Tätigkeit nachgeht. Etwas anderes kann allerdings dann gelten, wenn auch der von F privat genutzte Pkw zu den Mietautos gehört und damit die anwaltliche Beratung dem Gewerbebetrieb dient.

c) Höhe der Gebühr

39 Der Anwalt soll auch bei der Erstberatung eines Verbrauchers zunächst auf eine Gebührenvereinbarung hinwirken. Kommt eine solche nicht zustande, richtet sich der Vergütungsanspruch nach den Vorschriften des BGB und ist nach § 34 Abs. 1 S. 3 RVG auf höchstens 190 EUR begrenzt. Diese Kappungsgrenze bedeutet allerdings nicht, dass der Rechtsanwalt – ohne Gebührenvereinbarung – für jede Erstberatung eines Verbrauchers eine solche Summe abrechnen könnte. Vielmehr muss er die im Einzelfall angemessene Gebühr dann unter Berücksichtigung der Bemessungskriterien des § 14 Abs. 1 RVG bestimmen und darf dabei die Grenze von 190 EUR nicht überschreiten. Was viele Rechtsanwälte unbeachtet lassen, ist der Umstand, dass die Kappungsgrenze für die Erstberatung von 190 EUR – genauso wie die Obergrenze von 250 EUR bei Beratung oder Gutachten – durch eine Gebührenvereinbarung ausgeschaltet werden kann.

11 *N. Schneider*, zfs 2004, 396.

6. Mischangelegenheiten

Gerade bei der Beratung in Verkehrsunfallsachen kommt es häufig vor, dass der Anwalt nicht nur über die **zivilrechtlichen** Folgen des Unfalls, sondern auch über mögliche straf- oder bußgeldrechtliche Konsequenzen berät. Bis zum 1.7.2006 fiel für die Beratung in **straf- und bußgeldrechtlichen** Angelegenheiten eine Betragsrahmengebühr an. Im Hinblick auf eine daneben erfolgte Beratung in zivilrechtlichen Angelegenheiten (Abrechnung nach Wertgebühren) kam es daher zu sog. Mischangelegenheiten. Dabei war streitig, ob es sich um verschiedene gebührenrechtliche Angelegenheiten handelt, die gesondert abgerechnet werden konnten, oder nur um einen einheitlichen Auftrag. Unstreitig lagen jedenfalls dann verschiedene Angelegenheiten – die jeweils eigene Gebühren auslösten – vor, wenn die Gegenstände der Beratung auf verschiedenen Lebenssachverhalten beruhten. Streitig war die Gebührenberechnung in den Fällen, in denen der Beratung ein einheitlicher Lebenssachverhalt zugrunde lag. 40

Beispiel 41

Der Mandant hat einen Auffahrunfall mit Personenschaden verursacht, da ihm ein Hund vor den Wagen gelaufen ist. Er bittet den Anwalt um Beratung, welche strafrechtlichen Konsequenzen ihm drohen und ob er zumindest einen Teil seines Sachschadens vom Hundehalter verlangen kann.

Ob hier zwei gebührenrechtliche Angelegenheiten vorlagen[12] oder nur eine, weil der Mandant weder die Kenntnis noch den Willen hatte, mehrere Aufträge zu erteilen,[13] kann nach der Rechtslage ab dem 1.7.2006 dahinstehen. Denn durch die Neufassung des § 34 Abs. 1 RVG sind auch die Gebührentatbestände für die Beratung in straf- und bußgeldrechtlichen Angelegenheiten entfallen. Auch hier muss der Anwalt eine Gebührenvereinbarung treffen, wenn er nicht auf die Vorschriften des BGB angewiesen oder – bei Verbrauchern – maximal auf die Beträge nach den Kappungsgrenzen beschränkt sein will. 42

7. Rechtsschutzversicherung

Verfügt der Mandant über eine Rechtsschutzversicherung, die auch Mandate aus dem Verkehrszivilrecht abdeckt, so sind zwei Punkte zu beachten: 43

a) Eingeschränkter Leistungsumfang nach ARB

Die Vergütung für eine Beratung – mag sie nun auf einer Gebührenvereinbarung oder auf den Vorschriften des BGB beruhen – ist in erster Linie vom Mandanten zu tragen. 44

12 So Gerold/Schmidt (*Madert*), BRAGO, § 20 Rn 18.
13 So AnwK-BRAGO (*N. Schneider*), § 20 Rn 52.

Dieser wiederum kann seine Anwaltskosten, soweit sie nicht der Unfallgegner erstattet, bei seinem Rechtschutzversicherer geltend machen.[14] Dabei ist allerdings eine mögliche **Einschränkung** des Leistungsumfangs durch die Allgemeinen Rechtsschutzbedingungen[15] zu beachten. Nach Ziff. 2.3.1.2 der Muster-ARB 2021 (herausgegeben vom Gesamtverband der Versicherungswirtschaft, GDV)[16] kann der Rechtsschutzversicherer in Fällen wie z.B. der Beratung, für die das RVG keine der Höhe nach bestimmte Gebühr festsetzt, seine Einstandspflicht begrenzen.[17] Einige Unternehmen haben die erstattungsfähige Vergütung für eine Beratung auf die gesetzliche Kappungsgrenze beschränkt.

45 *Hinweis*

Soweit der Mandant bei einem Unternehmen rechtschutzversichert ist, das eine solche Beschränkung in seine ARB aufgenommen hat, sollte der Anwalt bei Übernahme des Mandates darauf hinweisen, dass ggf. ein Teil der Vergütung vom Mandanten selbst getragen werden muss. Er erspart sich damit Diskussionen und Zahlungsschwierigkeiten nach Abschluss der Angelegenheit, wenn der Mandant im Rahmen der Abrechnung erfährt, dass sein Versicherer eben nicht – wovon gemeinhin ausgegangen wird – sämtliche Kosten übernimmt.

b) Rationalisierungsabkommen

46 Einige Rechtsschutzversicherer bieten Anwälten für die außergerichtliche Tätigkeit den Abschluss sog. Rationalisierungs- oder Kooperationsabkommen an, in denen die Beratung pauschal mit einem **Festbetrag** abgerechnet wird. Die Höhe kann sehr unterschiedlich sein. Der Abschluss eines solchen Abkommens führt zu einem unmittelbaren Anspruch des Anwalts gegen den Versicherer, während im Normalfall nur der Versicherungsnehmer aufgrund seiner vertraglichen Beziehungen Freistellung von bzw. Erstattung der Anwaltsgebühren verlangen kann.

14 Natürlich nur dann, wenn der Leistungskatalog des Versicherers grundsätzlich eine Beratung in solchen Angelegenheiten umfasst.

15 Im konkreten Einzelfall gelten jeweils die Bedingungen, die der Mandant bei Vertragsschluss oder später ausdrücklich vereinbart hat. Die ARB 1975 sind noch vom Bundesaufsichtsamt geprüft und genehmigt worden. Die später ergangenen ARB 1994, 2000, 2005 und 2008 etc. sind aufgrund der inzwischen geltenden Vertragsfreiheit im Versicherungsrecht Musterbedingungen des Gesamtverbandes der Deutschen Versicherungswirtschaft (GdV).

16 Abrufbar unter www.gdv.de.

17 Die Muster-ARB lassen den erstattungsfähigen Betrag insoweit offen.

Ob der Anwalt eine solche Festgebühr mit dem Versicherer vereinbart, bleibt ihm überlassen. Die Gebührenreferenten der Rechtsanwaltskammern halten diese Vereinbarungen aus berufs- und gebührenrechtlichen Gründen zumindest teilweise für unzulässig.[18] 47

Folgendes ist darüber hinaus zu bedenken: Die von den Versicherern angebotenen Gebührensätze liegen mitunter deutlich unterhalb der gesetzlich vorgesehenen Kappungsgrenze für die Beratung von Verbrauchern (250 EUR) und sogar unterhalb der Kappungsgrenze für die – im Verhältnis zur Beratung weniger aufwendige – Erstberatung (190 EUR). Die damit zwangsläufig verbundene Gebühreneinbuße versuchen Rechtsschutzversicherer der Anwaltschaft mit einem verringerten Verwaltungsaufwand und der Perspektive schmackhaft zu machen, die Kooperationsanwälte ihren Versicherungsnehmern aktiv zu empfehlen. Abgesehen davon, dass sowohl die Zeitersparnis als auch konkrete Vorteile aus einer Steigerung der Mandatszahlen oftmals ausbleiben, bestehen gegen solche Abkommen auch weitergehende Bedenken: Die Vergütung für eine Beratung wird – soweit der Anwalt keine Gebührenvereinbarung abschließt – nach den Vorschriften des BGB bestimmt. Sollte sich der Abschluss von sog. Rationalisierungs- und Kooperationsabkommen auch nur für einen bestimmten Rechtsbereich auf breiter Ebene durchsetzen, besteht die Gefahr, dass die dort eingesetzten Pauschalgebühren künftig als „übliche Gebühr“ angesehen werden, die sich auch derjenige Anwalt entgegenhalten lassen muss, der ein solches Abkommen ganz bewusst nicht unterzeichnet hat.

III. Gutachten

Der Auftrag zur Erstellung eines Gutachtens dürfte im Bereich der Unfallschadensregulierung eher selten sein, da es dem Mandanten zumeist um eine konkrete Verhaltensempfehlung bzw. eine konkrete Rechtsverfolgung gegen den Unfallgegner geht. Die wissenschaftliche Aufarbeitung eines Rechtsproblems wird hingegen – gerade bei Verbrauchern – eher nicht gewünscht sein; allenfalls Versicherer oder z.B. Leasinggesellschaften werden Interesse haben, häufiger vorkommende Fallkonstellationen generell durch ein Gutachten einschätzen zu lassen. 48

Auch im Bereich der Gutachtenerstattung soll der Anwalt nach § 34 Abs. 1 RVG auf eine **Gebührenvereinbarung** mit dem Mandanten hinwirken. Andernfalls erhält er bei Gutachtenerstattung für einen Verbraucher nur eine Gebühr von maximal 250 EUR (§ 34 Abs. 1 S. 3 RVG). Ist der Mandant kein Verbraucher, so erhält der Anwalt eine Vergütung, deren Höhe nach den Vorschriften des BGB bestimmt wird. Die Erstattung eines 49

18 Vgl. *von Seltmann*, RVGreport 2004, 442; AnwK-RVG (*Onderka/N. Schneider*), § 3a Rn 21. Von teilweise erreichten Verbesserungen für die Anwaltschaft durch intensive Gespräche mit den Rechtsschutzversicherern berichtet *Schons* im Jahresbericht 2013 der RAK Düsseldorf (Kammermitteilungen Nr. 1/2014, S. 12).

Gutachtens stellt sich regelmäßig als Werkvertrag dar, da der Anwalt mit dem Gutachten einen bestimmten Erfolg, das ausgearbeitete Gutachten, schuldet. Damit richtet sich die Vergütung nach § 632 Abs. 2 BGB – mangels taxmäßiger Vergütung für die Anwaltstätigkeit ist wiederum die **„übliche" Vergütung** als vereinbart anzusehen. Wie diese zu bestimmen ist, ist allerdings weitgehend ungeklärt. Letztlich wird es auf die Bestimmung einer angemessenen Gebühr hinauslaufen, die entsprechend § 14 Abs. 1 RVG zu bestimmen ist.[19] Die Gebühr ist also unter Berücksichtigung aller Umstände, insbesondere des Umfangs und der Schwierigkeit der anwaltlichen Tätigkeit, der Bedeutung der Angelegenheit sowie der Einkommens- und Vermögensverhältnisse des Auftraggebers und des Haftungsrisikos des Anwalts nach billigem Ermessen festzulegen. Diese Unwägbarkeiten sollte der Anwalt durch eine klare Vergütungsabsprache, die in Textform zu fassen ist, vermeiden.

IV. Vertretung

50 Die außergerichtliche Vertretung des Mandanten bildet den Hauptaufgabenbereich der anwaltlichen Tätigkeit in der Unfallschadensregulierung. Der Großteil aller Streitigkeiten aus Verkehrsunfällen lässt sich im Rahmen der außergerichtlichen Verhandlungen mit Unfallgegner und Versicherer beilegen. Nachfolgend werden die Einzelheiten zur Abrechnung der Geschäftsgebühr (Nr. 2300 VV RVG) dargestellt, die der Anwalt für eine solche außergerichtliche Vertretung verlangen kann. Der nachfolgende Abschnitt befasst sich dann mit der Einigungsgebühr, die in diesem Bereich ebenfalls anfallen kann.

1. Auftrag

51 Nach der Regelung in E.1.2.4 AKB 2015[20] hat der Versicherungsnehmer, wenn gegen ihn Haftpflichtansprüche gerichtlich geltend gemacht werden, die Führung des Rechtsstreits seinem Haftpflichtversicherer zu überlassen. Darüber hinaus ist der Versicherungsnehmer auch verpflichtet, dem vom Versicherer bestellten Anwalt Vollmacht und jede verlangte Aufklärung zu geben. Dieser **Vorrang des Versicherers** bei der Mandatierung des Anwalts gilt jedoch nur für das gerichtliche Verfahren. Im Rahmen einer außergerichtlichen Vertretung bleibt es dem Versicherungsnehmer auch im Verhältnis zu seinem

19 Vgl. auch AnwK-RVG (*Onderka/Thiel*), § 34 Rn 100.

20 Abrufbar unter www.gdv.de. Die Regelung ist gleichlautend mit § 7 Abs. 2 Nr. 5 AKB 1994. Durch den Wegfall der Genehmigungspflicht im Jahre 1994 können die Versicherer ihre Bedingungen in den Grenzen der §§ 305 ff. BGB frei gestalten. Eine spätere Fassung der AKB wird nur dann zum Gegenstand des Vertrags, wenn diese neuen AKB ausdrücklich mit dem Versicherungsnehmer vereinbart worden sind. Im Einzelfall ist daher sorgfältig zu prüfen, welche Fassung der AKB Anwendung findet.

Haftpflichtversicherer unbenommen, einen Anwalt seiner Wahl mit der Unfallschadensregulierung zu beauftragen (vgl. dazu § 3 Rdn 89).[21]

Die Geschäftsgebühr kann nur für Tätigkeiten des Anwalts entstehen, die auf eine **außergerichtliche Vertretung** des Mandanten gerichtet sind. Bezieht sich der Auftrag dagegen auf ein gerichtliches Verfahren oder auf eine Beratung, fällt keine Geschäftsgebühr an. Maßgeblich ist dabei nicht, welche Tätigkeit der Anwalt tatsächlich ausführt, sondern welchen Auftrag er hat.[22] Es kommt also darauf an, ob seine Tätigkeit nach dem **Willen des Auftraggebers** auf ein gerichtliches Verfahren, auf eine Beratung oder auf eine außergerichtliche Vertretung abzielen soll.[23] Der Inhalt des Auftrags ist durch Auslegung zu ermitteln. 52

a) Abgrenzung zum Beratungsauftrag

Für die Beratung sieht § 34 Abs. 1 RVG den Abschluss einer Gebührenvereinbarung vor. Daher kommt der **Abgrenzung** zwischen Beratung und außergerichtlicher Vertretung eine nicht unerhebliche Bedeutung zu. Kommt das Gericht beispielsweise im Rahmen einer Honorarklage zu der Einschätzung, dass der Anwalt nicht mit einer Vertretung, sondern mit einer Beratung beauftragt war, dann ist er – ohne Abschluss einer Gebührenvereinbarung – auf die Vergütung nach dem BGB bzw. bei einem Verbraucher auf eine Vergütung in Höhe von maximal 250 EUR beschränkt. Dies kann im Einzelfall zu empfindlichen Vergütungseinbußen führen. 53

Maßgeblich für die Abgrenzung zwischen Beratung und Vertretung sind der **Auftrag** sowie die auftragsgemäß vom Rechtsanwalt auszuführende Tätigkeit. In Abgrenzung zur Beratung bezieht sich der eine Geschäftsgebühr auslösende Auftrag nicht auf eine Auskunft oder Verhaltensempfehlung in einer bestimmten Situation, sondern auf eine weitergehende Befassung mit den tatsächlichen und rechtlichen Problemen der Angelegenheit. Die Übergänge können im Einzelfall fließend sein. Wird der Anwalt auftragsgemäß **gegenüber Dritten** tätig, ist dies Indiz für eine Vertretung im Sinne von Nr. 2300 VV RVG. Die Geschäftsgebühr kann jedoch auch entstehen, ohne dass eine solche Tätigkeit nach außen erfolgt. 54

21 Diese Wahlfreiheit gilt im Verhältnis zwischen Versicherungsnehmer und Anwalt zwar auch für das Gerichtsverfahren. Dem Versicherungsnehmer kann es nicht untersagt werden, für seine Vertretung vor Gericht einen Anwalt seiner Wahl zu beauftragen. Aus dem vorrangigen Bestimmungsrecht des Versicherers nach E.1.2.4 AKB 2015 ergeben sich allerdings Auswirkungen auf die Erstattungsfähigkeit der Anwaltsgebührenforderung durch den Gegner.

22 Gerold/Schmidt (*Mayer*), RVG, VV 2300 Rn 9; *Hansens*, RVGreport 2004, 57; *Hergenröder*, AGS 2005, 473; vgl. zur konkludenten Auftragserteilung BGH JurBüro 2005, 141 = RVG-Berater 2004, 103 m. Anm. *Onderka*.

23 *Volpert*, RVG prof. 2004, 111; Gerold/Schmidt (*Mayer*), RVG, VV 2300 Rn 9; Hartung/Römermann/Schons (*Schons*), RVG, VV 2300 Rn 6.

55 *Beispiel*

Fahrer F hatte einen Verkehrsunfall. Der gegnerische Versicherer zeigt sich grundsätzlich einigungsbereit und bittet um Vorschläge, wie der Schaden reguliert werden kann. Der sodann von F beauftragte Anwalt fertigt den Entwurf einer Einigungsvereinbarung und bespricht diesen im Hinblick auf mögliche Einwendungen des gegnerischen Versicherers mit F, der im Weiteren allein mit dem Versicherer verhandeln will.

Auch wenn der Anwalt in diesem Fall nicht gegenüber dem Versicherer tätig wird, entsteht die Geschäftsgebühr nach Nr. 2300 VV RVG, weil er bei der Gestaltung eines Vertrags mitgewirkt hat (vgl. Vorb. 2.3 Abs. 3 VV RVG).

56 Die Geschäftsgebühr kann auch dann entstehen, wenn sich die Tätigkeit des Rechtsanwalts in tatsächlicher Hinsicht in der Erteilung eines Rates erschöpft, sofern der Auftrag auf eine Tätigkeit gerichtet war, für die die Geschäftsgebühr anfällt.

57 *Beispiel*

Halter H wendet sich nach einem Verkehrsunfall an Anwalt A und beauftragt ihn mit seiner Vertretung in der Schadensabwicklung. Nach einer Beratung bittet ihn A, noch weitere Unterlagen zu übersenden. H kündigt jedoch das Mandat, ohne dass A ihm hierzu Anlass gegeben hätte.

Auch wenn A hier lediglich einen Rat erteilt hat, ist die Geschäftsgebühr angefallen, weil der Auftrag auf eine entsprechende Tätigkeit gerichtet war. Der möglicherweise geringere Umfang der tatsächlich geleisteten Tätigkeit ist bei der Gebührenbemessung nach § 14 Abs. 1 RVG zu berücksichtigen.

b) Abgrenzung zum Klageauftrag

58 In der Praxis wird der Anwalt häufig mit der Durchsetzung der unfallursächlichen Schadensersatzforderung beauftragt, wobei er die Gegenseite zunächst außergerichtlich zur Zahlung auffordern und dann den Anspruch gerichtlich geltend machen soll. Darin können **zwei unterschiedliche Aufträge** liegen: Entweder ein unbedingter Auftrag zur außergerichtlichen Geltendmachung der Forderung und zusätzlich der unter einer aufschiebenden Bedingung erteilte Auftrag, im Falle des Scheiterns der außergerichtlichen Durchsetzung Klage einzureichen. Oder aber es liegt bereits von Beginn an ein unbedingter Klageauftrag vor, wobei der Rechtsanwalt lediglich die Gegenseite noch außergerichtlich zur Leistung auffordern soll, um sie in Verzug zu setzen.[24]

59 Bei Verhandlungen mit **Versicherern** spricht eine Vermutung dafür, dass der Anwalt zunächst mit einer außergerichtlichen Regelung beauftragt war und die Prozessvollmacht

24 Vgl. AnwK-RVG (*Onderka/N. Schneider/Thiel*), RVG, VV 2300 Rn 28 f.; Hartung/Römermann/Schons (*Schons*), RVG, VV 2300 Rn 18 ff.

nur für den Fall erteilt wurde, dass die außergerichtliche Regelung scheitert.[25] Einen allgemeinen Rechtssatz, wonach ein Anwalt im Zweifel einen gerichtlichen bzw. außergerichtlichen Auftrag erhalten hat, wird man darüber hinaus jedoch kaum aufstellen können, da immer die Umstände des Einzelfalls entscheidend sind.

Beispiel 60

Anwalt A wird beauftragt, den Schaden aus einem Verkehrsunfall in Höhe von 10.000 EUR einzuklagen, soll jedoch zuvor den gegnerischen Versicherer letztmalig zur Zahlung auffordern. Auf das entsprechende Schreiben des A zahlt der Versicherer freiwillig.

Hier ist bereits Prozessauftrag erteilt worden, so dass sich die Vergütung des Anwalts wie folgt berechnet:

1. 0,8-Verfahrensgebühr, VV 3101		521,60 EUR
2. Auslagenpauschale, VV 7002		20,00 EUR
Zwischensumme	541,60 EUR	
3. Umsatzsteuer, VV 7008		102,90 EUR
Gesamt		**644,50 EUR**

Gleiches gilt, wenn sich der Anspruch gegen einen erfahrungsgemäß vergleichsunwilligen Versicherer richtet und der Anwalt daher sofort Klageauftrag erhält. Wendet sich der Anwalt trotzdem noch außergerichtlich an den Versicherer – z.B. um die kostenrechtlichen Folgen des § 93 ZPO auszuschließen – so bleibt es auch dann bei den Gebühren nach Nrn. 3100, 3101 VV RVG, wenn der Versicherer dem außergerichtlichen Regulierungsvorschlag zustimmt.[26] 61

Beispiel 62

A wird beauftragt, die Schadensersatzforderung von 10.000 EUR außergerichtlich geltend zu machen und hat lediglich für den Fall des Scheiterns einen Prozessauftrag. Der Versicherer zahlt auf das entsprechende Schreiben freiwillig.

Hier berechnen sich die Gebühren des Anwalts bei einer insgesamt durchschnittlichen Angelegenheit wie folgt:

1. 1,3-Geschäftsgebühr, VV 2300		847,60 EUR
2. Auslagenpauschale, VV 7002		20,00 EUR
Zwischensumme	867,60 EUR	
3. Umsatzsteuer, VV 7008		164,84 EUR
Gesamt		**1.032,44 EUR**

25 Vgl. *Madert*, AGS 1999, 97; AnwK-RVG (*Onderka/N. Schneider/Thiel*), VV Vorb. 2.3 Rn 30.
26 Vgl. *Madert*, zfs 2005, 326.

63 Es ist also möglich, dass bei einer zunächst außergerichtlichen Tätigkeit des Rechtsanwalts vor Annahme eines Prozessauftrags die gesamten Gebühren höher sind als bei der sofortigen Annahme eines Prozessauftrags. Die vom Mandanten erteilte **Vollmacht** ist zwar bei der Auslegung des Auftrags lediglich ein Indiz. Denn sie betrifft nur das Außenverhältnis und bildet nicht zwingend den genauen Inhalt des Auftrags ab,[27] zumal sie in der Praxis oft als sehr umfassende Formularvollmacht erteilt wird. Daher können auch dann ein unbedingter Auftrag zur Vertretung und ein bedingter Klageauftrag vorliegen, wenn dem Rechtsanwalt bereits eine unterschriebene Prozessvollmacht vorliegt.[28] Andererseits spricht es für die Erteilung zweier Aufträge, wenn der Mandant zwei getrennte Vollmachten sowohl für die außergerichtliche als auch für die gerichtliche Beitreibung des Anspruchs unterschreibt.

64 *Hinweis*

Der Anwalt sollte sich den Prozessauftrag nach Möglichkeit aufschiebend bedingt – die Bedingung ist das erfolglose Gespräch bzw. die erfolglose Korrespondenz mit dem Gegner – erteilen lassen. Darüber hinaus sollten für die außergerichtliche Geltendmachung des Anspruchs und für das Klageverfahren gesonderte Vollmachten ausgestellt werden.[29]

65 Da anhand der Umstände des Einzelfalls unterschieden werden muss, ob der Anwalt bereits einen Klageauftrag oder lediglich einen Auftrag zur außergerichtlichen Vertretung hatte, sollten Äußerungen gegenüber dem Gegner oder der eigenen Rechtsschutzversicherung unterbleiben, dass ein Prozessauftrag bereits erteilt sei. Es entspricht einer weit verbreiteten Unsitte, im außergerichtlichen Aufforderungsschreiben auf einen bereits bestehenden (unbedingten) Klageauftrag („Wir haben bereits Klageauftrag“) hinzuweisen in der Annahme, dem durchzusetzenden Begehren dadurch mehr Nachdruck verleihen zu können. Der Schadensersatzpflichtige – insbesondere wenn es sich um einen Versicherer handelt – wird in berechtigter Weise an seiner Aussage festhalten, der Anwalt büßt dadurch nicht unerhebliche Gebühren ein. Besser ist es, z.B. wie folgt zu formulieren: *„Sollte eine Regulierung nicht bis zum ... erfolgt sein, sind wir beauftragt, ohne weitere Mitteilung an Sie den Rechtsweg zu beschreiten.“*

c) Abgrenzung zum einfachen Schreiben

66 Für einfache Schreiben ist ebenfalls die Geschäftsgebühr einschlägig, allerdings gemäß Nr. 2301 VV RVG aus einem geringeren Gebührenrahmen. Dabei sind Schreiben einfacher Art solche, die weder schwierige rechtliche Ausführungen noch größere sach-

27 Vgl. *Onderka*, BRAGO prof. 2004, 30.
28 AnwK-RVG (*Onderka/N. Schneider/Thiel*), VV Vorb. 2.3 Rn 31.
29 *Madert*, AGS 1999, 97.

liche Auseinandersetzungen enthalten. Maßgeblich ist, ob das Schreiben im Vergleich zu den im Allgemeinen in einer durchschnittlichen Kanzlei anfallenden Schreiben nur **einfacher Art** ist,[30] wie beispielsweise die Mahnung hinsichtlich einer Forderung, die keiner eingehenden Prüfung oder Begründung bedarf. Auch die Anfrage beim Einwohnermeldeamt mit dem Ziel, die Anschrift des Unfallgegners zu ermitteln, kann ein einfaches Schreiben sein.

Beispiel 67

Nach einem Verkehrsunfall hat Fahrer F die Korrespondenz mit dem gegnerischen Versicherer zunächst selbst übernommen. Die Versicherung hat den Anspruch bereits in vollem Umfang (5.000 EUR) bejaht. Als die angekündigte Zahlung ausbleibt, beauftragt er Anwalt A, eine Mahnung über die Forderung zu verfassen, weil er hofft, dass der Briefkopf einer Anwaltskanzlei seiner Forderung mehr Nachdruck verleihen wird. Inhaltliche Ausführungen zu der Forderung soll A nicht machen, sondern nur auf die bereits erfolgte Korrespondenz verweisen.

Für das Mahnschreiben kann A folgende Gebühren aus einem Wert von 5.000 EUR geltend machen:

1. 0,3 Geschäftsgebühr, VV 2300, 2301		106,35 EUR
2. Auslagenpauschale, VV 7002		20,00 EUR
Zwischensumme	126,35 EUR	
3. Umsatzsteuer, VV 7008		24,01 EUR
Gesamt		**150,36 EUR**

Nr. 2301 VV RVG stellt für die Abgrenzung zwischen außergerichtlicher Vertretung und einfachem Schreiben auf den **Auftrag** ab.[31] Es kommt also nicht auf das konkrete Ergebnis der anwaltlichen Tätigkeit, sondern darauf an, ob der Anwalt den Auftrag hatte, ein einfaches Schreiben zu erstellen. Der Umfang des Schreibens kann dabei ein Indiz bilden,[32] er ist aber kein allein entscheidendes Merkmal. Denn häufig kann sich eine gründliche Prüfung der Rechtslage im Ergebnis in einem nur kurzen Schreiben äußern. Auch die Verwendung von **Formularen**, die in Verkehrsunfallsachen gerade in der Korrespondenz mit den Versicherern häufig anzutreffen sind, spricht nicht notwendigerweise für das Vorliegen eines einfachen Schreibens. Zum einen erfordert die Erstellung eines derartigen Formulars bzw. Textbausteins häufig große Mühe, zum anderen kann die Prüfung, ob und inwieweit es im jeweiligen Fall anwendbar ist, rechtlich schwierige Fragen aufwerfen.[33] 68

30 AnwK-RVG (*Onderka/Thiel*), VV 2301 Rn 5.
31 So schon früher: BGH NJW 1983, 2451; vgl. die Begründung zum RVG in BT-Drucks 15/1971, 207.
32 *Hansens*, RVGreport 2004, 62.
33 LG Berlin JurBüro 1981, 1528; LG Hannover AnwBl 1989, 687; AnwK-RVG (*Onderka/Thiel*), VV 2301 Rn 6.

69 *Hinweis*

Bei der Regulierung von Verkehrsunfällen dürfte der Auftrag für ein einfaches Schreiben in der Praxis den **Ausnahmefall** darstellen. Denn regelmäßig wendet sich der Mandant an den Anwalt, damit dieser umfassend prüft, welche Ansprüche aus dem Unfallgeschehen folgen und wie sie durchzusetzen sind. Beachtet man z.B., dass im Rahmen der Regulierung komplexe Fragen zur Höhe eines Schmerzensgeldes, zu Rentenansprüchen und Haushaltsführungsschäden zu behandeln sind, sollte die Einordnung als „einfach" mit Zurückhaltung vorgenommen werden.

70 Auch wenn der Rechtsanwalt lediglich ein einfaches Schreiben verfasst hat, greift Nr. 2301 VV RVG also dann nicht ein, wenn der Auftrag auf eine umfangreichere Tätigkeit – etwa eine vorangegangene gründliche Prüfung – gerichtet war,[34] was der Anwalt im Streitfall beweisen muss.[35] Es lohnt sich daher, den Umfang des Mandates in Textform gegenüber dem Auftraggeber zusammen zu fassen.

71 *Beispiel*

F beauftragt A nach einem Verkehrsunfall mit der Geltendmachung seiner Rechte gegenüber dem gegnerischen Versicherer. A fordert diesen zunächst in einem dreizeiligen Schreiben unter Fristsetzung zur Zahlung auf. Daraufhin wird die Forderung beglichen.

Auch wenn das Schreiben selbst einfacher Art ist und keine rechtlichen Ausführungen enthält, ist dennoch Nr. 2301 VV RVG nicht anwendbar. Denn der Auftrag des Anwalts war auf eine umfangreichere Tätigkeit, nämlich die außergerichtliche Durchsetzung der Ansprüche gerichtet. Der Rechtsanwalt erhält also die Geschäftsgebühr nach Nr. 2300 VV RVG. Der vergleichsweise geringe Umfang der Tätigkeit ist im Rahmen der Gebührenbemessung nach § 14 Abs. 1 RVG zu berücksichtigen.

72 Umgekehrt erhält der Anwalt nur die Vergütung nach Nr. 2301 VV RVG, wenn der Auftrag auf ein einfaches Schreiben gerichtet war, er aber **auftragswidrig** umfangreiche rechtliche Prüfungen oder tatsächliche Ausführungen macht. Erkennt der Anwalt also nach Annahme eines solchen Auftrags, dass allein die Abfassung eines einfachen Schreibens nicht reicht, sondern z.B. umfassende Vorarbeiten erforderlich sind, muss er auf eine entsprechende Erweiterung des Auftrags hinwirken.

73 Ist der Anwalt bereits zum **Prozessbevollmächtigten** bestellt, so lösen einfache Schreiben, die den Verfahrensgang betreffen (Sachstandsanfragen an das erkennende Gericht,

34 So auch Schneider/Volpert (*Thiel/Reckin*), AnwK-RVG, VV 2301 Rn 5.

35 Vgl. BGH NJW 1983, 2451.

Übersendung von Protokollen oder Entscheidungen mit Begleitnachricht an den Mandanten) keine eigene Gebühr aus, da sie nach § 19 Abs. 1 RVG zum Rechtszug gehören und damit mit der Verfahrensgebühr abgegolten sind.[36]

2. Tätigkeit

a) Allgemeines

Der Anwalt erhält die Gebühr für das **Betreiben des Geschäfts**. Es werden mit dieser Pauschalgebühr sämtliche Tätigkeiten innerhalb des erteilten Auftrags abgegolten, die zur sachgemäßen Bearbeitung des Mandats erforderlich sind, wie beispielsweise: 74

- Entgegennahme der Information (z.B. Schilderung des Unfallgeschehens, Angabe der Versicherungsdaten, Angaben zum Gegner bzw. dessen Versicherer),[37]
- Besprechungen mit dem Mandanten oder Dritten,
- Einholung von privaten Sachverständigengutachten (Reparaturkosten, Wertminderung, Nutzungsausfallschaden, ggf. auch Minderung der Erwerbsfähigkeit, Spätfolgen aus Verletzungen),
- Einsichtnahme in OWi- oder Strafakten,
- Besichtigung der Unfallstelle.

Die Geschäftsgebühr entsteht, sobald der Anwalt die Information – im Regelfall also die Schilderung des Unfallgeschehens – entgegennimmt.[38] Ob nur eine Einzeltätigkeit durchgeführt oder ein umfangreicher Sachverhaltskomplex bearbeitet wird, ist für die Frage der Entstehung der Gebühr ohne Belang. Der Umfang der Tätigkeit ist aber bei der Gebührenbemessung nach § 14 Abs. 1 RVG zu berücksichtigen. 75

b) Besprechungen und Beweisaufnahmen

Die Teilnahme an **Beweisaufnahmen** und an **Besprechungen mit Dritten** löst keine gesonderten Gebühren aus, da die entsprechenden Gebührentatbestände des § 118 Abs. 1 Nr. 2 und Nr. 3 BRAGO nicht in das RVG übernommen wurden. Damit sollten nach dem Willen des Gesetzgebers die außergerichtlichen Erledigungen gefördert werden, weil der Griff zum Telefon und die damit mögliche gütliche Einigung nicht mehr aus 76

36 Dies gilt jedoch nicht für die Ermittlung der Anschrift eines Zeugen beim Einwohnermeldeamt, da die Informationsbeschaffung dem Mandanten obliegt; vgl. hierzu ausführlich *Mock*, AGS 2003, 528.

37 Empfehlenswert ist in diesem Zusammenhang eine Datensammlung mittels eines „Fragebogen für den Antragsteller", vgl. *Schneider*, § 14 (Anhang) Anlage 2.

38 Gerold/Schmidt (*Mayer*), RVG, VV 2300 Rn 13; Hartung/Römermann/Schons (*Schons*), RVG, VV 2300 Rn 6; AnwK-RVG (*Onderka/N. Schneider/Thiel*), VV Vorb. 2.3 Rn 49.

gebührenrechtlichen Gründen gemieden werden.[39] Eine entsprechende Tätigkeit des Anwalts kann aber gemäß § 14 RVG bei der Gebührenbemessung berücksichtigt werden.[40]

77 *Beispiel*

Im Rahmen der Unfallregulierung nimmt Anwalt A, nachdem er ein Aufforderungsschreiben mit der Schilderung des Unfallhergangs, zur Haftungsquote und zu den einzelnen Schadenspositionen verfasst hat, telefonisch Kontakt zum gegnerischen Haftpflichtversicherer auf. In einem 15-minütigen Telefonat werden die Fragen der Haftungsquoten sowie Einwendungen zu einzelnen Schadenspositionen erörtert. Eine Einigung scheitert.

Für diese Besprechung kann A keine gesonderte Gebühr in Rechnung stellen. Jedoch ist das Telefonat bei der Bemessung der konkreten Gebühr aus dem Rahmen von 0,5 bis 2,5 nach Nr. 2300 VV RVG zu berücksichtigen, wobei ein Rahmen von mehr als der Regelgebühr (1,3) angemessen sein wird.

78 Ein kurzes Telefonat mit **Nachfragen** – beispielsweise bei der Werkstatt, ob der Kostenvoranschlag schon übersandt ist, oder beim Versicherer, ob schon Zahlungen geleistet wurden – fällt hingegen bei der Gebührenbemessung nicht ins Gewicht.

79 *Hinweis*

Um spätere Diskussionen oder Beweisschwierigkeiten zu vermeiden, empfiehlt es sich, über jede Besprechung einen Vermerk zu fertigen, in dem Datum, Uhrzeit, Name des Gesprächspartners, Dauer und Inhalt des Gesprächs festgehalten werden.

80 Außergerichtliche Besprechungen können unter bestimmten Umständen eine **Terminsgebühr** nach Vorb. 3 Abs. 3 VV RVG (außergerichtliche Besprechung) auslösen. Denn die Gebühr setzt nicht voraus, dass ein Klageverfahren über den Gegenstand der Besprechung bereits anhängig ist. In Vorb. 3 Abs. 3 Nr. 2 VV RVG ist sowohl von „Erledigung“ als auch von „Vermeidung“ des gerichtlichen Verfahrens die Rede: Ein anhängiges Verfahren kann man erledigen, ein noch nicht anhängiges Verfahren kann man vermeiden. Jedoch wurde schon bisher von der zutreffenden herrschenden Meinung[41] für die

39 Vgl. BT-Drucks 15/1971, 207.

40 *Enders*, JurBüro 2004, 459, 461; *Madert*, AGS 2000, 185, 187. Soweit das AG Stuttgart (JurBüro 2005, 308) auf die objektiv erforderliche Dauer der Besprechung abstellt, überzeugt dies nicht. Entscheidend ist der tatsächliche Aufwand des Anwalts – wenn dieser aufgrund der besonderen Lebensumstände des Mandanten erhöht war, muss dies bei der Bestimmung der Rahmengebühr Berücksichtigung finden (zutreffend insoweit LG Essen MDR 2005, 899).

41 BGH AGS 2007, 166; OLG Koblenz NJW-RR 2006, 358; AG Coburg JurBüro 2007, 641; AG Altenkirchen AGS 2007, 557; AG Essen-Steele r+s 2006, 70; AnwK-RVG (*Onderka/N. Schneider*), Vorb. 3 Rn 139; *Bonnen*, MDR 2005, 1084; *Hartung*, NJW 2004, 1409; *Henke*, AnwBl 2004, 363; *Schons*, NJW 2005, 3089; *Pießkalla/Reichart*, VRR 2009, 52 ff.

Entstehung der Terminsgebühr ein **Verfahrensauftrag** verlangt, an dem es bei einer außergerichtlichen Tätigkeit (inkl. einem bislang noch bedingten Klageauftrag) fehlt.

Die früher vertretene Gegenmeinung,[42] die die Entstehung einer Terminsgebühr für eine außergerichtliche Besprechung auch ohne Klageauftrag bejahte, weil sich dem Gesetz ein solches Erfordernis nicht entnehmen lasse, ist nach aktueller Rechtslage nicht mehr vertretbar. Denn in Vorb. 3 Abs. 1 VV RVG wird ausdrücklich klargestellt, dass Gebühren nach Teil 3 VV RVG nur derjenige Rechtsanwalt erhält, dem ein unbedingter Auftrag als Prozess- oder Verfahrensbevollmächtigter erteilt worden ist. 81

Es gilt also Folgendes: Hat der Anwalt hinsichtlich der Ansprüche, die Gegenstand der Besprechung sind, einen Auftrag zur außergerichtlichen Vertretung, erhält er die Gebühr aus Nr. 2300 VV RVG, wobei die Durchführung der Besprechung bei der Bestimmung der Gebührenhöhe aus dem Rahmen von 0,5 bis 2,5 berücksichtigt werden kann. Hat er hinsichtlich des Gegenstands der Besprechung bereits einen Verfahrensauftrag, erhält er bei Durchführung einer Besprechung – neben der Verfahrensgebühr – die Terminsgebühr. 82

c) Kostendeckungszusage

Beauftragt ein rechtsschutzversicherter Mandant seinen Anwalt mit der Einholung einer **Deckungszusage** bzw. mit der weiteren Wahrnehmung der versicherungsrechtlichen Interessen gegenüber dem Rechtsschutzversicherer, so erhält der Anwalt für diese Tätigkeit eine eigene Geschäftsgebühr nach Nr. 2300 VV RVG. Die Einholung der Deckungszusage ist eine **eigene Angelegenheit** (sog. Regulierungshilfe) und daher gesondert zu vergüten.[43] Viele Anwälte betrachten die Regulierungshilfe, schon weil der Rechtsschutzversicherer die Kosten nicht übernimmt, allerdings als Serviceleistung gegenüber dem Mandanten, die sie sich nicht gesondert vergüten lassen. Sollte sich die Abwicklung des Rechtsschutzfalles jedoch zeitaufwändig gestalten, weil der Versicherer Rechnungen kürzt, zu spät reagiert oder inhaltliche Nachfragen stellt, sollte der Anwalt sich eine Berechnung in jedem Fall vorbehalten. Nur so kann dem Mandanten vermittelt werden, dass die Regulierungshilfe ein mitunter mühsamer Teil der anwaltlichen Mandatsbearbeitung ist. 83

Gegenstandswert der Regulierungshilfe sind jene Kosten, von denen der Mandant befreit werden möchte, also die eigenen Anwaltskosten sowie ggf. diejenigen des Gegners. 84

42 AG Köln, Urt. v. 27.1.2006 – 111 C 543/05, n.v.

43 OLG Celle SP 2011, 265; LG Duisburg zfs 2010, 520; LG München I AGS 2009, 256; LG Berlin BRAGOreport 2001, 43; LG Zwickau AGS 2005, 525; AG Schwandorf AnwBl 2009, 239; AG Ettenheim AGS 2006, 275; AG Charlottenburg JurBüro 2002, 25; *Madert*, zfs 2005, 482, 484; offen gelassen von BGH AGS 2012, 152.

85 Da teilweise die Ansicht vertreten wird, dass ohne den anwaltlichen Hinweis auf das entstehende Honorar die Einholung der Deckungszusage nur einen „Annex“ des jeweiligen Mandates darstellt, der nicht gesondert zu vergüten ist,[44] sollte der Mandant vorsorglich darauf **hingewiesen** werden, dass er Kosten für die Einholung der Deckungszusage selbst bezahlen muss.[45]

86 *Hinweis*

In der Regel ist es dem Geschädigten zuzumuten, die Deckungszusage selbst einzuholen.[46] Ausnahmsweise wird eine Erstattungspflicht des Gegners bzw. des Haftpflichtversicherers unter Verzugsgesichtspunkten bejaht, wenn dieser zu Unrecht die Zahlung verweigert, verspätet zahlt und die Kosten erforderlich und zweckmäßig waren.[47]

d) Erstellung eines Aktenauszuges

87 Für die Beurteilung eines Unfallgeschehens kann u.a. die amtliche Ermittlungsakte von Nutzen sein. Sie enthält – jedenfalls soweit nicht nur ein sog. „Tagebucheintrag“ erstellt wurde – neben der polizeilichen Unfallaufnahme oftmals detaillierte Skizzen und Fotos, die bei der Aufklärung des genauen Unfallverlaufes helfen. Der Anwalt kann als Bevollmächtigter eines **Unfallbeteiligten** Einsicht verlangen und Auszüge aus diesen Akten fertigen. Ist er bereits mit der außergerichtlichen Geltendmachung von Ansprüchen beauftragt, so ist diese Tätigkeit mit der Geschäftsgebühr abgegolten. Gleichermaßen ist die Akteneinsicht durch den Prozessbevollmächtigten mit der Verfahrensgebühr abgegolten.

88 Im Verhältnis zu **Haftpflichtversicherern** kann es jedoch vorkommen, dass der Anwalt ausschließlich mit der Fertigung eines Aktenauszuges beauftragt wird. Denn privatrechtliche Haftpflichtversicherer[48] können einen solchen Auszug nicht selbst einholen, da ihnen nach Nr. 185 Abs. 5 RiStBV kein Akteneinsichtsrecht zusteht. Sie müssen also einen Anwalt mit dieser Tätigkeit beauftragen. Wollen sie sich im Vorfeld einer Schadensregulierung für die eigene Regulierungsarbeit ein Bild über den Unfallverlauf machen, ohne allerdings eine weitergehende Vertretung oder Beratung durch den Anwalt zu benötigen, werden sie diesem einen entsprechend begrenzten Auftrag erteilen.

89 Grundlage für die Abrechnung dieser begrenzten Tätigkeit war früher das aus Vereinfachungsgründen geschlossene **Abkommen** zwischen dem Deutschen Anwaltverein und dem HUK-Verband über das „Honorar für Akteneinsicht und Aktenauszüge aus Unfallstrafakten für Versicherungsgesellschaften“. Es sah eine pauschale Abgeltung der anwaltlichen Tätigkeit vor, damit nicht in jedem Einzelfall der Umfang bzw. Arbeitsauf-

44 OLG München JurBüro 1993, 163; AG Stadthagen JurBüro 1991, 64.
45 *Madert*, zfs 2005, 482, 484.
46 BGH AGS 2012, 152.
47 LG München I AGS 2009, 256; AG Schwandorf AnwBl 2009, 239; AG Karlsruhe AGS 2008, 372.
48 Anderes gilt für solche Haftpflichtversicherer, die als Körperschaft des öffentlichen Rechts organisiert sind.

wand dargelegt und überprüft werden muss.[49] Das Abkommen wurde von allen Versicherern angewandt und zwar auch gegenüber Anwälten, die nicht Mitglied im DAV sind.

Es lautete wie folgt:

1. a) Der Anwalt erhält für die Einsichtnahme in Unfallakten und für die Herstellung eines Auszuges zur Abgeltung seiner persönlichen Arbeitsleistung und der üblicherweise mit der Erledigung eines solchen Auftrages verbundenen Kosten (Porto und Honorar – außer Ferngespräche, die besonders berechnet werden) ein Pauschalhonorar in Höhe von 26 EUR für jede Sache.

b) Er erhält außerdem für jede Seite des Aktenauszuges (auch Fotokopie) die Schreibgebühr gemäß § 27 BRAGO.

c) Wird eine Ergänzung des Aktenauszuges gewünscht, die sich auf nach dem Zeitpunkt der ersten Akteneinsicht zur Akte gelangten Aktenteile oder Beiakten bezieht, so erhält der Rechtsanwalt für diese Tätigkeit ein Pauschalhonorar von 13 EUR zuzüglich der Schreibgebühr.

2. Durch diese Pauschale sind nicht abgegolten:

a) Gerichtskosten und sonstige außergewöhnliche Kosten des Auftraggebers, die vom Rechtsanwalt verauslagt worden sind.

b) Außergewöhnliche Aufwendungen, die zu einer vom Auftraggeber gewünsch ten beschleunigten Ausführung des Auftrages aufgewandt worden sind.

c) die auf die obige Vergütung zu zahlende Umsatzsteuer (Mehrwertsteuer) oder der stattdessen dem Anwalt nach § 25 Abs. 2 BRAGO zustehende Ausgleichsbetrag.

Da bisher noch keine Anpassung dieses Abkommens an das RVG durchgeführt wurde, ist 90
die (analoge) Anwendung umstritten. Nach zutreffender Meinung kann wie bisher abgerechnet werden, wobei die im Abkommen genannten §§ 25 Abs. 2, 27 BRAGO durch Nrn. 7000, 7008 VV RVG zu ersetzen sind.[50] Für den ersten **Aktenauszug** gibt es danach 26 EUR, für eine Ergänzung 13 EUR. Zusätzlich erhält der Anwalt die Dokumentenpauschale nach Nr. 7000 Nr. 1a VV RVG, wobei die Zahl der Kopien für den ersten Aktenauszug und für die Ergänzung zusammenzurechnen sind. Schließlich werden dem Anwalt auch Gerichtskosten (z.B. Aktenversendungspauschale nach Nr. 9003 KV GKG) oder sonstige außergewöhnlichen Kosten (Mehrkosten für Eilsendungen etc.) ersetzt.

Der Anwalt kann die pauschalen Gebühren zwar nur dann verlangen, wenn er ausschließ- 91
lich mit der Fertigung eines Aktenauszuges beauftragt wurde. Wird er jedoch erst später vom Versicherer zum Prozessbevollmächtigten bestellt, hat dies auf die einmal entstan-

49 Vgl. ausführlich *N. Schneider*, Abrechnung in Verkehrssachen nach dem DAV-Abkommen, Rn 327.

50 *Greißinger*, AnwBl 2005, 493; *Schneider*, § 8 Rn 554; Buschbell (*Baschek*), § 33 Rn 37; a.A. *Madert*, zfs 2005, 482, 483: Der Auftrag ist mit einer Geschäftsgebühr nach dem RVG zu vergüten.

dene Gebühr keinen Einfluss. Die Pauschalgebühren können also auch in diesem Fall weiter geltend gemacht werden und unterliegen keiner Anrechnung auf später entstehende Gebühren.

3. Vergütung

92 Der **Gebührenrahmen** der Geschäftsgebühr nach Nr. 2300 VV RVG reicht von 0,5 bis 2,5. Für Besprechungen und Beweisaufnahmen gibt es – anders als in der BRAGO – keine eigenen Gebühren mehr, diese Tätigkeiten müssen also im Rahmen der Gebührenbemessung nach § 14 Abs. 1 RVG Berücksichtigung finden.

a) Angelegenheit

93 Die Gebühr nach Nr. 2300 VV RVG erhält der Anwalt gemäß § 15 Abs. 2 S. 1 RVG in jeder Angelegenheit gesondert. Ob eine **gebührenrechtliche Angelegenheit** vorliegt oder es mehrere sind, richtet sich bei einer außergerichtlichen Tätigkeit danach, ob

- ein einheitlicher Auftrag gegeben ist,
- die Tätigkeit des Anwalts sich im gleichen Rahmen hält und
- zwischen den einzelnen Gegenständen der anwaltlichen Tätigkeit ein innerer Zusammenhang besteht.[51]

94 Dies ist nach den Umständen des Einzelfalls zu entscheiden. Wird beispielsweise der Anwalt, der für das Unfallopfer eine **Schadensersatzrente** erstritten hat, später mit dem Ziel beauftragt, diese Rente abzuändern, liegen zwei verschiedene Angelegenheiten vor, die daher gesondert abgerechnet werden können.[52] Dagegen handelt es sich um dieselbe gebührenrechtliche Angelegenheit, wenn der Anwalt im Laufe des Mandates beauftragt wird, neben den **Sachschäden** am Pkw nun auch ein **Schmerzensgeld** für den Mandanten beim Unfallgegner geltend zu machen. Es erhöht sich dann allerdings der Gegenstandswert (§ 22 Abs. 1 RVG).[53] Eine außergerichtliche Tätigkeit kann auch nicht deshalb mit zwei Geschäftsgebühren abgerechnet werden, weil ein Teilbetrag gezahlt und der Rest sodann gerichtlich weiterverfolgt wird.[54]

51 Vgl. ausführlich AnwK-RVG (*N. Schneider*), § 15 Rn 22 ff.

52 AG Siegburg AGS 2003, 345; LG Kleve AnwBl 1981, 509; LG Stuttgart zfs 2005, 201. Ebenso LG Passau (NJW-RR 2015, 1216) für zwei Aufträge eines Ehepaars als Geschädigte desselben Verkehrsunfalls, die unterschiedliche Ansprüche geltend machen; vgl. auch AG Landshut AGS 2015, 542.

53 Zur sukzessiven Beauftragung des Anwalts zur Geltendmachung der Schäden an verschiedenen Fahrzeugen aus demselben Schadensereignis, vgl. *N. Schneider*, zfs 2003, 361.

54 BGH AGS 2014, 325.

Die Regulierung eines Unfallschadens und die gleichzeitige Abwicklung von Ansprüchen aus der Unfallversicherung sind verschiedene gebührenrechtliche Angelegenheiten.[55] Gleiches gilt für die Regulierung eines **Haftpflichtschadens** und die Regulierung eines **Kaskoschadens**.[56] Denn anders als die Regulierung gegenüber dem Gegner und dessen Haftpflichtversicherer geht es dabei um vertragliche Ansprüche, die sich zudem gegen einen anderen Anspruchsgegner richten. 95

Beispiel 96

Eigentümer E hat seinen (vollkaskoversicherten) Wagen bei einem Verkehrsunfall beschädigt. Die Reparaturkosten belaufen sich auf einen Betrag von 5.000 EUR, merkantiler Minderwert, Mietwagenkosten und Schmerzensgeld auf einen weiteren Betrag von 3.000 EUR. E beauftragt Anwalt A, die Reparaturkosten bei seinem Kaskoversicherer geltend zu machen und den Restschaden gegenüber dem gegnerischen Haftpflichtversicherer. Die Angelegenheit ist insgesamt durchschnittlich.

A kann für die Regulierung des Kaskoschadens eine 1,3-Geschäftsgebühr nebst Auslagenpauschale und Umsatzsteuer aus einem Wert von 5.000 EUR sowie für die Regulierung des Haftpflichtschadens eine 1,3-Geschäftsgebühr nebst Auslagenpauschale und Umsatzsteuer aus einem Wert von 3.000 EUR verlangen.

Die Ersatzleistung des Kaskoversicherers ist in der Regel auf den **Fahrzeugschaden** begrenzt. Merkantiler Minderwert, Mietwagenkosten oder Aufwendungen für die Beschaffung eines Ersatzfahrzeugs werden nicht ersetzt. Die Inanspruchnahme des Kaskoversicherers kommt zum einen in Betracht, wenn sich der Haftpflichtversicherer mit der Zahlung in Verzug befindet oder seine Leistungsfreiheit einwendet. Die Inanspruchnahme der eigenen Kaskoversicherung kann sich auch dann anbieten, wenn eine Mithaftung des Mandanten bezüglich des Unfallgeschehens in Betracht kommt.[57] 97

Der Geschädigte kommt dann in den Genuss des sog. **Quotenvorrechts**.[58] Soweit der Kaskoversicherer den Schaden ersetzt, gehen die Schadensersatzansprüche auf ihn über. Dieser Übergang kann aber nicht zum Nachteil des Versicherungsnehmers geltend gemacht werden (§ 86 Abs. 1 VVG). Der Geschädigte kann daher nach Inanspruchnahme seiner Vollkaskoversicherung die Differenz zwischen dem kongruenten Fahrzeugschaden und der Leistung des Kaskoversicherers gegenüber dem gegnerischen Haftpflichtversicherer ungekürzt geltend machen, wobei die Haftungsquote des Haftpflichtversicherers 98

55 BGH AGS 2006, 256.

56 OLG Hamm AnwBl 1983, 141; LG Flensburg JurBüro 1986, 723; AG Erfurt zfs 1999; AG Limburg AGS 2006, 267; *N. Schneider*, zfs 2004, 396, 397; *Enders*, JurBüro 1995, 337, 339; a.A. LG Kassel, Urt. v. 8.3.2013 – 5 O 118/12, juris.

57 *Van Bühren*, Das verkehrsrechtliche Mandat, Band 4, § 8 Rn 2.

58 Vgl. die ausführliche Darstellung bei *Schneider*, Das verkehrsrechtliche Mandat, Band 2, § 6.

die Obergrenze bildet. Auch die Anwaltskosten zur Inanspruchnahme des Kaskoversicherers gehören dabei zu den quotenbevorrechtigten Positionen, da sie aufgewendet werden müssen, um den ursprünglichen Fahrzeugzustand wiederherzustellen.[59]

b) Schwellenwert

99 Die Mittelgebühr der Geschäftsgebühr liegt bei 1,5. Zusätzlich sieht die Anm. zu Nr. 2300 VV RVG jedoch einen Schwellenwert[60] von 1,3 vor (sog. Regelgebühr), der nur dann überschritten werden darf, wenn die Angelegenheit entweder umfangreich oder schwierig war.

100 Die Existenz des **Schwellenwertes** ist Ausdruck eines Kompromisses im Gesetzgebungsverfahren. Die rechnerische Mittelgebühr von 1,5 war bei der Versicherungswirtschaft auf Widerstand gestoßen, die früher vor allem bei der Unfallregulierung das Entstehen der Besprechungsgebühr vermeiden wollte.[61] Mit Rücksicht darauf sah der Gesetzesentwurf zunächst eine Mittelgebühr von 1,5 mit der gleichzeitigen Einschränkung vor, dass eine Überschreitung dieser Gebühr nur in besonders umfangreichen oder besonders schwierigen Angelegenheiten vorgenommen werden sollte. Da die Begriffe „besonders umfangreich" und „besonders schwierig" jedoch bei § 99 BRAGO zu hohen Anforderungen geführt hatten, wurde das Wort „besonders" auf Wunsch der Anwaltschaft gestrichen. Allerdings wurde im Gegenzug die Gebühr, die bei nicht schwierigen und nicht umfangreichen Angelegenheiten anfallen sollte, auf 1,3 herabgesetzt. Damit sollte jedoch keine Änderung in der Sache einhergehen, also der Schwellenwert in durchschnittlich gelagerten Fällen eingreifen.

101 Insofern wurde die Mittelgebühr hinsichtlich der beiden nach der Systematik wichtigsten Kriterien (Umfang und Schwierigkeit der Sache) um 0,2 nach unten verschoben.[62] Eine ausdrückliche Benennung als Mittelgebühr war nur deshalb nicht möglich, weil der Wert von 1,3 eben nicht das mathematische Mittel des Gebührenrahmens ist. Insofern rechtfertigt sich die Bezeichnung „Regelgebühr".

102 *Hinweis*

Die Bestimmung der konkreten Geschäftsgebühr hat daher in folgenden Schritten zu erfolgen:

- Ausgangspunkt ist die Mittelgebühr von 1,5 nach Nr. 2300 VV RVG.
- Zunächst sind sämtliche Kriterien des § 14 Abs. 1 RVG zu prüfen.

59 OLG Karlsruhe zfs 1990, 373; AG Ansbach AGS 2008, 411; AG Kirchhain AGS 2008, 412 m. Anm. *N. Schneider*; AG Herford SP 2002, 247; *Schneider*, Das verkehrsrechtliche Mandat, Band 2, § 6 Rn 20 ff. Zur Frage, ob und in welchem Umfang der Unfallgegner diese Anwaltskosten zu ersetzen hat, vgl. die Ausführungen in diesem Buch (siehe § 3 Rdn 62 ff.).

60 Schneider/Volpert (*Thiel/Reckin*), AnwK-RVG, VV 2300 Rn 11; *Enders*, JurBüro 2004, 459, 460; *Hansens*, RVGreport 2004, 59, 61; *Henke*, AnwBl 2004, 263; *Madert*, AGS 2004, 185; *Otto*, NJW 2004, 1420, 1421.

61 Vgl. *Otto*, NJW 2004, 1420, 1421.

62 *Otto*, NJW 2004, 1420, 1421; vgl. auch *Henke*, AnwBl 2004, 579.

- Wenn die Angelegenheit danach durchschnittlich ist, greift zunächst die Regelgebühr nach der Anm. zu Nr. 2300 VV RVG von 1,3.
- Sodann ist isoliert anhand der Kriterien „Umfang" und „Schwierigkeit" zu prüfen, ob diese Gebühr überschritten werden darf.

Eine Überschreitung des Gebührensatzes von 1,3 ist bereits dann möglich, wenn die Angelegenheit entweder umfangreich oder schwierig ist. Es müssen also nicht beide Faktoren überdurchschnittlich sein.[63] 103

Im Zusammenhang mit dem Umfang und der Schwierigkeit ist die **Besprechung** mit Dritten oder der Gegenseite von besonderer Bedeutung. Sie löst zwar ohne Verfahrensauftrag (vgl. Vorb. 3 Abs. 1 VV RVG) keine eigene Gebühr (d.h. eine Terminsgebühr) mehr aus, kann aber natürlich bei der Frage, ob die Angelegenheit umfangreich oder schwierig ist, berücksichtigt werden. Allerdings ist eine Sache nicht schon allein deshalb als umfangreich oder schwierig anzusehen, weil ein kurzes Telefonat stattgefunden hat. Denn der Wegfall der Besprechungsgebühr diente auch dazu, die außergerichtliche Erledigung einer Angelegenheit zu erleichtern. Es sollte verhindert werden, dass das klärende Telefonat mit der Gegenseite nur deshalb unterlassen wird, um keine Besprechungsgebühr entstehen zu lassen. Dieser Zweck würde unterlaufen, wenn generell jede Unterredung mit dem Gegner dazu führen würde, dass die Angelegenheit als umfangreich und schwierig anzusehen ist und damit der Wert von 1,3 überschritten werden kann. 104

Die Besprechungsgebühr nach § 118 BRAGO diente dazu, einen **tatsächlichen Mehraufwand** bei der Mandatsbearbeitung abzugelten. Dieser Mehraufwand entsteht natürlich auch weiterhin und muss auch vergütet werden. Daher führen Besprechungen, die über kurze Mitteilungen oder Sachstandsanfragen hinausgehen, dazu, dass eine Angelegenheit als umfangreich und schwierig anzusehen ist.[64] Das gilt vor allem dann, wenn es zu einem Austausch widerstreitender Argumente kommt. Hierbei ist auch zu berücksichtigen, dass das Gesetz durch die Neuregelung die außergerichtliche Streitbeilegung fördern wollte. Dann muss aber auch das Bemühen des Anwalts um die Vermeidung eines Prozesses vergütet werden.[65] Allerdings können Angelegenheiten auch umfangreich oder schwierig sein, wenn keine Besprechungen stattfinden. 105

Hinweis 106

Um die einzelnen Umstände vor Gericht darlegen zu können, die zur Bestimmung der konkreten Gebühr aus dem Rahmen von Nr. 2300 VV RVG erforderlich sind, empfiehlt sich die Anfertigung von Aktennotizen nach jeder Besprechung mit dem

63 BayObLG AGS 2005, 205; *N. Schneider*, AnwBl 2004, 129, 137.

64 Vgl. auch *Madert*, AGS 2004, 185, 186.

65 Gerold/Schmidt (*Mayer*), RVG, VV 2300 Rn 37: Allein die Durchführung einer Besprechung kann dazu führen, dass die Mittelgebühr mit 1,5 gerechtfertigt ist.

Mandanten. Denn nach Abschluss eines Mandates ist es mit erheblichen Schwierigkeiten verbunden, sämtliche Einzelheiten zu rekonstruieren, die die Angelegenheit überdurchschnittlich umfangreich oder schwierig gemacht haben.

c) Darlegung der Einzelumstände

107 Aufgrund des Auslaufens der Regulierungsempfehlungen des DAV bei Inkrafttreten des RVG ist eine intensive Diskussion zwischen Versicherern und Anwaltschaft um die Frage entstanden, ob die Regulierung eines **„üblichen" Verkehrsunfalls** generell mit einer 1,3-Geschäftsgebühr abgerechnet werden kann, ohne dass die Umstände des Einzelfalls darzulegen sind. Viele Haftpflichtversicherer haben lediglich eine Gebühr von 0,9 erstattet und hinsichtlich des Restbetrages Klage anheimgestellt.[66] Die inzwischen fast unübersehbare Menge amtsgerichtlicher Urteile zu dieser Frage[67] zeigt, dass sich eine Vielzahl von Anwälten mit dieser Vorgehensweise nicht abfinden wollte.

108 Die Situation hat sich insofern teilweise entschärft, als einige Versicherer Abrechnungsvereinbarungen anbieten, die von Gebührensätzen zwischen 1,8 und 2,7 bzw. zwischen 1,5 und 2,25 ausgehen.[68] Auch durch diese Abrechnungsgrundsätze wird aber wohl der Streit um die Vergütung einer außergerichtlichen Unfallschadensregulierung nicht vollständig beigelegt werden können. Für die Praxis ist daher – soweit der Anwalt sich nicht an angebotene Abrechnungsgrundsätze gebunden hat – Folgendes zu beachten:

109 Soweit die Gerichte teilweise eine nicht näher begründete 1,3-Geschäftsgebühr unbeanstandet lassen, nur weil sich die Tätigkeit auf einen Verkehrsunfall bezog, wird dies im Wesentlichen mit zwei Argumenten begründet.[69]

- Verkehrsunfälle sind ein **Massenphänomen**
  Im Interesse einer einfachen und praktikablen Handhabung könne daher die 1,3-Geschäftsgebühr im Wege der Schematisierung ohne Darlegung der Einzelumstände angesetzt werden.
- Das RVG sollte **keine Gebühreneinbuße** bewirken
  Der Wegfall von Besprechungs- und Beweisaufnahmegebühr müsse im Rahmen einer Gesamtbetrachtung durch den regelmäßigen Ansatz einer 1,3-fachen Gebühr ausgeglichen werden.

66 Vgl. *Madert*, AGS 2005, 225.

67 Vgl. die Zusammenstellung von *Sonderkamp*, NJW 2006, 1477.

68 Vgl. die Übersicht von *N. Schneider*, AGS 2005, 369.

69 Vgl. AG Brilon RVG-Letter 2005, 53; AG Köln JurBüro 2005, 307; AG Bad Neustadt AGS 2005, 254; AG Gießen RVG-Letter 2005, 33; AG München DAR 2005, 299; AG Landstuhl AGS 2005, 62; AG Bremen AnwBl 2005, 588; AG Würzburg AGS 2005, 247; im Ergebnis auch *Meyer*, AGS 2004, 468; *Sonderkamp*, NJW 2006, 1477, 1479.

Für den schematischen Ansatz einer 1,3-Geschäftsgebühr bei Unfallregulierungen geben beide Thesen nicht viel her. Die Regelung zur Bestimmung der Rahmengebühr in § 14 Abs. 1 RVG basiert auf einer Abwägung aller Umstände des Einzelfalls. Warum gerade die Abwicklung von Verkehrsunfällen – mögen sie auch ein Massenphänomen darstellen – diesem Abwägungsgebot nicht unterfallen soll, ist nicht ersichtlich. Eine pauschale Abrechnung in bestimmten Rechtsgebieten sieht § 14 Abs. 1 RVG nicht vor. Sie kann aber – und dies ist ein für die Belange der Praxis völlig ausreichendes Instrumentarium – mit all ihren Vor- und Nachteilen durch Abrechnungsvereinbarungen mit den Versicherern erreicht werden. 110

Die weiter aufgestellte These, die Abwicklung eines Verkehrsunfalls sei deshalb generell eine durchschnittlich schwierige und umfangreiche Angelegenheit, da das RVG nicht zu Gebühreneinbußen führen sollte, vermag ebenfalls nicht in allen Fällen zu überzeugen. Durch den Wegfall der Besprechungs- und Beweisaufnahmegebühr ergibt sich insofern keine generelle Gebührenminderung für den Anwalt, als er den konkret erhöhten Aufwand bei der Gebührenbestimmung aus dem Rahmen von Nr. 2300 VV RVG geltend machen kann. Soweit dieser Aufwand allerdings nicht vorliegt, weil es keine Besprechung, keine Ortsbesichtigung etc. gegeben hat, war weder nach der BRAGO noch ist nach dem RVG ausnahmslos eine im Bereich von 1,3 liegende Gebühr gerechtfertigt. 111

Auch wenn eine Vielzahl von Entscheidungen dies suggeriert:[70] Den **typischen „durchschnittlichen" Verkehrsunfall** und eine typische Geschäftsgebühr in Höhe von 1,3 für dessen außergerichtliche Regulierung gibt es nicht.[71] Da die Regelung des § 14 Abs. 1 RVG nicht allein auf die vom Anwalt zu bearbeitende Materie abstellt, sondern auf verschiedene Einzelkriterien, bleibt es also dabei, dass sich der Anwalt bei der Gebührenforderung – schon aus Gründen der Vorsicht – nicht schlicht auf die Darlegung beschränken sollte, dass er eine Unfallschadensregulierung vorgenommen habe. Denn der Rahmen der Geschäftsgebühr beginnt auch für diese Tätigkeit bei 0,5. Es gibt durchaus Fälle, in denen lediglich eine Gebühr im Bereich von 0,8 bis 1,0 angemessen ist, weil die Abwägungsmerkmale insgesamt eine nur deutlich unterdurchschnittliche Angelegenheit ergeben.[72] 112

70 Vgl. OLG Saarbrücken Schaden-Praxis 2015, 49; AG Münster DV 2015, 145; AG Bremen AnwBl 2005, 588; AG Hagen AGS 2005, 62; AG Hamburg-Barmbek JurBüro 2005, 307; AG Heidelberg JurBüro 2005, 254; AG Essen AnwBl 2005, 508; AG Gießen RVGreport 2005, 149; AG Greifswald MDR 2005, 659; AG Würzburg AGS 2005, 247; AG Chemnitz AGS 2005, 252; vgl. die umfassende Zusammenstellung von *Sonderkamp*, NJW 2006, 1477, 1479 (dort Fn 22).

71 So auch AG Herne AGS 2005, 149; AG Mainz JurBüro 2005, 308; AG Chemnitz RVGreport 2005, 108; AG Berlin-Mitte Schaden-Praxis 2013, 304 sowie der Beschluss der 49. Gebührenreferentenkonferenz (RVG prof. 2005, 27), wonach die konkreten Gebühren nach § 14 RVG aus dem vollen Gebührenrahmen bestimmt werden müssen und aus diesem Grund eine substantiierte Darlegung der maßgeblichen Gesichtspunkte des Einzelfalls bereits mit der Gebührenrechnung empfohlen wird.

72 Vgl. LG Coburg VersR 2005, 1101; AG Arnstadt SP 2005, 252; AG Berlin-Mitte SP 2005, 104; AG Bayreuth RVGreport 2005, 112; AG Karlsruhe RVGreport 2005, 269; AG Ettlingen SP 2005, 250; AG Gronau JurBüro 2005, 194; AG Hamburg-St. Georg RVGreport 2005, 228; AG Gütersloh JurBüro 2005, 363; AG Duisburg-Hamborn VersR 2005, 853; AG Duisburg-Ruhrort SP 2005, 250; AG Osnabrück JurBüro 2005, 308.

Damit wird auch kein weiterer Gebührenrahmen von 0,5 bis 1,3 geschaffen oder für die Unfallregulierung eine weitere Mittelgebühr von 0,9 begründet. Vielmehr bleibt es – auch in Verkehrsunfallsachen – dabei, dass die **Einzelumstände** für die Gebührenbestimmung dargetan werden müssen.[73] Der – darlegungs- und beweisbelastete – Anwalt sollte dieser Darlegung im eigenen Interesse somit die nötige Sorgfalt widmen, um Diskussionen mit Mandanten und Rechtsschutzversicherern auf das Mindestmaß zu beschränken. Diese Diskussionen führen zu Zeitaufwand, welcher die Effektivität der Mandatsbearbeitung im Einzelfall empfindlich beeinträchtigen kann.

113 Hat der Anwalt die Einzelumstände zur Bestimmung der konkreten Gebühr dargelegt, kann das Gericht sie – im Rechtsstreit mit einem Dritten oder im Rahmen der Honorarklage gegen den Mandanten – nur auf Ermessensfehler überprüfen. Denn nach § 14 Abs. 1 S. 4 RVG bzw. § 315 Abs. 3 BGB ist die Bestimmung der Gebühr nur dann nicht bindend, wenn sie unbillig ist. Die häufigen Ansätze von Rechtsschutzversicherern, das Ermessen nach § 14 Abs. 1 S. 1 RVG selbst auszuüben, sind abzulehnen. Dessen Wortlaut ist eindeutig: Der Rechtsanwalt bestimmt die Gebühr, nicht der Mandant oder der Rechtsschutzversicherer.

114 *Hinweis*

Der BGH hat es in seiner Entscheidung vom 31.10.2006[74] im Rahmen einer Gebührenüberprüfung **nicht für unbillig** gehalten, dass der Anwalt für die Regulierung eines durchschnittlichen Verkehrsunfalls eine 1,3-Geschäftsgebühr berechnet.

115 Bei der Billigkeitsüberprüfung wird dem Anwalt von der herrschenden Rechtsprechung ein **Toleranzbereich** von 20 % eingeräumt: Die vom Anwalt bestimmte Gebühr wird durch das Gericht nur dann korrigiert, wenn sie die „billige“ Gebühr um mehr als 20 % übersteigt.[75] Auch im Hinblick auf diesen Toleranzbereich kann jedoch eine über 1,3 liegende Geschäftsgebühr nur verlangt werden, wenn die Tätigkeit entweder umfangreich oder schwierig war.[76] Abweichend davon hatten der IX. Senat[77] und der VI. Senat[78] des BGH die Ansicht vertreten, dass dem Anwalt auch hinsichtlich der Überschreitung des Schwellenwertes ein solcher

73 Mayer/Kroiß (*Teubel*), RVG, VV 2300 Rn 30 ff.; *Schons*, NJW 2005, 1024. Dabei reicht es – entgegen der Ansicht des OLG München (AGS 2006, 540) auch nicht aus, dass der Anwalt das Vorliegen eines „üblichen Verkehrsunfalls“ konkret behauptet.

74 BGH AGS 2007, 28.

75 AG Aachen JurBüro 2005, 192; AG Kehlheim JurBüro 2005, 195; AG Kempen AGS 2005, 252; AG Brühl NZV 2004, 416; AG Bielefeld AnwBl 2005, 224; *Hansens*, RVGreport 2005, 42, 46; Mayer/Kroiß (*Winkler*), RVG, § 14 Rn 54; Gerold/Schmidt (*Mayer*), RVG, § 14 Rn 12.

76 OLG Celle zfs 2012, 105; OLG Koblenz AGS 2011, 536; AG Düsseldorf AGS 2012, 61; AG Halle AGS 2011, 421; AG Kehl AGS 2012, 6; *Fölsch*, NJW 2012, 267.

77 BGH AGS 2011, 120.

78 BGH AGS 2012, 220 m. Anm. *N. Schneider*. Mittlerweile hat der VI. Zivilsenat des BGH seine entsprechende Ansicht aufgegeben (vgl. BGH AGS 2013, 111).

Toleranzbereich zustehe, wodurch eine Gebührenforderung von mehr als 1,3 auch dann nicht zu beanstanden sei, wenn die Tätigkeit weder umfangreich noch schwierig war, jedoch keine Überschreitung der angemessenen Gebühr um mehr als 20 % vorlag. Diese Rechtsprechung war abzulehnen, was inzwischen auch durch die Begründung zum 2. KostRMoG unterstützt wird: Bei der Frage, ob eine Tätigkeit umfangreich oder schwierig war, handelt es sich um Tatbestandsmerkmale des Gebührentatbestandes. Diese sind in vollem Umfang gerichtlich überprüfbar. Inzwischen hat der VIII. Senat des BGH[79] diese Rechtsprechung auch korrigiert und zutreffend ausgeführt, dass die Frage des Umfangs bzw. der Schwierigkeit der Angelegenheit umfassend gerichtlich überprüfbar ist.[80]

Im Schrifttum[81] und in einigen Entscheidungen[82] wurde unter Hinweis auf den gegenüber § 118 BRAGO erheblich vergrößerten Gebührenrahmen in Nr. 2300 VV RVG vertreten, dass der Toleranzbereich auf 30 % auszuweiten sei. 116

Hinweis 117

Diese Rechtsprechung hat zwar bisher keine höchstrichterliche Zustimmung erfahren. Unter Bezugnahme auf die Entscheidungen des LG Potsdam[83] und des AG Limburg[84] kann im Vergütungsprozess allerdings durchaus der Versuch unternommen werden, die eigene Gebührenbestimmung vor der gerichtlichen Korrektur zu „retten“.

d) Einzelumstände

Geht man von einem in jeder Hinsicht **unterdurchschnittlichen** Verkehrsunfall aus, nämlich einem Unfall mit folgenden Merkmalen: 118

- Unfallverlauf unstreitig,
- Schäden eindeutig feststellbar,
- keine Rückfragen an Gutachter erforderlich,
- einfaches Anspruchsschreiben an Versicherer,
- Versicherer erkennt Haftung zu 100 % an,
- Regulierung erfolgt unproblematisch und innerhalb kurzer Zeit (1 bis 2 Wochen),
- keine weiteren Probleme des Mandanten (z.B. Differenzbesteuerung, Mietwagen, Totalschaden etc.),

79 BGH AGS 2012, 373 m. Anm. *Schons*.

80 Die in einem solchen Fall eigentlich erforderliche Anrufung des Großen Senates hatte sich erübrigt, da der IX. und der VI. Senat auf Anfrage mitgeteilt hatten, ebenfalls diese Auffassung zu teilen (eine schon erstaunliche Aussage, wenn man bedenkt, dass ihre anderslautenden Entscheidungen gerade einmal zwei Monate bzw. 1½ Jahre alt waren).

81 AnwK-RVG (*Rick*), 4. Auflage, § 14 Rn 76; *Braun*, RVGreport 2004, 287; *Mayer/Kroiß/Teubel*, Das neue Gebührenrecht, § 4 Rn 95; RMOLK RVG/*Baumgärtel*, § 14 Rn 16.

82 LG Potsdam AGS 2009, 590; AG Limburg RVGreport 2009, 98.

83 LG Potsdam AGS 2009, 590.

84 AG Limburg RVGreport 2009, 98.

der höchstens mit einer 0,8 bis 0,9-Geschäftsgebühr abzurechnen sein dürfte,[85] so können weitere Umstände dazu führen, dass der Anwalt eine Gebühr **von bis zu 1,3** verlangen kann.

119 Eine Gebühr **in Höhe von 1,3** kann gefordert werden, wenn ein **regelmäßiger und durchschnittlicher Arbeitsumfang** vorliegt.[86] Dies ist zu bejahen, wenn:

- ein persönliches oder telefonisches Erstgespräch mit dem Mandanten geführt wird,
- in diesem Erstgespräch Sachverhalt, Haftungsgrund und Schadenshöhe festgestellt werden,
- die sich daraus ergebene Beurteilung der Rechtslage erfolgt,
- der Anwalt die Schadensregulierung steuernde tatsächliche Hinweise oder rechtliche Ratschläge an den Mandanten erteilt,
- das Anspruchsschreiben an den gegnerischen Haftpflichtversicherer mit der Darlegung von Haftungsgrund und Schadenspositionen mit Dokumentation fertigt,
- die Reaktion des Haftpflichtversicherers überwacht und dem Mandanten bewertend weiterleitet,
- seine Vergütung unter Anwendung der Vorschriften des RVG abrechnet und den Vollzug der Vergütungsberechnung überwacht.

Liegt ein solcher durchschnittlicher Arbeitsumfang vor, ist zu prüfen, ob die Angelegenheit darüber hinaus umfangreich oder schwierig war.

120 Ein **abschließender** Katalog von Umständen, bei deren Vorliegen die Angelegenheit regelmäßig als umfangreich bzw. schwierig einzustufen ist, kann in diesem Zusammenhang sicherlich nicht aufgestellt werden. Dazu ist die anwaltliche Tätigkeit in diesem Bereich zu vielschichtig. Jedoch kann man einen **beispielhaften** Katalog von Einzelumständen aufstellen, der in der Praxis als Orientierung dient. Solche Einzelumstände können beispielsweise sein:[87]

- Einkommens- und Vermögensverhältnisse des Geschädigten sowie Bedeutung der Angelegenheit für ihn,[88] insbesondere im Hinblick auf die Höhe des Sachschadens;

85 Vgl. LG Mannheim AnwBl 2006, 573; LG Dortmund AGS 2006, 370; LG Coburg VersR 2005, 1101; AG Nürnberg JurBüro 2007, 414; AG Arnstadt SP 2005, 252; AG Berlin-Mitte SP 2005, 104; AG Bayreuth RVGreport 2005, 112; AG Karlsruhe RVGreport 2005, 269; AG Ettlingen SP 2005, 250; AG Gronau JurBüro 2005, 194; AG Hamburg-St. Georg RVGreport 2005, 228; AG Gütersloh JurBüro 2005, 363; AG Duisburg-Hamborn VersR 2005, 853; AG Duisburg-Ruhrort SP 2005, 250; AG Osnabrück JurBüro 2005, 308; unzutreffend insofern AG Lüdenscheid (JurBüro 2005, 196), wonach der Anwalt nicht verpflichtet sei, den Gebührenrahmen nach unten hin „auszuschöpfen".

86 Die RAK Kassel spricht in einem Gebührengutachten im Rechtsstreit 5 S 37/06 (LG Marburg, n.v.) vom sog. Tätigkeitskern.

87 Bei den zitierten Entscheidungen ist zu beachten, dass es sich jeweils um eine Billigkeitsüberprüfung handelte. Es kann also nicht gefolgert werden, dass die Gerichte die entsprechende Gebührenhöhe ebenfalls angesetzt hätten. Sie haben sie aber jedenfalls unter Berücksichtigung der Toleranzgrenze nicht beanstandet.

88 AG Hamburg AnwBl 2005, 588; AG Aachen AGS 2005, 109.

- mehrere Besprechungen mit dem Mandanten oder Besprechungen außerhalb der Bürozeiten;[89]
- Vertretung mehrerer Geschädigter, bei denen dieselbe gebührenrechtliche Angelegenheit vorliegt;[90]
- erhöhter Beratungs- und Besprechungsaufwand wegen Unfallflucht des Gegners;[91]
- schwierige Besprechung mangels Sprachkenntnissen des Mandanten;[92]
- schwere Verletzungen des Mandanten und Prüfung von Verdienstausfallansprüchen;[93]
- zusätzlicher Aufwand durch Einziehung von zu Unrecht einbehaltenen Fremdgeldern;[94]
- zusätzlicher Aufwand durch Korrespondenz mit dem Mietwagenunternehmen;[95]
- zusätzlicher Aufwand durch Vereinbarung mit dem Gutachter, um Finanzierungsengpass des Mandanten abzuwenden;[96]
- erforderliche Rücksprache mit Zeugen zum genauen Unfallverlauf;[97]
- Eingehen auf Einwendungen des Versicherers zu Schadenspositionen;[98]
- Nachfragen beim Sachverständigen[99] oder Teilnahme an Begutachtung des Fahrzeugs;[100]
- ungerechtfertigte Kürzung sachverständig geschätzter Beträge, die eine Rückfrage beim Sachverständigen und weitere Korrespondenz erforderlich macht;[101]
- Termin mit dem Sachverständigen, um Altschäden von Unfallschäden abzugrenzen;[102]
- vertiefte Befassung mit Schadensersatzrecht einschließlich Rechtsprechungsrecherche;[103]

89 AG Mannheim AGS 2008, 538; AG Wuppertal JurBüro 2005, 363; AG Freiburg RVG prof. 2007, 116. Die Anfertigung mehrerer Schreiben reicht nach AG Ibbenbühren (NJW-RR 2015, 1439) nicht für die Überschreitung des Schwellenwertes von 1,3 aus; vgl. auch OLG Saarbrücken RuS 2013, 457.

90 AG München AGS 2014, 210.

91 AG Karlsruhe zfs 2007, 583.

92 AG Essen zfs 2005, 513; AG München RVG prof. 2008, 6. Vgl. auch *Schröder*, RVG prof 2010, 122 zur Regulierung von Verkehrsunfällen mit Auslandsbezug.

93 LG Saarbrücken JurBüro 2005, 306; AG Mannheim AGS 2008, 538; *Enders*, JurBüro 2004, 515, 516.

94 AG Düsseldorf AGS 2004, 192.

95 AG Karlsruhe RVG prof. 2007, 39.

96 AG St. Ingbert AGS 2005, 334.

97 AG Aachen SP 2005, 284.

98 AG Jülich JurBüro 2005, 194; AG Aachen JurBüro 2005, 253.

99 AG Aachen AGS 2005, 109.

100 AG Saarbrücken zfs 2008, 228; AG Ansbach AGS 2007, 237.

101 AG St. Ingbert AGS 2005, 334; AG Köln AGS 2005, 287.

102 AG Ansbach MittArgeVerkR 2008, 40; AG Saarbrücken zfs 2008, 228; AG Essen zfs 2005, 513.

103 AG Köln AGS 2005, 287.

- extremer Lebenseinschnitt durch stärksten unfallbedingten Personenschaden, Heilungskomplikationen mit Dauerschaden, weit überdurchschnittliche Gesamtbearbeitungszeit, überlange Bearbeitungszeit mit der Notwendigkeit wiederholten Einarbeitens, nicht regulierender Haftpflichtversicherer, streitiger Haftungsgrund, erforderliche Spezialkenntnisse;[104]
- gesonderte Ermittlung des Nutzungsausfallschadens mangels Listenwert;[105]
- Erstattung Gutachterkosten bzw. Totalschaden zu prüfen;[106]
- ausführliche Erörterung der Sach- und Rechtslage mit dem Sachbearbeiter des Versicherers;[107]
- Verzögerungsverhalten des gegnerischen Versicherers und dadurch erhöhter Arbeitsaufwand;[108]
- Verkehrsunfall mit Todesfolge, Prüfung von Schmerzensgeld-, Haushaltsführungs- und Unterhaltsansprüchen.[109]

121 Liegen mehrere dieser Umstände vor, kann eine Geschäftsgebühr in Höhe der Mittelgebühr **von 1,5 oder darüber hinaus** als angemessen angesehen werden.[110] Die Verwendung von Textbausteinen/Formularschreiben wirkt sich nicht gebührenmindernd aus, da der Aufwand zu berücksichtigen ist, den die Erstellung solcher Textbausteine und die Prüfung ihrer Anwendung im Einzelfall erfordert.[111] Würde man die routinierte und effektive Fallbearbeitung unter Zuhilfenahme von Musterschreiben und Formularen durch niedrigere Gebührenansätze „sanktionieren“, bestünde für viele Anwälte wohl kaum Anlass, sich schwerpunktmäßig mit diesem Gebiet zu befassen. Leidtragende wären u.a. auch spezialisierte Fachanwälte, was nicht Sinn und Zweck des Gebührenrechts sein kann.

122 Die entsprechenden Umstände sind schon in der Korrespondenz mit dem Versicherer **darzulegen**, um diesen zur Erstattung der vollen Gebühr zu bewegen. Wird der Klageweg erforderlich, so muss – da die streitigen Beträge im Regelfall unter 600 EUR liegen dürften – stets der Antrag auf Zulassung der Berufung gestellt werden.

e) Vergütungsvereinbarung

123 Da die Merkmale „Umfang“ und „Schwierigkeit“ im Rahmen der Gebührenbestimmung nach Nr. 2300 VV RVG i.V.m. § 14 Abs. 1 RVG einen besonderen Stellenwert einnehmen, empfiehlt sich der Abschluss einer Vergütungsvereinbarung insbesondere in den

104 AG Mannheim AGS 2008, 538 – für diesen Fall wurde die Höchstgebühr von 2,5 als angemessen erachtet.
105 AG Aachen AGS 2005, 109.
106 AG München AGS 2005, 109; AG Aachen JurBüro 2005, 253; AG Nettetal RVGreport 2005, 228.
107 AG Gießen RVGreport 2005, 149.
108 AG Ettlingen VersR 1982, 1157; *N. Schneider*, zfs 2004, 396, 397.
109 LG Zweibrücken zfs 2008, 708 (Höchstgebühr von 2,5).
110 Vgl. AG Mannheim AGS 2008, 538 (zum Ansatz der Höchstgebühr); AG Köln AGS 2005, 287.
111 AG Magdeburg RVGreport 2005, 268.

Fällen, in denen diese Merkmale nur durchschnittlich, andere Merkmale jedoch überdurchschnittlich sind. Prägnantestes Beispiel ist der wohlhabende Mandant, der in einer für ihn sehr bedeutungsvollen Angelegenheit vertreten werden will, ohne dass die Sache als umfangreich oder schwierig bezeichnet werden kann. Dass die Merkmale „Einkommens- und Vermögensverhältnisse“ sowie „Bedeutung der Angelegenheit“ überdurchschnittlich sind, würde nämlich aufgrund des Schwellenwertes eine höhere Gebühr als 1,3 nicht rechtfertigen können (vgl. dazu § 6 Rdn 12).

4. Anrechnung

Die Geschäftsgebühr nach Teil 2 VV RVG wird nach Vorb. 3 Abs. 4 VV RVG zur Hälfte – 124
höchstens jedoch mit einem Gebührensatz von 0,75 – auf die Verfahrensgebühr angerechnet, die in einem gerichtlichen Verfahren über denselben Gegenstand entsteht. Aufgrund des Umstandes, dass durch das 2. KostRMoG die Anrechnungsbestimmungen für sozial- und verwaltungsrechtliche Gebühren geändert wurden, verweist die Regelung jetzt nicht mehr auf die „Geschäftsgebühr nach Nr. 2300 bis 2303“, sondern allgemein auf die Geschäftsgebühren nach Teil 2 VV RVG.

5. Abrechnungsgrundsätze

Um das Massengeschäft der Unfallschadensregulierung möglichst effektiv und einfach 125
zu erledigen, hatten der Deutsche Anwaltverein und der HUK-Verband im Jahre 1971 ein Gebührenpauschalabkommen geschlossen, wonach die außergerichtliche Schadensregulierung durch eine Pauschalgebühr abgegolten wurde. Dieses Abkommen ist 1991 durch die vom DAV und dem HUK-Verband entwickelten „Verhaltens- und Abrechnungsgrundsätze bei der Regulierung von Kraftfahrzeughaftpflichtschäden“ (sog. **Regulierungsempfehlungen**) abgelöst worden. Infolge des zum 1.7.2004 in Kraft getretenen RVG ist die Abrechnung nach diesen Empfehlungen ausgelaufen. Neue Regulierungsempfehlungen sind wegen kartellrechtlicher Bedenken nicht zu erwarten. Stattdessen bieten jetzt einige Versicherer individuelle Abrechnungsgrundsätze für Haftpflichtschäden an.

a) Allgemeines

Die rechtliche Ausgestaltung dieser Abrechnungsgrundsätze ist je nach Versicherer un- 126
terschiedlich: Zum Teil wird dem Anwalt vom Versicherer der Abschluss einer **Gebührenvereinbarung** angeboten, die dann für alle künftigen Fälle bis zu ihrer Kündigung bzw. bis zu einer abweichenden Abrechnung durch den Anwalt gilt. Andere Versicherer haben die Abrechnungsgrundsätze in Form einer **internen (Arbeits-)Anweisung** an ihre Schadenbüros weitergegeben, die bei der Abrechnung mit dem Anwalt umgesetzt wird.

Dies geschieht teilweise generell bei Haftpflichtfällen, teilweise nur auf Rückfrage des Anwalts. Nimmt der Anwalt eine derartige Abrechnung ohne Beanstandung hin, kann dies als konkludent getroffene Vereinbarung mit dem Versicherer gewertet werden.

127 Die angebotenen **Gebührensätze** liegen zwischen 1,8 und 2,7 bzw. zwischen 1,5 und 2,25[112] und decken zumeist – auch hier ist jedoch immer auf die konkreten Regelungen zu achten – Geschäfts- und Einigungsgebühr sowie eventuelle Erhöhungen für mehrere Auftraggeber ab. Zusätzlich sind dem Anwalt seine Auslagen nach den gesetzlichen Vorschriften zu ersetzen.

128 Die Höhe der pauschalen Gebührensätze ist vom **Erledigungswert** sowie davon abhängig, ob neben Sach- auch **Personenschäden** reguliert werden sollen. Bezieht sich nämlich die Regulierung (auch) auf Körperschäden und wird ein Erledigungswert von 10.000 EUR erreicht, erhöht sich die Pauschale von 1,8 auf 2,1 bzw. von 1,5 auf 1,75. Der Pauschalbetrag erhöht sich ebenfalls, wenn der Anwalt mehrere Auftraggeber vertritt.

129 Die Vereinbarung einer Liquidation nach den Abrechnungsgrundsätzen unterliegt nicht den **Formvorschriften** des § 3a Abs. 1 RVG, da es sich nicht um die vom Mandanten zu zahlende, sondern um die vom Versicherer des Schädigers zu ersetzende Vergütung handelt.[113]

130 Soweit sich der Anwalt mit dem Haftpflichtversicherer des Schädigers auf eine Vergütung nach den Abrechnungsgrundsätzen geeinigt hat, ist zu beachten, dass es sich bei der Unfallschadensregulierung insoweit um ein Dreiecksverhältnis handelt: Der Anspruch auf Erstattung der zur Regulierung erforderlichen Anwaltskosten steht eigentlich dem Mandanten zu, da die Anwaltskosten einen Teil des Schadens bilden (vgl. dazu § 3 Rdn 63 ff.). Auch wenn der Anwalt gegenüber dem Versicherer nach den Abrechnungsgrundsätzen liquidiert, muss er im Innenverhältnis zu seinem Mandanten nach den gesetzlichen Gebühren abrechnen. Allerdings können sich aus den Abrechnungsgrundsätzen gewisse **Reflexwirkungen** auf das Verhältnis zum Mandanten ergeben (vgl. dazu § 3 Rdn 16 ff.).

b) Teilerledigungen

131 Bei einigen Versicherern finden die Abrechnungsgrundsätze nur dann Anwendung, wenn der gesamte Schaden außergerichtlich reguliert wurde.[114] Sobald also ein Teilbetrag – und

112 Vgl. dazu AnwK-RVG (*N. Schneider*), Anhang I Rn 9 ff.; *van Bühren/Held*, Unfallregulierung, § 21 Rn 10 ff. Die jeweiligen Bedingungen sind auf der Internetseite der Arbeitsgemeinschaft Verkehrsrecht im DAV unter www.verkehrsanwaelte.de unter dem Stichwort „Arbeitshilfen" abrufbar.

113 So schon *Greißinger*, zfs 1995, 1.

114 Kritisch AnwK-RVG (*N. Schneider*), Anhang VII Rn 28, weil dadurch dem Anwalt letztlich ein persönlicher Vorteil – höhere Gebührensätze – in Aussicht gestellt werde, wenn er den Mandanten davon abhält, wegen streitiger Restforderungen das Gericht anzurufen.

seien es nur die Kosten – in ein **gerichtliches Verfahren** übergeht, kann der Anwalt gegenüber dem Versicherer nicht mehr nach den Abrechnungsgrundsätzen liquidieren. Dabei spielt es keine Rolle, wie das gerichtliche Verfahren ausgeht (Urteil, Vergleich, Klagerücknahme etc.), sondern nur, dass ein solchen Verfahren anhängig gemacht wird. Die Abrechnung erfolgt in diesen Fällen ausschließlich nach den gesetzlichen Gebühren des RVG.

Beispiel 132

Nach außergerichtlicher Zahlung von 5.000 EUR (durchschnittliche Angelegenheit) auf den Gesamtschaden von 8.000 EUR erhält Anwalt A Prozessauftrag und klagt für Fahrer F den weitergehenden Schaden in Höhe von 3.000 EUR ein. Nach mündlicher Verhandlung einigen sich die Parteien, dass der gegnerische Haftpflichtversicherer noch 2.000 EUR zahlt.

Die Gebühren des A berechnen sich nach dem RVG wie folgt:

I. Außergerichtliche Tätigkeit (Wert: 8.000 EUR)

1. 1,3-Geschäftsgebühr, VV 2300		692,90 EUR
2. Auslagen, VV 7002		20,00 EUR
Zwischensumme	712,90 EUR	
3. Umsatzsteuer, VV 7008		135,45 EUR
Gesamt		**848,35 EUR**

II. Gerichtsverfahren (Wert: 3.000 EUR)

1. 1,3-Verfahrensgebühr, VV 3100		306,15 EUR
2. 1,2-Terminsgebühr, VV 3104		282,60 EUR
3. 1,0-Einigungsgebühr, VV 1003		235,50 EUR
4. Auslagenpauschale, VV 7002		20,00 EUR
./. hälftige Geschäftsgebühr aus 3.000 EUR		– 153,08 EUR
Zwischensumme	691,17 EUR	
5. Umsatzsteuer, VV 7008		131,32 EUR
Gesamt		**822,49 EUR**

In den Abrechnungsgrundsätzen anderer Versicherer gibt es dagegen **keine Ausschlussklausel**, nach der diese nur für den Fall der vollständigen außergerichtlichen Regulierung gelten. Dies dürfte dafür sprechen, sie auch dann anzuwenden, wenn nach Teilerledigung ein streitiger Restbetrag gerichtlich geltend gemacht wird. Der Anwalt kann in diesen Fällen trotz der gerichtlichen Geltendmachung gegenüber dem Versicherer nach den Abrechnungsgrundsätzen liquidieren. 133

134 *Beispiel*

Nach außergerichtlicher Teileinigung über 5.000 EUR erhält A Prozessauftrag und klagt für F den weitergehenden Schaden in Höhe von 3.000 EUR ein. Nach mündlicher Verhandlung wird der Klage stattgegeben.

A kann gegenüber dem Versicherer folgende Gebühren abrechnen:

1. 1,8-Geschäftsgebühr (Abrechnungsgrds.), VV 2300		
aus 8.000 EUR		959,40 EUR
2. Auslagen, VV 7002		20,00 EUR
Zwischensumme	979,40 EUR	
3. Umsatzsteuer, VV 7008		186,09 EUR
Gesamt		**1.165,49 EUR**

135 Hat der Versicherer eine Konstruktion dahingehend gewählt, dass der Anwalt dann nicht pauschal abrechnen kann, wenn über eine Teilforderung gerichtlich entschieden worden ist, ist nicht maßgeblich, ob überhaupt ein Gerichtsverfahren angestrengt wurde, sondern ob eine **gerichtliche Entscheidung** ergangen ist.

136 *Beispiel*

F verlangt – vertreten durch A – vom gegnerischen Haftpflichtversicherer Schadensersatz und Schmerzensgeld in Höhe von 10.000 EUR. Der Versicherer hält F eine Mitverursachung in Höhe von 50 % entgegen und reguliert in Höhe von 5.000 EUR. Den Restbetrag macht A klageweise geltend. Nach Beweisaufnahme vergleichen sich die Parteien über den Restanspruch und die Kosten, wobei der Versicherer weitere 2.500 EUR übernimmt.

Da keine gerichtliche Entscheidung ergangen ist, kann A seine Gebühren gegenüber dem Versicherer insgesamt nach den Abrechnungsgrundsätzen liquidieren. Endet das Verfahren dagegen z.B. mit einem Urteil, erfolgt die Abrechnung nach den gesetzlichen Gebühren des RVG.

c) Verzicht durch Liquidation nach den Abrechnungsgrundsätzen

137 Vorsicht ist bei der Anwendung der Abrechnungsgrundsätze geboten, wenn sich die Angelegenheit außergerichtlich nur teilweise erledigt hat und der Restschaden gerichtlich weiterverfolgt werden soll.

Die Regulierungsempfehlungen bestimmten in Ziffer 7 f, dass die pauschale Abrechnung grundsätzlich nur für den Fall der vollständigen außergerichtlichen Schadensregulierung galt. Bei nur teilweiser Regulierung konnte der Anwalt nur dann pauschal abrechnen, wenn der Ausgleich weiterer Schadenspositionen einvernehmlich vorbehalten blieb.

Unter der Geltung dieser Ziffer 7 f sahen viele Instanzgerichte in der Übersendung einer anwaltlichen Gebührenrechnung auf Grundlage der Sätze der Regulierungsempfehlungen ein Angebot zum Abschluss eines **Verzichtsvertrages** im Hinblick auf die noch streitigen materiellrechtlichen Ansprüche des Geschädigten.[115] Denn der Versicherer könne eine solche Abrechnung nur so verstehen, dass die Angelegenheit insgesamt abgeschlossen sein solle. Die entsprechende Erklärung des Anwalts, die der Versicherer durch Ausgleich der Rechnung konkludent annehme, müsse sich der Mandant nach § 164 BGB zurechnen lassen. Die Gegenmeinung[116] beurteilte das Vorliegen eines Verzichtsvertrages mit Recht kritisch, da die Auslegung als konkludentes Angebot eine Frage des Einzelfalls sei und nicht schematisch anhand eines einzelnen Kriteriums beurteilt werden könne.

Die Abrechnungsgrundsätze einiger Versicherer greifen auch bei einer Teilerledigung, da eine Einschränkung auf eine vollständige außergerichtliche Erledigung nicht vorgenommen wird. Der Anwalt kann also auch dann nach den Abrechnungsgrundsätzen liquidieren, wenn er noch wegen eines Restbetrages klagen muss. Auch nach der neuen Rechtslage besteht also u.U. die Gefahr, dass in der Abrechnung der pauschalen Gebühren bei Teilerledigung ein konkludenter Verzicht auf weitergehende materiellrechtliche Ansprüche gesehen wird. 138

Inhaltlich ist dies zwar abzulehnen:[117] Es müssen der Inhalt der Erklärung sowie der vorausgegangene Schriftverkehr zwischen Anwalt und Versicherer darauf überprüft werden, ob der Abrechnung wirklich ein Erklärungsinhalt dahingehend zuzubilligen ist, dass der Anwalt im Namen seines Mandanten auf materielle Ansprüche verzichten wollte. Dafür kann z.B. sprechen, dass die Abrechnung des Anwalts als „Endabrechnung" überschrieben ist,[118] im Begleitschreiben mitgeteilt wird, dass die Angelegenheit mit dieser Abrechnung erledigt sein soll[119] oder vorher vertretene Rechtsstandpunkte nicht mehr aufrechterhalten werden.[120] 139

Ohne solche Anhaltspunkte ist die Übersendung einer Abrechnung lediglich ein **Indiz** dafür, dass die Angelegenheit mit der dort genannten Regulierungssumme insgesamt erledigt sein soll. Zwar gilt im Verhältnis zwischen Anwalt und Mandant die Vorschrift des § 166 BGB, wonach sich der Mandant die Kenntnis seines Anwalts im Verhältnis zum Versicherer zurechnen lassen muss. Dies bedeutet allerdings nicht zwingend, dass auch der Versicherer als Erklärungsempfänger von einem solchen Erklärungsinhalt ausgehen 140

115 Vgl. LG Aachen NJW-RR 2004, 170; LG München NZV 2004, 413; LG Wuppertal SP 2004, 176; AG Ingolstadt AGS 2004, 171; LG Osnabrück SP 2003, 327.
116 BGH VersR 2006, 659; LG Bonn zfs 2005, 238; LG Kiel SP 2003, 214; zweifelnd auch OLG Celle DAR 2003, 556.
117 Vgl. BGH RVGreport 2006, 236; Mayer/Kroiß (*Klees*), § 2 Rn 10.
118 Vgl. LG Aachen NJW-RR 2004, 170.
119 Vgl. LG Bonn, Urt. v. 17.11.2000 – 1 O 484/99, n.v.
120 Vgl. LG Köln, Urt. v. 19.11.2002 – 8 O 280/02, n.v.

darf. Denn es ist zu berücksichtigen, dass die Abrechnungsgrundsätze nur zwischen Versicherer und Anwalt gelten und kaum ein Mandant sie kennen dürfte. Vor diesem Hintergrund darf ein objektiver Dritter in der Position des Versicherers nicht ohne weiteres davon ausgehen, dass der Anwalt eine entsprechende schlüssige Erklärung im Namen seines Mandanten abgibt.

141 Da der Anwalt sich jedoch mit einer solchen Abrechnung im laufenden Mandat regresspflichtig machen kann, wenn bei späterer Klage ein konkludenter Erlassvertrag angenommen wird, sollte auf eine Abrechnung verzichtet werden, solange noch Ansprüche streitig sind. Ansonsten muss die Abrechnung jedenfalls einen eindeutigen **Vorbehalt** enthalten:

142 *Formulierungsbeispiel*

„(...) bitte ich um Ausgleich der durch meine Beauftragung entstandenen Kosten gemäß der anliegenden Rechnung. Ich weise darauf hin, dass mit dieser Abrechnung keine Regelung hinsichtlich der zwischen uns streitigen Frage (...) getroffen wird. Die Geltendmachung dieser Schadensposition bleibt ausdrücklich vorbehalten."

6. Rationalisierungsabkommen

143 Teilweise bieten Rechtsschutzversicherer für die außergerichtliche Tätigkeit sog. **Rationalisierungsabkommen** an, in denen die Geschäftsgebühr pauschal mit einem festen Gebührensatz abgerechnet wird. Dieser liegt je nach Versicherer zwischen 0,8 und 1,3. Der Abschluss eines solchen Abkommens führt zu einem **unmittelbaren Anspruch** des Anwalts gegen den Versicherer, während im Normalfall nur der Versicherungsnehmer Zahlung der ihm vom Anwalt in Rechnung gestellten Vergütung verlangen kann.

144 Die Gebührenreferenten der Rechtsanwaltskammern halten diese Vereinbarungen aus berufs- und gebührenrechtlichen Gründen zumindest teilweise für unzulässig.[121] Soweit die angebotenen Gebührensätze im Bereich des gesetzlichen Schwellenwertes nach der Anm. zu Nr. 2300 VV RVG liegen, dürften sie bei Abwicklung eines nach Umfang und Schwierigkeit durchschnittlichen Falles zwar nicht unbedingt zu beanstanden sein. Der Anwalt sollte sich jedoch darüber im Klaren sein, dass, wenn er das Rationalisierungsabkommen mit dem Rechtsschutzversicherer abschließt, er damit eine Vereinbarung für eine Vielzahl künftiger Mandate trifft, ohne im Einzelfall abschätzen zu können, ob das konkrete Mandat mit den pauschalen Gebühren adäquat abgegolten ist. Es ist daher immer eine Frage des Einzelfalls, ob ein verminderter Verwaltungsaufwand, die erhoffte Zunahme von Mandaten aus der Rolle als „Kooperationsanwalt" und ausbleibende Diskussionen mit dem Rechtsschutzversicherer über Anfall und Höhe der Gebühr diesen

121 Vgl. *von Seltmann*, RVGreport 2004, 442; dazu auch AnwK-RVG (*Onderka/N. Schneider*), § 3a Rn 21; vgl. auch https://www.rechtsanwaltskammer-hamm.de/aktuell/kammerreport/23-heft-03-2012-problematik-von-rationalisierungsabkommen-mit-rechtsschutzversicherungen.html.

Nachteil wirklich aufwiegen. Eine laufende Beobachtung der Kooperation kann hier nur dringend empfohlen werden.

V. Außergerichtliche Einigung

Führt die außergerichtliche Tätigkeit zu einer abschließenden Regulierung der Unfall- 145
schäden, kann der Anwalt neben der Geschäftsgebühr nach Nr. 2300 VV RVG auch eine Einigungsgebühr nach Nr. 1000 VV RVG verdienen. Es handelt sich um eine Erfolgsgebühr, die eine wirksame Einigung der Parteien, nicht jedoch einen Vergleich im Sinne eines gegenseitigen Nachgebens (§ 779 BGB) voraussetzt. An dieser Einigung muss der Anwalt (mit-)ursächlich mitgewirkt haben, wobei sich die Höhe seiner Vergütung danach richtet, ob die von der Einigung betroffenen Ansprüche anderweitig anhängig sind.

1. Auftrag

Voraussetzung für das Entstehen einer Einigungsgebühr ist zunächst, dass dem Anwalt 146
ein entsprechender **Auftrag** erteilt wurde. Ausdrücklich wird dies nur selten geschehen. Teilweise ist der Wille des Mandanten, möglichst ohne ein gerichtliches Verfahren eine Einigung mit dem Unfallgegner bzw. dessen Versicherer herbeizuführen, dem Auftrag zur außergerichtlichen Vertretung schon immanent. Allerdings geht der Anwalt immer auch ein gewisses gebührenrechtliches Risiko ein, wenn er ohne vorherige Information und Einwilligung des Mandanten eine einvernehmliche Lösung der Schadensregulierung in Angriff nimmt. Denn ohne entsprechenden Auftrag ist er darauf angewiesen, dass der Mandant die dann erzielte Lösung nachträglich genehmigt und ihm nicht vorhält, diese Einigung habe er – der Mandant – gerade nicht gewollt.

> *Hinweis* 147
>
> Es empfiehlt sich daher, schon im ersten Gespräch mit dem Mandanten klarzustellen, ob dieser gegen eine einvernehmliche Lösung grundsätzliche Einwendungen hat, ob vorher seine Zustimmung eingeholt werden soll oder ob der Anwalt nach pflichtgemäßem Ermessen mit dem Gegner verhandeln und eine abschließende Regulierung herbeiführen kann.

In der vom Mandanten erteilten **Vollmacht** liegt kein konkludenter Auftrag zur Herbei- 148
führung einer Einigung, da sich die Vollmacht nur auf das Außenverhältnis bezieht und damit lediglich die Wirksamkeit der Einigung im Verhältnis zwischen dem Mandanten und dem Gegner herbeiführen kann.

2. Einigung

a) Allgemeines

149 Eine Einigung im Sinne von Nr. 1000 VV RVG liegt vor, wenn die Parteien den Streit oder die Ungewissheit über ein Rechtsverhältnis beseitigen. Ein gegenseitiges Nachgeben, wie bei einem Vergleich im Sinne von § 779 BGB, ist nicht erforderlich, so dass auch **einseitige Zugeständnisse** wie z.B. eine teilweise Kostenübernahme oder die Einräumung einer Ratenzahlungsmöglichkeit ausreichen. Mit der Ergänzung von Anm. Abs. 1 S. 1 um die weitere Tatbestandsalternative in Nr. 2 hat der Gesetzgeber den Anwendungsbereich der Einigungsgebühr auf den Abschluss von (Raten-)Zahlungsvereinbarungen erweitert: Die Einigungsgebühr fällt auch bei einer Vereinbarung über die Erfüllung des Anspruchs unter gleichzeitigem Verzicht auf Titulierung bzw. Vollstreckungsmaßnahmen an. Es ist jetzt also eine Einigung erforderlich, in welcher der Schuldner die Erfüllung des Anspruchs zusagt und der Gläubiger ihm durch die Gewährung von Ratenzahlung oder Stundung entgegenkommt und gleichzeitig für den Zeitraum der Ratenzahlung oder Stundung vorläufig auf eine Titulierung bzw. auf Vollstreckungsmaßnahmen verzichtet. Durch diese Regelung erübrigt sich der bisherige Streit in der Rechtsprechung, ob eine Einigungsgebühr auch in solchen Fällen entstehen kann, in denen die Forderung als solche nicht streitig ist.[122]

150 *Beispiel*

Fahrer F verlangt, vertreten durch Anwalt A, von seinem Unfallgegner G außergerichtlich Schadensersatz und Schmerzensgeld in Höhe von 10.000 EUR (durchschnittliche Angelegenheit). G bringt nur vor, er könne aufgrund finanzieller Schwierigkeiten lediglich in Raten zahlen. Die Parteien einigen sich, dass G den Betrag in 20 monatlichen Raten zu je 500 EUR mit entsprechender Verzinsung zahlt.

A kann folgende Gebühren aus einem Wert von 10.000 EUR abrechnen:

1. 1,3-Geschäftsgebühr, VV 2300		847,60 EUR
2. 1,5-Einigungsgebühr, VV 1000		978,00 EUR
3. Auslagenpauschale, VV 7002		20,00 EUR
Zwischensumme	1.845,60 EUR	
4. Umsatzsteuer, VV 7008		350,66 EUR
Gesamt		**2.196,26 EUR**

122 KG KostRsp. AGS 2006, 65 = RVG-VV 1000 Nr. 11 = NJ 2005, 563 = OLGR 2005, 837 = Rpfleger 2005, 697 = RVG-B 2005, 177 = RVG prof. 2005, 199 = RVGreport 2005, 383; KG AGS 2006, 66; ebenso OLG Naumburg (AGS 2011, 607), wenn ein Vergleichsangebot der Gegenseite angenommen wird, das eine Ratenzahlungsvereinbarung enthält (a.A. AG Koblenz KostRsp. VV 1000 Nr. 72, wenn nur die Zahlungsmodalitäten geregelt werden).

Allerdings liegt dann keine Einigung im Sinne von Nrn. 1000 ff. VV RVG vor, wenn der Vertrag zwischen den Parteien sich nur auf ein **Anerkenntnis** oder einen **Verzicht** beschränkt. 151

Beispiel 152

Erkennt der Unfallgegner in einer gemeinsamen Besprechung die Ansprüche dem Grunde und der Höhe nach an und sind auch sonst keinerlei Zugeständnisse erkennbar, so entsteht keine Einigungsgebühr. Ob der Anwalt für diese Besprechung zumindest eine Terminsgebühr verlangen kann, hängt davon ab, ob er bereits einen Klageauftrag erhalten hat (vgl. dazu Rdn 54, 80 f.).

b) Abfindungsvereinbarung

Schließen die Unfallbeteiligten eine Abfindungsvereinbarung, so handelt es sich dabei um eine Einigung im Sinne von Nr. 1000 VV RVG, weil nicht nur der Streit über bestehende Schadenspositionen beseitigt werden soll, sondern auch die **Ungewissheit über zukünftige Ansprüche** aus dem betreffenden Unfallgeschehen.[123] Auch wenn der Haftpflichtversicherer einen Teil des Schadens bereits einseitig abgerechnet hat und dann nach Einigung über den Restschaden eine Abfindungserklärung unter Verzicht auf weitere Ansprüche erteilt wird, liegt eine Einigung über die Gesamtforderung vor.[124] 153

Beispiel 154

Eigentümer E macht nach einem Verkehrsunfall Sachschaden in Höhe von 5.000 EUR, Nutzungsausfallschaden in Höhe von 450 EUR und Schmerzensgeld in Höhe von 2.000 EUR geltend. Außerdem verlangt er eine Erklärung des Gegners, dass dieser auch für künftige Folgeschäden aus der Unfallverletzung einzustehen habe (Wert: 4.000 EUR). Der gegnerische Haftpflichtversicherer zahlt den Sachschaden in voller Höhe und ein Schmerzensgeld in Höhe von 1.000 EUR. Nach weiterem Schriftwechsel einigen sich die Parteien schließlich auf eine weitere Zahlung in Höhe von 200 EUR für den Nutzungsausfall. E unterschreibt sodann eine Abfindungsvereinbarung, die sich auf sämtliche Schäden aus dem Unfallereignis bezieht.

Für den Anwalt des E sind folgende Gebühren aus einem Wert von 11.450 EUR entstanden (insgesamt durchschnittliche Angelegenheit):

1. 1,3-Geschäftsgebühr, VV 2300	919,10 EUR
2. 1,5-Einigungsgebühr, VV 1000	1.060,50 EUR

123 AnwK-RVG (*Schafhausen/N. Schneider/Thiel*, VV 1000 Rn 75.

124 LG Karlsruhe AnwBl 1981, 95; Buschbell (*Baschek*), § 33 Rn 31.

3. Auslagenpauschale, VV 7002		20,00 EUR
Zwischensumme	1.999,60 EUR	
4. Umsatzsteuer, VV 7008		379,92 EUR
Gesamt		**2.379,52 EUR**

155 Diese Gebührenforderung bezieht sich auf das Verhältnis zwischen Anwalt und Mandant. Die Erstattungsforderungen gegen den Gegner berechnen sich dagegen nicht nach dem gesamten Auftragswert, sondern nach dem Erledigungswert (vgl. dazu § 3 Rdn 94 ff.).[125]

c) Abrechnungsschreiben

156 Problematisch sind im Hinblick auf das Vorliegen einer Einigung im Sinne von Nr. 1000 VV RVG diejenigen Fälle, in denen der Versicherer den von ihm als angemessen bezeichneten Betrag berechnet und diesen auszahlt. Sieht der Geschädigte in der Folgezeit von einer weiteren Geltendmachung des Restbetrages ab, liegt eine **(stillschweigende) Einigung** nur dann vor, wenn das Verhalten der Beteiligten entsprechend gewürdigt werden kann.

157 An einer Einigung im Sinne von Nr. 1000 VV RVG fehlt es dagegen beispielsweise, wenn der Gegner Einzelpositionen als gerechtfertigt anerkennt und bezahlt oder wenn er den Schaden im Hinblick auf eine akzeptierte Quote ausgleicht.

158 *Beispiel*

Eigentümer E macht nach einem Unfall Sachschaden in Höhe von 5.000 EUR und Nutzungsausfallschaden in Höhe von 500 EUR geltend. Der gegnerische Haftpflichtversicherer wendet eine Mitverschuldensquote von 50 % ein und zahlt nur 2.750 EUR. E verfolgt die Angelegenheit nicht weiter.

Hier liegt keine Einigung vor, für die eine Gebühr nach Nr. 1000 VV RVG abgerechnet werden kann. Denn der gegnerische Haftpflichtversicherer hat durch seine Zahlung keine Einigung über den Gesamtschaden herbeiführen, sondern lediglich die aus seiner Sicht berechtigten Ansprüche erfüllen wollen.[126]

159 Eine Einigung kann jedoch vorliegen, wenn der Gegner nicht nur den aus seiner Sicht berechtigten Betrag, sondern eine höhere Summe zahlt, um die Regulierung damit endgültig abzuschließen.

125 *Zorn*, RVG prof. 2007, 154 und *Schneider*, Das verkehrsrechtliche Mandat, Band 2, § 8 Rn 513: Bei Abfindungsvergleichen kann der Erledigungswert gleich dem Gesamtwert sein, wenn nach dem Wortlaut der Erklärung eine Einigung über den Gesamtstreit erzielt worden ist.

126 So auch BGH AGS 2007, 57; BGH NJW 1970, 1172; AnwK-RVG (*Schafhausen/N. Schneider/Thiel*), VV 1000 Rn 74; a.A. AG Ansbach AnwBl 1978, 70.

3. Vergütung

Der Anwalt erhält die Einigungsgebühr sowohl für die Mitwirkung beim Abschluss der Einigung als auch für die Mitwirkungen bei den Einigungsverhandlungen, wenn diese Tätigkeit (zumindest mit-)ursächlich war. Voraussetzung ist stets, dass die Einigung wirksam zustande kommt, also eventuelle Widerrufsfristen verstrichen bzw. Bedingungen eingetreten sind (vgl. Abs. 3 der Anm. zu Nr. 1000 VV RVG). 160

Die Einigungsgebühr beträgt im Regelfall 1,5 (Nr. 1000 VV RVG). Eine Reduzierung auf 1,3 oder 1,0 findet statt, wenn über den Gegenstand der Einigung ein gerichtliches Verfahren **anhängig** ist. 161

Beispiel 162

Anwalt A verhandelt mit Unfallgegner G über die Ersatzansprüche von Fahrer F (5.000 EUR Sachschaden). Während die Verhandlungen andauern, erhebt G, der bei dem Unfall verletzt wurde, Klage auf Zahlung eines Schmerzensgeldes in Höhe von 2.500 EUR. Die Parteien einigen sich vor Klagezustellung.

Da die Ansprüche des G bereits anhängig waren,[127] ist die Einigungsgebühr differenziert zu berechnen. Aus einem Wert von 5.000 EUR ist eine 1,5-Einigungsgebühr nach Nr. 1000 VV RVG entstanden, aus einem Wert von 2.500 EUR eine 1,0-Einigungsgebühr nach Nr. 1003 VV RVG. Gemäß § 15 Abs. 3 RVG kann insgesamt nicht mehr verlangt werden als eine 1,5-Einigungsgebühr aus 7.500 EUR.

Eine **Feststellungsklage** bewirkt allerdings keine Anhängigkeit der aus der Feststellung resultierenden Zahlungsansprüche, so dass es bei der 1,5-Einigungsgebühr nach Nr. 1000 VV RVG verbleibt. 163

Beispiel 164

F ist bei einem Verkehrsunfall schwer verletzt worden. Nachdem der Sachschaden reguliert worden ist, erhebt sein Anwalt Feststellungsklage, dass der Gegner verpflichtet ist, die künftigen Behandlungskosten zu ersetzen. Im Laufe des Verfahrens wird F zweimal operiert, wodurch Kosten für F in Höhe von 15.000 EUR entstehen. Der Versicherer des Gegners erklärt sich außergerichtlich bereit, auf diese Kosten einen Betrag von 13.000 EUR zu zahlen.

Die entsprechende Einigung kann der Anwalt des F gegenüber dem Versicherer mit einer 1,5-Einigungsgebühr aus einem Wert von 13.000 EUR abrechnen. Denn durch die Feststellungsklage wurden die Zahlungsansprüche nicht anhängig gemacht.

127 Auf Rechtshängigkeit oder Kenntnis des F von der Anhängigkeit kommt es nicht an.

4. Abrechnungsgrundsätze

165 Soweit der Anwalt sich durch ausdrückliche Vereinbarung oder schlichte Anwendung an die von den Haftpflichtversicherern angebotenen Abrechnungsgrundsätze gebunden hat (vgl. hierzu ausführlich Rdn 125 ff.), ist hinsichtlich der Einigung Folgendes zu beachten:

166 Eine **selbstständige Einigungsgebühr** kann nicht abgerechnet werden. Vielmehr gelten die von den Haftpflichtversicherern angebotenen Pauschalen die gesamte Regulierungstätigkeit des Anwalts ab – unabhängig davon, ob der Fall einfach abgerechnet, zusätzlich besprochen oder sogar verglichen wurde. Schließt also eine insgesamt durchschnittliche Angelegenheit mit einer Einigung ab, liegt der Gebührenverlust des Anwalts – je nach Haftpflichtversicherer – bei 1,0 bis 1,3.

167 Anders als nach dem RVG berechnet sich die Gebühr nicht aus dem Gegenstandswert, sondern aus dem sog. **Erledigungswert**. Dies ist derjenige Betrag, welcher vom Haftpflichtversicherer letztendlich an den Mandanten gezahlt wurde. Welchen Umfang der vom Mandanten erteilte Regulierungsauftrag hatte, ist dagegen für die Abrechnung des Anwalts mit dem Versicherer ohne Belang.

168 *Beispiel*

Fahrer F beauftragt Anwalt A, seinen unfallbedingten Sachschaden in Höhe von 5.000 EUR sowie ein Schmerzensgeld von 2.500 EUR geltend zu machen. Nach Verhandlungen mit dem gegnerischen Versicherer einigt man sich auf Zahlung eines Betrags von 4.000 EUR (3.000 EUR Sachschaden, 1.000 EUR Schmerzensgeld).

Bei Geltung der Abrechnungsgrundsätze kann A gegenüber dem Versicherer V nur auf Basis eines Wertes von 4.000 EUR abrechnen, obwohl er von F mit der Geltendmachung einer Forderung in Höhe von 7.500 EUR beauftragt wurde.

Den eventuellen weitergehenden Vergütungsanspruch kann A nur im Innenverhältnis gegenüber F geltend machen (vgl. dazu § 3 Rdn 16 ff.).

5. Rechtsschutzversicherung

a) Leistungsumfang nach ARB

169 Die Gebühr für eine außergerichtliche Einigung wird im Rahmen eines bestehenden Verkehrsrechtsschutzes grundsätzlich vom Rechtsschutzversicherer übernommen. Hier ist allerdings eine **Einschränkung** durch die ARB zu beachten, die in der Praxis nicht unerhebliche Auswirkungen hat: Nach Ziffer 3.3.2 der Muster-ARB 2021 des GDV[128] trägt der Versicherer die Kosten, die im Zusammenhang mit einer einverständlichen Einigung

128 Abrufbar unter www.gdv.de.

entstanden sind, nur insoweit, als sie dem Verhältnis des vom Versicherungsnehmer angestrebten Ergebnisses zum erzielten Ergebnis entsprechen.

Beispiel 170

Eigentümer E macht nach einem Verkehrsunfall Sachschaden in Höhe von 5.000 EUR sowie Schmerzensgeld in Höhe von 2.000 EUR geltend. Der gegnerische Haftpflichtversicherer wendet ein Mitverschulden des E von 50 % ein. Schließlich einigt man sich darauf, dass E einen Betrag von 4.900 EUR erhält und die Hälfte der Kosten übernimmt.

Der Anwalt des E kann folgende Gebühren aus einem Gegenstandswert von 7.000 EUR in Rechnung stellen:

1. 1,3-Geschäftsgebühr, VV 2300		615,55 EUR
2. 1,5-Einigungsgebühr, VV 1000		710,25 EUR
3. Auslagenpauschale, VV 7002		20,00 EUR
Zwischensumme	1.345,80 EUR	
4. Umsatzsteuer, VV 7008		255,70 EUR
Gesamt		**1.601,50 EUR**

Diese Anwaltskosten kann E in Höhe von 800,75 EUR (50 %) vom Gegner verlangen. Von seinem Rechtsschutzversicherer erhält E jedoch nicht die zweite Hälfte der Kosten, sondern nur einen Betrag von 480,45 EUR erstattet; dies entspricht einem Anteil von 30 %. Denn das erzielte Ergebnis (4.900 EUR) steht zum angestrebten Ergebnis (7.000 EUR) im Verhältnis 70 % zu 30 %, so dass auch die Kosten entsprechend hätten aufgeteilt werden müssen.

In der Rechtsprechung ist umstritten, ob die o.g. Regelung auch gilt, wenn dem Versicherungsnehmer kein materiellrechtlicher Kostenerstattungsanspruch zusteht, da er in einem solchen Fall keine Möglichkeit hat, eine der Einigung entsprechende Kostenregelung durchzusetzen.[129] Da der Anwalt sich bei Verstoß gegen die Vorgabe der ARB dem Mandanten gegenüber schadensersatzpflichtig macht,[130] empfiehlt es sich, vorsorglich die Einigung nur unter **Widerrufsvorbehalt** abzuschließen und sie dann vom Rechtsschutzversicherer genehmigen zu lassen. In diesem Zusammenhang muss dargelegt werden, welche Gründe für ein übermäßiges Nachgeben bei den Kosten bestehen (zu den Einzelheiten vgl. § 3 Rdn 145 ff.). 171

129 Vgl. OLG Hamm zfs 1999, 533; LG Bielefeld zfs 2003, 253; LG Bochum r+s 2001, 154; LG Saarbrücken r+s 1999, 244; AG Brühl zfs 2002, 250; van Bühren (*Schneider*), Handbuch Versicherungsrecht, § 13 Rn 352 ff.

130 AnwK-RVG (*Schafhausen/N. Schneider/Thiel*), VV 1000 Rn 237.

b) Rationalisierungsabkommen

172 Einige Rechtsschutzversicherer bieten den Anwälten für die außergerichtliche Tätigkeit sog. Rationalisierungsabkommen an, in denen die Einigung **pauschal** mit einem festen Gebührensatz abgerechnet wird. Dieser liegt je nach Versicherer zwischen 1,1 und 1,5. Der Abschluss eines solchen Abkommens führt zu einem **unmittelbaren Anspruch** des Anwalts gegen den Versicherer, während sonst nur der Versicherungsnehmer Zahlung der ihm vom Anwalt in Rechnung gestellten Vergütung verlangen kann.

173 Die angebotenen Gebührensätze liegen teilweise unterhalb des gesetzlichen Gebührensatzes von 1,5. Der Anwalt sollte sich – neben den gebührenrechtlichen Bedenken, die gegen diese Abkommen geltend gemacht werden[131] – darüber im Klaren sein, dass er bei Abschluss eines Rationalisierungsabkommen mit dem Rechtsschutzversicherer eine Vereinbarung für eine Vielzahl künftiger Mandate trifft, ohne im Einzelfall abschätzen zu können, ob das konkrete Mandat mit den pauschalen Gebühren adäquat abgegolten ist. Auch hier ist es letztlich eine Frage der individuellen Sichtweise, ob die erhofften Vorteile für den Anwalt die wirtschaftlichen Nachteile dieser Kooperationsabkommen aufwiegen können.

VI. Mehrere Auftraggeber

1. Allgemeines

174 Vertritt der Anwalt mehrere Unfallgeschädigte – beispielsweise den Eigentümer, dessen Pkw beschädigt, sowie den Fahrer, der verletzt wurde – dann kann dies gebührenrechtlich unterschiedliche Auswirkungen haben.

a) Getrennte Aufträge

175 Erhält der Anwalt von den einzelnen Geschädigten getrennte Aufträge, die er auch getrennt behandelt, so fallen für jeden Auftrag **gesonderte Gebühren** an, da es sich um mehrere Angelegenheiten handelt.[132]

176 *Beispiel*

Nach einem Unfall beauftragten Eigentümer E und Fahrer F einen Anwalt, damit er für E Sachschaden in Höhe von 4.500 EUR und für F Schmerzensgeld in Höhe von 1.000 EUR geltend macht. Es werden zwei getrennte Aufträge erteilt.

131 Vgl. AnwK-RVG (*Onderka*), RVG, § 3a Rn 21 ff.

132 Vgl. *Madert*, zfs 2005, 326, 328; AG Landshut AGS 2015, 542.

A erhält – bei einer insgesamt durchschnittlichen Angelegenheit – für die Vertretung des E eine 1,3-Geschäftsgebühr nach Nr. 2300 VV RVG aus einem Gegenstandswert von 4.500 EUR nebst Auslagenpauschale und Umsatzsteuer sowie für die Vertretung des F eine 1,3-Geschäftsgebühr aus einem Gegenstandswert von 1.000 EUR nebst Auslagenpauschale und Umsatzsteuer.

Für eine solche getrennte Auftragserteilung kann es durchaus Gründe geben, beispielsweise Vereinfachung des Sachverhalts, unterschiedliche Schadenspositionen, Wunsch der einzelnen Geschädigten nach Geheimhaltung oder die spätere Zeugenstellung eines Mandanten. Die Auftraggeber können frei entscheiden, ob sie dem Anwalt einen einheitlichen Auftrag oder mehrere getrennte Aufträge erteilen. 177

Beispiel 178

Der Anwalt muss seine Mandanten allerdings bei der Auftragserteilung auf die gebührenrechtlichen Folgen der getrennten Aufträge hinweisen, insbesondere darauf, dass der Gegner eventuell nicht die gesamten Kosten übernehmen muss. Denn die Mehrkosten sind nur dann erstattungsfähig, wenn zwingende Gründe für die getrennte Geltendmachung vorgelegen haben (vgl. zu den Einzelheiten § 3 Rdn 88 ff.).

b) Gemeinsamer Auftrag

Erteilen die Auftraggeber dagegen einen gemeinsamen Auftrag und sind ein einheitlicher Rahmen sowie ein innerer Zusammenhang für die anwaltlichen Tätigkeiten gegeben, so handelt es sich nur um eine **einheitliche** gebührenrechtliche Angelegenheit. Nach § 15 Abs. 1 RVG fallen die Gebühren dann nur einmal an. 179

Innerhalb eines einheitlichen Auftrags ist wiederum zu unterscheiden: Bezieht sich die Tätigkeit für mehrere Auftraggeber auf **verschiedene Gegenstände**, so entsteht die Geschäftsgebühr nach Nr. 2300 VV RVG aus dem Gesamtwert aller Gegenstände (§ 22 Abs. 1 RVG). 180

Beispiel 181

Nach einem Unfall beauftragten Eigentümer E und Fahrer F einen Anwalt, damit er für E Sachschaden (4.500 EUR) und für F Schmerzensgeld (1.000 EUR) geltend macht. Es wird ein einheitlicher Auftrag erteilt.

A erhält bei einer insgesamt durchschnittlichen Angelegenheit eine 1,3-Geschäftsgebühr nach Nr. 2300 VV RVG aus einem Gegenstandswert von 5.500 EUR.

Wird der Anwalt für mehrere Auftraggeber hinsichtlich **desselben Gegenstandes** tätig, erhält er nach § 7 Abs. 1 RVG die Gebühren ebenfalls nur einmal. Die Geschäftsgebühr erhöht sich aber gemäß Nr. 1008 VV RVG für jeden weiteren Auftraggeber um 0,3. Der 182

Höchstsatz beträgt bei mehreren Erhöhungen 2,0 (Anm. Abs. 3). Bei der Unfallschadensregulierung kommt eine Tätigkeit für mehrere Auftraggeber hinsichtlich desselben Gegenstands verhältnismäßig häufig vor, da neben dem Fahrer immer auch der Haftpflichtversicherer (§ 115 VVG) und eventuell auch der vom Fahrer personenverschiedene Halter in Anspruch genommen werden können.

183 Soweit die Regelung in **E.1.2.4 der Muster-AKB 2015**[133] den Haftpflichtversicherer in Passivprozessen berechtigt, den Anwalt zu bestellen und den Rechtsstreit zu führen, bedeutet dies nicht, dass der Anwalt nur einen Auftraggeber hat.[134] Denn die übrigen Beklagten (Fahrer und Halter) werden entweder über die dem Versicherer erteilte Vollmacht Auftraggeber oder können – diese Befugnis wird durch die AKB weder nach dem Wortlaut noch nach Sinn und Zweck ausgeschlossen – den Anwalt in eigenem Namen beauftragen.

184 Die erhöhte Geschäftsgebühr berechnet sich aber stets nur nach demjenigen Wert, an dem die Auftraggeber **gemeinschaftlich beteiligt** sind.

185 *Beispiel*

E ist Eigentümer und Halter eines Fahrzeugs, das bei einem Verkehrsunfall beschädigt wurde. Er beauftragt Anwalt A, den Sachschaden in Höhe von 12.000 EUR gegenüber dem Unfallgegner G geltend zu machen. G fordert seinerseits von E sowie von Fahrer F und Haftpflichtversicherer V Schadensersatz in Höhe von 7.000 EUR. Auch F und V beauftragen daraufhin A mit ihrer Vertretung (insgesamt durchschnittliche Tätigkeit).

Insgesamt beläuft sich der Gegenstandswert auf 19.000 EUR (§ 22 Abs. 1 RVG). Die Beteiligung der drei Auftraggeber des A ist allerdings unterschiedlich: An einem Teilwert von 12.000 EUR ist nur E beteiligt, da weder F noch V etwas mit der Geltendmachung des Sachschadens zu tun haben. An einem Teilwert von 7.000 EUR sind alle drei Auftraggeber beteiligt, da sie alle für den Sachschaden des G haften können.

Die Gebühren des A berechnen sich entsprechend der Teilwerte[135] wie folgt:

1. 1,3-Geschäftsgebühr, VV 2300		
aus 12.000 EUR	919,10 EUR	
2. 1,9-Geschäftsgebühr, VV 2300, 1008		
aus 7.000 EUR	899,65 EUR	
gemäß § 15 Abs. 3 RVG max. 1,9 aus 19.000 EUR		1.552,30 EUR

133 Abrufbar unter www.gdv.de.

134 So auch *J. Chemnitz*, AnwBl 1985, 118, 121.

135 Vgl. LG Bonn Rpfleger 1995, 384; AG Augsburg AGS 2008, 434; *N. Schneider*, ProzessRB 2003, 130; *N. Schneider*, AnwBl. 2008, 773; *Hergenröder*, AGS 2007, 53; *Engels*, MDR 2001, 355; AnwK-RVG (*Volpert*), VV 1008 Rn 72 ff.; Mayer/Kroiß (*Dinkat*), RVG, VV 1008 Rn 7 ff.

3. Auslagenpauschale, VV 7002		20,00 EUR
Zwischensumme	1.572,30 EUR	
4. Umsatzsteuer, VV 7008		298,74 EUR
Gesamt		**1.871,04 EUR**

Die Gegenmeinung hält § 15 Abs. 3 RVG in diesen Fällen nicht für anwendbar. Sie ermittelt zunächst eine 1,3-Verfahrensgebühr aus dem gesamten Streitwert und nimmt sodann für den Teil mit demselben Gegenstand die Erhöhung vor.[136] 186

2. Auswirkungen des Schwellenwertes

Nach der Anm. zu Nr. 2300 VV RVG darf der Gebührensatz von 1,3 nur überschritten werden, wenn die Tätigkeit umfangreich oder schwierig ist. Gilt dies auch in den Fällen, in denen der Anwalt für mehrere Auftraggeber tätig ist? Dagegen spricht entscheidend,[137] dass es sich dann in durchschnittlich schwierigen oder umfangreichen Fällen überhaupt nicht auswirken würde, dass der Anwalt mehrere Auftraggeber hat. Diese Überlegung hat der Gesetzgeber im Rahmen des 2. KostRMoG einer ausdrücklichen Regelung zugeführt. In Anm. Abs. 4 zu Nr. 1008 VV RVG ist angeordnet, dass sich im Fall der Anmerkungen zu den Gebühren Nrn. 2300 und 2302 VV RVG der Gebührensatz oder Betrag dieser Gebühren entsprechend erhöht. Der Schwellenwert von 1,3 bezieht sich daher nur auf die Tätigkeit für **einen Auftraggeber**. Wird der Anwalt dagegen für mehrere Auftraggeber in einer durchschnittlichen Angelegenheit tätig, ist von einer Geschäftsgebühr von 1,3 auszugehen und diese dann entsprechend der Zahl der Auftraggeber um jeweils 0,3 zu erhöhen.[138] 187

Beispiel 188

Anwalt A wird von Fahrer, Halter und Versicherer beauftragt, die außergerichtliche Forderung des Unfallgegners (7.000 EUR) abzuwehren. Die Angelegenheit ist durchschnittlich umfangreich und schwierig.

136 Gerold/Schmidt (*Müller-Rabe*), RVG, VV 1008 Rn 227; OLG Düsseldorf JurBüro 1990, 601; OLG Hamburg MDR 2001, 56; OLG München MDR 1998, 1439; OLG Köln JurBüro 1987, 692.

137 Vgl. auch *Hansens*, RVGreport 2004, 59, 63; so auch *Volpert*, RVG prof. 2004, 185, 186.

138 *Schneider/Mock*, Das neue Gebührenrecht für Anwälte, § 4 Rn 3.

Der Rechtsanwalt erhält bei drei Auftraggebern aus einem Gegenstandswert von 7.000 EUR:

1. 1,9-Geschäftsgebühr, VV 2300, 1008		899,65 EUR
2. Auslagenpauschale, VV 7002		20,00 EUR
Zwischensumme	919,65 EUR	
3. Umsatzsteuer, VV 7008		174,73 EUR
Gesamt		**1.094,38 EUR**

189 Kann der Schwellenwert überschritten werden, weil die Angelegenheit überdurchschnittlich umfangreich oder überdurchschnittlich schwierig ist, wird zunächst die Geschäftsgebühr berechnet und sodann entsprechend der Zahl der Auftraggeber erhöht. Zur Frage der Haftung mehrere Auftraggeber für die Gebührenansprüche des Anwalts vgl. die Ausführungen unten (siehe § 3 Rdn 10 ff.).

190 *Beispiel*

Anwalt A wird von Halter, Fahrer und Versicherer mit der Abwehr von Ansprüchen in Höhe von 100.000 EUR aus einem Verkehrsunfall beauftragt.

Aufgrund der Beurteilung eines sehr komplizierten Unfallverlaufs ist eine 1,5-Geschäftsgebühr angemessen. Der Anwalt erhält unter Berücksichtigung der Erhöhung für zwei weitere Auftraggeber aus einem Wert von 100.000 EUR:

1. 2,1-Geschäftsgebühr, VV 2300, 1008		3.685,50 EUR
2. Auslagenpauschale, VV 7002		20,00 EUR
Zwischensumme	3.705,50 EUR	
3. Umsatzsteuer, VV 7008		704,05 EUR
Gesamt		**4.409,55 EUR**

3. Abrechnungsgrundsätze

191 Liquidiert der Anwalt gegenüber dem gegnerischen Haftpflichtversicherer nach den Abrechnungsgrundsätzen, so wird auch dort die Zahl der Auftraggeber berücksichtigt. Die Gebühr von 1,8 erhöht sich bei mehreren Auftraggebern auf eine Gebühr von 2,4 bzw. bei Regulierung auch von Personenschäden ab einem Gesamterledigungswert von 10.000 EUR auf 2,7. Die von anderen Versicherern angebotene Ausgangsgebühr von 1,5 erhöht sich bei mehreren Auftraggebern auf eine Gebühr von 2,0 bzw. bei Regulierung auch von Personenschäden ab einem Gesamterledigungswert von 10.000 EUR auf 2,25.

192 Anders als bei Nr. 1008 VV RVG kommt es nicht darauf an, ob die Auftraggeber den Anwalt wegen **desselben Gegenstandes** beauftragt haben. Die Erhöhung tritt auch dann ein,

wenn die einzelnen Auftraggeber verschiedene eigene Schadenspositionen geltend machen. Ebenfalls in Abweichung von Nr. 1008 VV RVG kommt es auch auf die **Zahl der weiteren Auftraggeber** nicht an, da die Erhöhung nur einmal zugebilligt wird – unabhängig davon, ob es einen oder mehrere weitere Auftraggeber gibt.

VII. Hebegebühr

Die Hebegebühr nach Nr. 1009 VV RVG erhält der Anwalt, wenn er im Auftrag seines Mandanten Gelder vereinnahmt und an ihn oder Abtretungsgläubiger weiterleitet. Ein solcher **Auftrag** kann stillschweigend erteilt werden und ist regelmäßig in Formularvollmachten enthalten. Er ist für den Anwalt mit teilweise nicht unerheblichem Aufwand und Risiken verbunden und hat für den Mandanten zudem den Nachteil, dass der Gegner die Hebegebühr im Regelfall nicht erstatten muss (siehe dazu § 3 Rdn 80). Insofern muss der Mandant vorsorglich auf die Kostensituation **hingewiesen** werden. 193

Die Einschaltung eines Anwalts zum Inkasso ist nur **ausnahmsweise** Teil des ersatzfähigen Schadens bzw. zur zweckentsprechenden Rechtsverfolgung notwendig, wenn der Unfallgegner ohne entsprechende Aufforderung an den Anwalt zahlt[139] oder etwa bei einer komplizierten Unfallschadensregulierung, die eine Überwachung der Zahlungsabwicklung durch den Anwalt erforderlich macht. 194

> *Hinweis* 195
>
> Der gegnerische Versicherer ist anzuweisen, ausschließlich an den Geschädigten bzw. an die Abtretungsgläubiger zu zahlen – dies verbunden mit dem Hinweis, dass abredewidrig an den Anwalt gezahlte Beträge gegen Erstattung der Hebegebühr weitergeleitet werden.

B. Gerichtliche Tätigkeit in der 1. Instanz

I. Allgemeines

Für die Tätigkeit im gerichtlichen Verfahren kann der Anwalt bei der Unfallschadensregulierung die Verfahrensgebühr nach Nrn. 3100, 3101 VV RVG, die Terminsgebühr nach Nrn. 3104, 3105 VV RVG und ggf. auch die Einigungsgebühr nach Nrn. 1000 VV RVG erhalten. Vertritt er im Verfahren mehrere Auftraggeber, so erhöht sich die Verfahrensgebühr gemäß Nr. 1008 VV RVG um 0,3 für jeden weiteren Auftraggeber, soweit eine gemeinschaftliche Beteiligung vorliegt. Kann der Mandant das Verfahren nur mit 196

139 Buschbell (*Baschek*), § 33 Rn 32; LG Mannheim AGS 2015, 495.

Prozesskostenhilfe führen, so ist in Regulierungsprozessen der Vorrang des Versicherers nach E.1. 2.4 Muster-AKB 2015[140] zu beachten.

II. Verfahrensgebühr

1. Allgemeines

197 Der nach Vorb. 3 Abs. 1 S. 1 VV RVG zum **Prozessbevollmächtigten** bestellte Anwalt erhält die Verfahrensgebühr für das Betreiben des Geschäfts einschließlich der Information. Die Verfahrensgebühr deckt die gesamte Tätigkeit des Rechtsanwalts ab, die dieser außerhalb der mündlichen Verhandlung erbringt, und zwar vom Beginn des Klageauftrags bis zum Abschluss der Instanz. Es ist für das Entstehen dieser Gebühr gleichgültig, in welchem Verfahrensstadium der Rechtsanwalt zum Prozessbevollmächtigten bestellt wird, ob oder wie lange ein Rechtsstreit schon anhängig ist oder ob dieser erst anhängig gemacht werden soll.[141] Entscheidend ist, wie der Gesetzgeber im Rahmen des 2. KostRMoG klargestellt hat, dass dem Anwalt ein unbedingter Auftrag als Prozess- oder Verfahrensbevollmächtigter erteilt wurde. Dieser Auftrag bildet die Schnittstelle zur außergerichtlichen Tätigkeit.

198 Welche Tätigkeiten gebührenrechtlich zum **Rechtszug** gehören und daher von der Verfahrensgebühr abgegolten sind, ergibt sich aus § 19 RVG. Ausdrücklich nennt § 19 Abs. 2 RVG die Information, also die durch den Rechtsanwalt geleistete Informationsbeschaffung und -vermittlung, die grundsätzlich neben der Verfahrensgebühr nicht gesondert vergütet wird. Dies gilt auch dann, wenn die Informationsbeschaffung sehr arbeitsaufwendig sein sollte. Ferner deckt die Verfahrensgebühr auch sämtliche Besprechungen und sonstigen Kontaktaufnahmen ab, die der Rechtsanwalt mit seinem Auftraggeber führt.

199 *Beispiel*

A ist mandatiert worden, um Schadensersatzansprüche und Schmerzensgeld aus einem Verkehrsunfallgeschehen gerichtlich geltend zu machen. Er führt mehrere Besprechungen mit dem Mandanten durch, besichtigt die Unfallstelle und erörtert mit dem Privatsachverständigen die Unfallschäden sowie die Frage des merkantilen Minderwertes.

Sämtliche dieser Tätigkeiten werden mit der Verfahrensgebühr abgegolten.

Besprechungen, die der Rechtsanwalt nicht mit seinem Auftraggeber, sondern mit dem Gegner oder Dritten führt, lassen dagegen eine Terminsgebühr nach Nr. 3104 VV RVG entstehen (zu den Einzelheiten siehe Ziffer 2). Zu beachten ist, dass dies nur dann gilt,

140 Abrufbar unter www.gdv.de.

141 OLG Hamm AGS 2005 338; Gerold/Schmidt (*Müller-Rabe*), RVG, VV 3100 Rn 15.

wenn dem Rechtsanwalt bereits ein unbedingter Prozessauftrag erteilt ist (vgl. dazu Rdn 253 ff., Rdn 54).[142]

2. Auftrag

200 Entscheidend ist für die Entstehung der Verfahrensgebühr, dass der Anwalt zum Prozessbevollmächtigten bestellt wurde.[143] Dabei spielt jedoch nicht die Vollmacht, sondern der im Innenverhältnis erteilte **Auftrag** die maßgebliche Rolle, der schriftlich, mündlich oder auch durch konkludentes Handeln erteilt werden kann.[144]

a) Abgrenzung zur Geschäftsgebühr

201 Wenn im Außenverhältnis beispielsweise Prozessvollmacht erteilt wurde, im Innenverhältnis aber nur ein Auftrag zu einer Einzeltätigkeit, dann kann die Verfahrensgebühr nach Nr. 3100 VV RVG nicht entstehen.[145] Zu differenzieren ist insbesondere in den Fällen der **bedingten Auftragserteilung**: Soll der Anwalt den Gegner zunächst noch einmal außergerichtlich zur Leistung auffordern und steht der Klageauftrag unter der Bedingung, dass dies scheitert, fällt bei freiwilliger Leistung des Gegners nur die Geschäftsgebühr nach Nr. 2300 VV RVG an.

202 *Beispiel*

Anwalt A wird beauftragt, den Sachschaden von Eigentümer E in Höhe von 10.000 EUR außergerichtlich geltend zu machen. Für den Fall, dass dies erfolglos bleibt, soll er aufgrund eines entsprechend bedingten Prozessauftrags Klage erheben. Der Versicherer zahlt auf das entsprechende Schreiben freiwillig.

Die Gebühren des Anwalts berechnen sich bei einer durchschnittlichen Angelegenheit wie folgt:

1. 1,3-Geschäftsgebühr, VV 2300		847,60 EUR
2. Auslagenpauschale, VV 7002		20,00 EUR
Zwischensumme	867,60 EUR	
3. Umsatzsteuer, VV 7008		164,84 EUR
Gesamt		**1.032,44 EUR**

142 *Bonnen*, MDR 2005, 1084; *Meyer*, JurBüro 2004, 575.

143 OLG Bremen MDR 2003, 1143; OLG Brandenburg JurBüro 2002, 365; OVG Koblenz NJW 1983, 1509; Schneider/Volpert (*Schneider*), AnwK-RVG, VV Vorb. 3 Rn 22 ff.; *Bonnen*, MDR 2005, 1084; *Meyer*, JurBüro 2004, 575; *Volpert*, RVG prof. 2004, 145.

144 OLG Hamm JurBüro 1997, 311; OLG Saarbrücken NJW-RR 1997, 189; OLG München AnwBl 1993, 576; Gerold/Schmidt (*Müller-Rabe*), RVG, VV 3100 Rn 14 ff.; Hartung/Römermann/Schons (*Schons*), RVG, VV Vorb. 3 Rn 22.

145 Gerold/Schmidt (*Müller-Rabe*), RVG, VV 3100 Rn 8.

203 Hat der Anwalt dagegen bereits einen Prozessauftrag erhalten – beispielsweise wenn sich der Anspruch gegen einen erfahrungsgemäß vergleichsunwilligen Versicherer richtet –, entstehen die Gebühren nach Nrn. 3100, 3101 VV RVG. Dies gilt auch dann, wenn der Anwalt sich trotzdem noch außergerichtlich an den Versicherer wendet, z.B. um die kostenrechtlichen Folgen des § 93 ZPO auszuschließen, und dieser dem außergerichtlichen Regulierungsvorschlag dann doch zustimmt bzw. freiwillig zahlt.[146]

204 *Beispiel*

Anwalt A wird beauftragt, den Schaden aus einem Verkehrsunfall in Höhe von 10.000 EUR einzuklagen, soll jedoch zuvor den gegnerischen Versicherer letztmalig zur Zahlung auffordern. Auf das entsprechende Schreiben zahlt der Versicherer freiwillig.

Hier ist bereits Prozessauftrag erteilt worden, so dass sich die Vergütung des Anwalts wie folgt berechnet:

1. 0,8-Verfahrensgebühr, VV 3101		521,60 EUR
2. Auslagenpauschale, VV 7002		20,00 EUR
Zwischensumme	541,60 EUR	
3. Umsatzsteuer, VV 7008		102,90 EUR
Gesamt		**644,50 EUR**

b) Entstehen der Gebühr

205 Die Verfahrensgebühr fällt als volle Gebühr in Höhe von 1,3 an, sobald der Anwalt die Klage, den verfahrenseinleitenden Antrag oder einen Schriftsatz, der Sachanträge, die Zurücknahme der Klage oder die Zurücknahme des Antrags enthält, **einreicht**. Endet der Auftrag **vorzeitig**, erhält er aufgrund seiner Beauftragung als Prozessbevollmächtigter gemäß Nr. 3101 Nr. 1 VV RVG eine Verfahrensgebühr in Höhe von 0,8.

206 Die Verfahrensgebühr entsteht nicht erst dann, wenn der Anwalt sich beim Gericht für den Mandanten legitimiert hat oder seine Tätigkeit auf andere Weise nach außen in Erscheinung getreten ist. Dies ergibt sich bereits aus der Formulierung in Vorb. 3 Abs. 2 VV RVG, wonach die Gebühr „für das Betreiben des Geschäfts einschließlich der Information" anfällt. Notwendigerweise beginnt das Betreiben des Geschäfts bereits mit der **Entgegennahme** der erforderlichen Informationen.

207 Auf Klägerseite fällt die Verfahrensgebühr mit der **Beauftragung** als Prozessbevollmächtigtem, also mit der Erteilung des Klageauftrags an. Voraussetzung für das Entstehen der Verfahrensgebühr auf Beklagtenseite ist grundsätzlich die **Zustellung** der Klageschrift, da zuvor ein Prozessrechtsverhältnis noch nicht begründet worden ist. Allerdings ist es

146 Vgl. AnwK-RVG (*Onderka/N. Schneider*), VV Vorb. 3 Rn 22 ff.

auch denkbar, dass der Beklagte dem Gegner schon vor Klageerhebung mitteilt, dass die Zustellung der Klage an einen bestimmten Rechtsanwalt erfolgen kann.

Beispiel 208

Nach einem Verkehrsunfall macht Anwalt A für Fahrer F Sachschaden in Höhe von 7.500 EUR geltend. Gegner G beauftragt Anwalt B, der diese Ansprüche abwehren soll. Als sich abzeichnet, dass außergerichtlich eine Einigung nicht zu erzielen ist, teilt B dem A in Absprache mit G mit, man könne ihn – soweit Klage erhoben werden solle – in der Klageschrift als Bevollmächtigten aufführen.

In diesem Fall ist B schon vor Zustellung der Klageschrift zum Prozessbevollmächtigten des Beklagten bestellt worden. Wird das Klageverfahren nicht mehr durchgeführt, erhält B die reduzierte 0,8-Verfahrensgebühr nach Nr. 3101 VV RVG.

c) Prozessführungsbefugnis des Versicherers

Bei Annahme des Mandates treffen den Anwalt bestimmte Hinweispflichten. Wird er beispielsweise von einem bereits verklagten Unfallbeteiligten beauftragt, so muss er überprüfen, ob dessen Haftpflichtversicherer ebenfalls am Prozess beteiligt ist oder voraussichtlich sein wird. Denn der Versicherungsnehmer hat in diesem Fall die Führung des Rechtsstreits dem Versicherer zu überlassen (E.1.2.4 AKB 2015).[147] Damit hat der Versicherer das **vorrangige Recht**, den Prozessanwalt für den Versicherungsnehmer und die übrigen Versicherten zu bestellen. Lediglich in Ausnahmefällen (vgl. § 3 Rdn 93) ist der Versicherungsnehmer berechtigt, sich durch einen eigenen Anwalt vertreten zu lassen. 209

Ein Anwalt, der unter Missachtung dieser Prozessführungsbefugnis gleichwohl das Mandat annimmt, hat nur bei ausdrücklichem Hinweis auf die fehlende Erstattungsfähigkeit einen Gebührenanspruch.[148] Ohne eine entsprechende Beratung des Mandanten entstehen die Gebühren zwar, da die Beschränkung aus E.1.2.4 AKB 2015 nur das Innenverhältnis zwischen Versicherer und Versicherungsnehmer betrifft. Jedoch begeht der Anwalt insofern eine **Obliegenheitsverletzung** mit der Rechtsfolge, dass er seinen Gebührenanspruch gegen den Auftraggeber nicht geltend machen kann. 210

3. Höhe der Gebühr

Die Verfahrensgebühr fällt als volle Gebühr in Höhe von 1,3 an, sobald der Rechtsanwalt die Klage, einen verfahrenseinleitenden Antrag oder einen Schriftsatz, der Sachanträge, die Zurücknahme der Klage oder die Zurücknahme des Antrags enthält, einreicht. Gleiches gilt, 211

147 Abrufbar unter https://www.gdv.de/gdv/service/musterbedingungen.

148 BGH VersR 1985, 83; OLG Düsseldorf VersR 1985, 92; LG München r+s 1986, 4; LG Aachen SP 2004, 313; *van Bühren*, Das verkehrsrechtliche Mandat, Band 4, § 3 Rn 116; Buschbell (*Samberg*), § 44 Rn 105.

sobald er für seinen Mandanten einen Termin wahrnimmt. Endet der Auftrag vorzeitig, erhält er aufgrund seiner Bestellung zum Prozessbevollmächtigten gemäß Nr. 3101 Nr. 1 VV RVG eine Verfahrensgebühr in Höhe von 0,8.

a) Vorzeitige Beendigung

212 Ausreichend für die Entstehung der Verfahrensgebühr dem Grunde nach ist irgendeine Tätigkeit zur Ausführung des prozessbezogenen Auftrags.[149] Endet der Auftrag jedoch, bevor der Anwalt die Klage oder einen Schriftsatz mit Sachantrag/Klagerücknahme bei Gericht eingereicht hat, erhält er nur die **reduzierte** 0,8-Verfahrensgebühr nach Nr. 3101 VV RVG.

213 *Beispiel*

Fahrer F wird auf Schadensersatz und Schmerzensgeld in Anspruch genommen. Er wendet sich an Anwalt A, damit dieser ihn im Verfahren vertritt. Bevor A den Schriftsatz mit Klageabweisungsantrag ans Gericht schicken kann, wird die Klage zurückgenommen.

A erhält lediglich eine 0,8-Verfahrensgebühr nebst Auslagenpauschale und Umsatzsteuer.

b) Einigung über nicht anhängige Ansprüche

214 Wird im gerichtlichen Verfahren eine **Einigung** über nicht anhängige Ansprüche protokolliert, so entsteht dafür zusätzlich eine 0,8-Verfahrensgebühr nach Nr. 3101 Nr. 2 VV RVG aus dem Wert der nicht anhängigen Ansprüche. Insgesamt wird die Verfahrensgebühr aber nach § 15 Abs. 3 RVG auf eine 1,3-Gebühr aus dem vollen Wert begrenzt.

215 *Beispiel*

A soll im Auftrag des F Reparaturkosten und Verdienstausfall in Höhe von 7.000 EUR einklagen. Im Termin beantragen die Parteien, eine Einigung über die Klageforderung sowie über einen nicht anhängigen Schmerzensgeldanspruch (2.500 EUR) zu Protokoll zu nehmen.

A kann eine 1,3-Verfahrensgebühr nach Nr. 3100 VV RVG aus 7.000 EUR sowie eine 0,8-Verfahrensgebühr nach Nr. 3101 VV RVG aus 2.500 EUR in Rechnung stellen – maximal jedoch gemäß § 15 Abs. 3 RVG eine 1,3-Verfahrensgebühr aus 9.500 EUR.

216 Das Gleiche gilt, wenn hinsichtlich der nicht anhängigen Ansprüche keine Einigung protokolliert, sondern lediglich (ergebnislose) **Einigungsverhandlungen** vor Gericht

149 OLG Hamm AGS 2005, 338; OLG Bremen MDR 2003, 1143; VGH Mannheim JurBüro 1995, 474; VG Dessau JurBüro 1999, 79; Schneider/Volpert (*Schneider*), AnwK-RVG, VV Vorb. 3 Rn 26.

geführt werden. Auch dann fällt eine 0,8-Verfahrensgebühr aus dem Wert der nicht anhängigen Ansprüche an.

c) Mehrere Auftraggeber

Vertritt der Anwalt im gerichtlichen Verfahren mehrere Auftraggeber, so erhöht sich die Verfahrensgebühr für jeden weiteren Auftraggeber um 0,3 – maximal auf einen Erhöhungssatz von 2,0. Die erhöhte Gebühr bezieht sich aber nur auf denjenigen Gegenstand, an dem die Auftraggeber **gemeinschaftlich beteiligt** sind. 217

Beispiel 218

E ist Eigentümer und Halter eines Fahrzeugs, das bei einem Verkehrsunfall beschädigt wurde. Er beauftragt Anwalt A, den Sachschaden in Höhe von 12.000 EUR gegenüber dem Unfallgegner G einzuklagen. G erhebt Widerklage gegen E sowie gegen Fahrer F und Haftpflichtversicherer V auf Zahlung von Schadensersatz in Höhe von 7.000 EUR. Auch F und V beauftragen daraufhin A mit ihrer Vertretung im Klageverfahren.

Insgesamt beläuft sich der Gegenstandswert auf 19.000 EUR (§ 22 Abs. 1 RVG). Die Beteiligung der drei Auftraggeber des A ist allerdings unterschiedlich: An einem Teilwert von 12.000 EUR ist nur E beteiligt, da weder F noch V etwas mit der Geltendmachung des Sachschadens zu tun haben. An einem Teilwert von 7.000 EUR sind alle drei Auftraggeber beteiligt, da sie alle für den Sachschaden des G haften können.

Die Gebühren des A berechnen sich entsprechend der Teilwerte[150] wie folgt:

1. 1,3-Verfahrensgebühr, VV 3100		
aus 12.000 EUR	919,10 EUR	
2. 1,9-Verfahrensgebühr, VV 3100, 1008		
aus 7.000 EUR	899,65 EUR	
gemäß § 15 Abs. 3 RVG max. 1,9 aus 19.000 EUR		1.552,30 EUR
3. Auslagenpauschale, VV 7002		20,00 EUR
Zwischensumme	1.572,30 EUR	
4. Umsatzsteuer, VV 7008		298,74 EUR
Gesamt		**1.871,04 EUR**

150 Vgl. LG Bonn Rpfleger 1995, 384; AG Augsburg AGS 2008, 434; *N. Schneider*, ProzessRB 2003, 130; *N. Schneider*, AnwBl 2008, 773; Mayer/Kroiß (*Dinkat*), RVG, VV 1008 Rn 7; *Schneider*, Das verkehrsrechtliche Mandat, Band 2, § 8 Rn 494; *Hergenröder*, AGS 2007, 53; *Engels*, MDR 2001, 355; AnwK-RVG (*Volpert*), VV 1008 Rn 72 ff.

Die Gegenmeinung hält § 15 Abs. 3 RVG in diesen Fällen nicht für anwendbar. Sie ermittelt zunächst eine 1,3-Verfahrensgebühr aus dem gesamten Streitwert und nimmt sodann für den Teil mit demselben Gegenstand die Erhöhung vor.[151]

219 Eine Gebührenerhöhung nach Nr. 1008 VV RVG findet aber nicht statt, wenn der Anwalt für eine im Wege des Direktanspruchs mitverklagte Partei und zugleich für diese als **Streithelfer** einer anderen Partei tätig wird. Denn in diesem Fall vertritt er nicht mehrere Auftraggeber, sondern nur einen Auftraggeber, der in verschiedenen Rollen am Verfahren teilnimmt.[152]

220 *Beispiel*

Der Anwalt vertritt den Haftpflichtversicherer, der vom Unfallgegner (Kläger) im Wege des Direktanspruchs als Beklagter in Anspruch genommen wird. In demselben Rechtsstreit ist der Haftpflichtversicherer den durch einen eigenen Anwalt vertretenen anderen Beklagten (Fahrer und Halter) als Streithelfer beigetreten, weil wegen des Einwands der Unfallmanipulation eine Interessenkollision nicht ausgeschlossen werden konnte. Der Anwalt des Haftpflichtversicherers vertritt in einer solchen Konstellation nicht mehrere Auftraggeber, sondern nur den Haftpflichtversicherer, der sowohl die Rolle des Beklagten zu 3) als auch die Rolle des Streithelfers einnimmt.

d) Verbindung von Verfahren

221 Klagen Unfallbeteiligte ihre Ansprüche aus demselben Unfallgeschehen in jeweils eigenen Verfahren ein, so erfolgt in der Praxis in der Regel eine **Prozessverbindung** zur gleichzeitigen Verhandlung und Entscheidung gemäß § 147 ZPO. Eine der Klagen wird durch diese Verbindung zur (Dritt-)Widerklage. Die Verbindung hat auch Auswirkungen auf die Gebührenansprüche des Anwalts.

222 Die **bisher angefallenen Gebühren** bleiben unberührt.[153] Denn nach § 15 Abs. 4 RVG können einmal entstandene Gebühren durch nachträglich eintretende Ereignisse nicht mehr entfallen. Bis zur Verbindung sind die Verfahren selbstständige Angelegenheiten.[154] Der Anwalt kann also die Verfahrensgebühren jeweils nach den Einzelstreitwerten berechnen. Sind die Gebührentatbestände sowohl vor als auch nach der Verbindung

151 Gerold/Schmidt (*Müller-Rabe*), RVG, VV 1008 Rn 225 ff.; OLG Düsseldorf JurBüro 1990, 601; OLG Hamburg MDR 2001, 56; OLG München MDR 1998, 1439; OLG Köln JurBüro 1987, 692.

152 BGH AGS 2010, 166. Anders liegt dagegen der Fall, dass der Anwalt den Nebenintervenienten und die von diesem unterstützte Partei vertritt.

153 Gerold/Schmidt (*Müller-Rabe*), RVG, VV 3100 Rn 40 ff.; AnwK-RVG (*Onderka/N. Schneider*), VV Vorb. 3 Rn 62.

154 OLG Koblenz JurBüro 1986, 1523.

erfüllt worden, dann steht dem Anwalt ein **Wahlrecht** zu.[155] Er kann die Gebühren aus den Einzelwerten vor Verbindung oder aus dem Gesamtwert nach Verbindung berechnen.[156]

Beispiel 223

F klagt gegen seinen Unfallgegner G auf Zahlung von Schadensersatz und Verdienstausfall in Höhe von 6.000 EUR (Az. 1/25). G erhebt gleichzeitig Klage gegen F auf Zahlung von Schadensersatz und Mietwagenkosten in Höhe von 7.000 EUR (Az. 2/25). Nachdem in beiden Verfahren mündlich verhandelt worden ist, wird die Klage des G als Widerklage zum Verfahren 1/25 verbunden. Anschließend erfolgt eine weitere mündliche Verhandlung.

In beiden Verfahren ist sowohl die Verfahrens- als auch die Terminsgebühr vor und nach der Verbindung angefallen. Die getrennte Abrechnung dieser Gebühren nach den Einzelwerten der Verfahren ist günstiger.

I. Gebühren des verbundenen Verfahrens (Wert: 13.000 EUR)

1. 1,3-Verfahrensgebühr, VV 3100		919,10 EUR
2. 1,2-Terminsgebühr, VV 3104		848,40 EUR
3. Auslagenpauschale, VV 7002		20,00 EUR
Zwischensumme	1.787,50 EUR	
4. Umsatzsteuer, VV 7008		339,63 EUR
Gesamt		**2.127,13 EUR**

II. Verfahren 1/25 vor Verbindung (Wert: 6.000 EUR)

1. 1,3-Verfahrensgebühr, VV 3100		538,20 EUR
2. 1,2-Terminsgebühr, VV 3104		496,80 EUR
3. Auslagenpauschale, VV 7002		20,00 EUR
Zwischensumme	1.055,00 EUR	
4. Umsatzsteuer, VV 7008		200,45 EUR
Gesamt		**1.255,45 EUR**

155 BGH, Beschl. v. 14.4.2010 – IV ZB 6/09, NSW RVG VV Nr. 3100; So auch Gerold/Schmidt (*Müller-Rabe*), RVG, VV 3100 Rn 41.

156 BGH, Beschl. v. 14.4.2010 – IV ZB 6/09, NSW RVG VV Nr. 3100; VGH Kassel JurBüro 1987, 1360.

III. Verfahren 2/25 vor Verbindung (Wert: 7.000 EUR)

1. 1,3-Verfahrensgebühr, VV 3100		615,55 EUR
2. 1,2-Terminsgebühr, VV 3104		568,20 EUR
3. Auslagenpauschale, VV 7002		20,00 EUR
Zwischensumme	1.203,75 EUR	
4. Umsatzsteuer, VV 7008		228,71 EUR
Gesamt		**1.432,46 EUR**

Summe aus den beiden Einzelverfahren (II. und III.): **2.687,91 EUR**.

224 Ist die volle Gebühr nach dem zusammengerechneten Wert der verbundenen Prozesse höher als die Summe der nach den Einzelstreitwerten berechneten Verfahrensgebühren, kann der Anwalt auch diese verlangen.

225 *Beispiel*

Eigentümer E klagt nach einem Unfall gegen Fahrer, Halter und Versicherer auf Schadensersatz in Höhe von 5.000 EUR (Az. 1/25). Das Verfahren wird mit der Klage des gegnerischen Halters auf Zahlung eines nach außergerichtlicher Regulierung verbliebenen Teilschadens von 250 EUR (Az. 2/25) verbunden, nachdem in beiden Verfahren verhandelt worden ist.

Auch hier sind Verfahrens- und Terminsgebühr sowohl vor als auch nach der Verbindung angefallen. Allerdings ist jetzt für den Anwalt des E die gemeinsame Abrechnung günstiger.

I. Gebühren des verbundenen Verfahrens (Wert: 5.250 EUR)

1. 1,3-Verfahrensgebühr, VV 3100		538,20 EUR
2. 1,2-Terminsgebühr, VV 3104		496,80 EUR
3. Auslagenpauschale, VV 7002		20,00 EUR
Zwischensumme	1.055,00 EUR	
4. Umsatzsteuer, VV 7008		200,45 EUR
Gesamt		**1.255,45 EUR**

II. Verfahren 1/25 vor Verbindung (Wert: 5.000 EUR)

1. 1,3-Verfahrensgebühr, VV 3100		460,85 EUR
2. 1,2-Terminsgebühr, VV 3104		425,40 EUR

3. Auslagenpauschale, VV 7002		20,00 EUR
Zwischensumme	906,25 EUR	
4. Umsatzsteuer, VV 7008		172,19 EUR
Gesamt		**1.078,44 EUR**
III. Verfahren 2/25 vor Verbindung (Wert: 250 EUR)		
1. 1,3-Verfahrensgebühr, VV 3100		66,95 EUR
2. 1,2-Terminsgebühr, VV 3104		61,80 EUR
3. Auslagenpauschale, VV 7002		20,00 EUR
Zwischensumme	148,75 EUR	
4. Umsatzsteuer, VV 7008		28,26 EUR
Gesamt		**177,01 EUR**

Summe aus den beiden Einzelverfahren (II. und III.): **1.255,45 EUR**

Dieses Wahlrecht kann allerdings nicht dahingehend ausgeübt werden, dass der Anwalt die Gebühren aus den Verfahren vor der Verbindung und dazu die Gebühren aus dem (verbundenen) Verfahren verlangt. Denn das verbundene Verfahren bildet mit den vorhergehenden Einzelverfahren dieselbe Angelegenheit im Sinne des § 15 Abs. 2 RVG. 226

4. Anrechnung der Geschäftsgebühr

Die Geschäftsgebühr nach Teil 2 VV RVG wird nach Vorb. 3 Abs. 4 VV RVG zur Hälfte auf die Verfahrensgebühr angerechnet, höchstens jedoch mit einem Gebührensatz von 0,75. Die Anrechnung erfolgt nur, wenn die Geschäftsgebühr „wegen desselben Gegenstands" entstanden ist wie die Gebühren für das gerichtliche Verfahren. Seit dem 1.1.2021 gilt ferner, dass in jenen Fällen, in denen mehrere Gebühren teilweise auf dieselbe Gebühr anzurechnen sind, der anzurechnende Betrag für jede anzurechnende Gebühr gesondert zu ermitteln ist. Bei Wertgebühren darf der Gesamtbetrag der Anrechnung jedoch denjenigen Anrechnungsbetrag nicht übersteigen, der sich ergeben würde, wenn eine Gebühr anzurechnen wäre, die sich aus dem Gesamtbetrag der betroffenen Wertteile nach dem höchsten für die Anrechnungen einschlägigen Gebührensatz berechnet. 227

Diese Berechnungsmethode hat erhebliche Vorteile für die Anwaltschaft. So wird z.B. bei zwei außergerichtlichen Angelegenheiten mit Streitwerten von einmal 5.000 EUR und einmal 9.000 EUR, welche in einen einheitlichen Rechtsstreit über 14.000 EUR münden, von der Verfahrensgebühr des Gerichtsverfahrens nicht hälftige Geschäftsgebühren aus einmal 5.000 EUR und einmal 9.000 EUR angerechnet, sondern maximal die hälftige Geschäftsgebühr aus 14.000 EUR.

a) Zeitlicher Zusammenhang

228 Es muss zunächst ein **zeitlicher Zusammenhang** mit der außergerichtlichen Tätigkeit des Rechtsanwalts bestehen.[157] Das ist dann der Fall, wenn dieser mit der Angelegenheit noch vertraut und keine vertiefte erneute Einarbeitung erforderlich ist. Wann ein solcher zeitlicher Zusammenhang besteht, bestimmt sich nach den Umständen des Einzelfalls. Als Maximum kann die 2-Jahres-Frist des § 15 Abs. 5 S. 2 RVG herangezogen werden.[158]

229 *Beispiel*

Fahrer F hat – vertreten durch A – im Jahre 2010 außergerichtlich eine Verpflichtungserklärung seines Unfallgegners G erwirkt, die sich auf die künftigen Folgeschäden aus den Unfallverletzungen bezieht. Im Jahre 2013 will er, nachdem von seinen Ärzten nunmehr eine dauerhafte Minderung der Erwerbsfähigkeit festgestellt wurde, G gerichtlich auf Ersatz von 80.000 EUR in Anspruch nehmen.

Hier fehlt der zeitliche Zusammenhang zwischen dem ersten und dem zweiten Auftrag, so dass eine Anrechnung der Geschäftsgebühr auf die Verfahrensgebühr nicht in Betracht kommt.

b) Personeller Zusammenhang

230 Daneben muss auch ein **personeller Zusammenhang** bestehen. Derselbe Rechtsanwalt oder dieselbe Sozietät muss gegenüber der gleichen Person tätig werden.[159] An diesem personellen Zusammenhang fehlt es, wenn der Rechtsanwalt im Rahmen der Unfallschadensregulierung zunächst den Haftpflichtversicherer des Gegners zur Zahlung auffordert, dann aber lediglich den Gegner selbst verklagt. Hier richtet sich das Begehren gegen zwei verschiedene Personen, die beide aufgrund eines eigenen Anspruchs – der Schädiger aus §§ 7 Abs. 1, 18 Abs. 1 StVG und der Versicherer aus § 115 Abs. 1 VVG – in Anspruch genommen werden können.[160]

231 *Beispiel*

Nach einem Unfall wendet sich der von F beauftragte Anwalt A zunächst an den gegnerischen Haftpflichtversicherer V. Dieser lehnt den Schadensersatzanspruch

157 Gerold/Schmidt (*Müller-Rabe*), RVG, VV Vorb. 3 Rn 267; Hartung/Römermann/Schons (*Schons*), RVG, VV Vorb. 3 Rn 70; *Hergenröder*, AGS 2005, 274.

158 OLG München AnwBl 2000, 698; Gerold/Schmidt (*Müller-Rabe*), RVG, VV Vorb. 3 Rn 267; *Enders*, JurBüro 1999, 505; *von Eicken*, NJW 1994, 2258.

159 Gerold/Schmidt (*Müller-Rabe*), RVG, VV Vorb. 3 Rn 261 ff.; Hartung/Römermann/Schons (*Schons*), RVG, VV Vorb. 3 Rn 71; *Hergenröder*, AGS 2005, 274.

160 OLG München AnwBl 1990, 325; LG Flensburg JurBüro 1986, 723; AG Charlottenburg zfs 1987, 112; *Schönemann*, RVG prof. 2004, 127, 128; a.A. OLG München zfs 2012, 227; OLG Karlsruhe AGS 1994, 43; LG Karlsruhe Rpfleger 1994, 40.

mit der Begründung ab, der Unfall sei durch ein überwiegendes Verschulden des F verursacht worden. Sodann erhebt A Klage nur gegen den Unfallgegner G.

In diesem Fall ist die durch die Tätigkeit gegenüber V verdiente Geschäftsgebühr nicht auf die Verfahrensgebühr im Klageverfahren gegen G anzurechnen.

Anderes gilt jedoch, wenn der Geschädigte **keinen Direktanspruch** gegen den Haftpflichtversicherer des Schädigers nach § 115 VVG hat, wie beispielsweise bei einer Berufshaftpflichtversicherung. In diesem Fall ist die Geschäftsgebühr für die außergerichtlichen Vergleichsverhandlungen mit dem Versicherer auf die Gebühren des Klageverfahrens gegen den Schädiger anzurechnen.[161] 232

An dem erforderlichen personellen Zusammenhang fehlt es auch, wenn außergerichtlich ein anderer Anwalt tätig wurde als im gerichtlichen Verfahren. Bei einem solchen **Anwaltswechsel** hat daher die Anrechnung der Geschäftsgebühr zu unterbleiben.[162] Sinn und Zweck von Vorb. 3 Abs. 4 VV RVG ist es nämlich, die doppelte Honorierung einer (annähernd) gleichen Tätigkeit zu verhindern, wenn der Anwalt die Angelegenheit zunächst als außergerichtliche und später als gerichtliche betreibt und deshalb einen geringeren Einarbeitungs- und Vorbereitungsaufwand für den Rechtsstreit benötigt. Wird aber im Rechtsstreit ein Anwalt tätig, der außergerichtlich noch nicht mit der betreffenden Angelegenheit befasst war und daher auch keinen geringeren Einarbeitungsaufwand hat, so ist eine Anrechnung nicht gerechtfertigt. 233

c) Sachlicher Zusammenhang

Schließlich muss ein **sachlicher Zusammenhang** zwischen der vorprozessualen Tätigkeit und dem gerichtlichen Verfahren bestehen, d.h. der Streitstoff muss im Wesentlichen derselbe sein.[163] 234

Beispiel 235

Fahrer F wird bei einem Verkehrsunfall schwer verletzt. Da die konkreten Schäden noch nicht feststellbar sind, verlangt Anwalt A vom gegnerischen Versicherer V ein Anerkenntnis dem Grunde nach. V weigert sich und stellt Klage anheim. Bis zur Klageerhebung liegt ein medizinisches Gutachten vor, mithilfe dessen der konkrete Umfang der Folgeschäden sowie der Erwerbsminderung festgestellt werden kann. A erhebt Zahlungsklage.

161 LG Bonn JurBüro 2004, 653; OLG München zfs 2012, 227.

162 BGH AGS 2010, 52; OLG Koblenz AGS 1009, 105; OLG München AGS 2009, 164; AG Saarbrücken AGS 2008, 365.

163 OLG Koblenz JurBüro 1989, 799; Hartung/Römermann/Schons (*Schons*), RVG, VV Vorb. 3 Rn 73; Schneider/Volpert (*Schneider*), AnwK-RVG, VV Vorb. 3 Rn 232.

Auch wenn außergerichtlich ein Feststellungsanspruch und gerichtlich ein Zahlungsanspruch geltend gemacht wurde, liegt der sachliche Zusammenhang zwischen den beiden Tätigkeiten vor, da die Ansprüche auf demselben Streitstoff beruhen und lediglich erst später beziffert werden konnten. Eine Anrechnung hat damit zu erfolgen.

236 Der BGH bejaht den sachlichen Zusammenhang auch dann, wenn der Zessionar aus abgetretenem Recht einen durch den Prozessbevollmächtigten namens des Zedenten vorgerichtlich geltend gemachten Anspruch einklagt.[164] Denn eine formale, auf die Person des Auftraggebers abstellende Betrachtungsweise würde in solchen Fällen dem Sinn der Anrechnungsvorschrift nicht gerecht.

d) Umfang der Anrechnung

237 Anzurechnen ist die halbe Geschäftsgebühr, höchstens jedoch ein Gebührensatz von 0,75. Die **Auslagenpauschale** ist nicht anzurechnen, da es hierfür an einer gesetzlichen Grundlage fehlt.[165] Die Pauschale ist auch nicht etwa nach den Gebühren zu berechnen, die nach erfolgter Anrechnung verbleiben,[166] da es sich lediglich um eine Berechnungsgröße handelt.[167] Insofern sind zunächst sämtliche Gebühren nebst den jeweiligen Auslagenpauschalen zu berechnen. Erst dann ist die Anrechnung von den so ermittelten Beträgen vorzunehmen.

238 Die Anrechnung nach Vorb. 3 Abs. 4 VV RVG bezieht sich nach dem eindeutigen Wortlaut auf „eine Geschäftsgebühr nach Teil 2". Aus diesem Grund findet eine Anrechnung nicht statt, wenn für die außergerichtliche Tätigkeit des Anwalts keine solche Geschäftsgebühr nach Teil 2 des Vergütungsverzeichnisses zum RVG entstanden ist, sondern ein **Pauschal- oder Stundenhonorar** vereinbart wurde.[168]

164 BGH zfs 2012, 163; ebenso: OLG Düsseldorf, Beschl. v. 11.4.2011 – 17 W 14/11, juris; OLG Düsseldorf JurBüro 2011, 589; OLG Hamm NJW-RR 2011, 1566; a.A. OLG Frankfurt, Urt. v. 3.1.2011 – 23 U 259/09, juris.

165 AG Hamburg AnwBl 1993, 293; AG Alzey AnwBl 1982, 399; *Enders*, JurBüro 2004, 173; Hartung/Römermann/Schons (*Schons*), RVG, VV Vorb. 3 Rn 79.

166 So aber: KG JurBüro 2000, 583; LG Berlin JurBüro 1987, 1869; *Hansens*, JurBüro 1987, 1744; *von Eicken*, AGS 1996, 109.

167 OLG Köln AGS 1994, 65; LG Essen JurBüro 2002, 246; *Enders*, JurBüro 2004, 173; *N. Schneider*, AGS 2003, 94, 96; *Hergenröder*, AGS 2005, 274; *Schönemann*, RVG prof. 2004, 127.

168 BGH AGS 2009, 523; KG RVGreport 2009, 101; OLG Frankfurt AGS 2009, 157; OLG Bremen AGS 2009, 215; OLG Stuttgart AGS 2009, 214; differenzierend *N. Schneider* (AGS 2009, 213) für den Fall, dass die Parteien eine Vergütungsvereinbarung lediglich über die Höhe des Gegenstandswertes oder über die Höhe des abzurechnenden Gebührensatzes treffen.

aa) Anwendung der Anrechnungsgrenze

Die **Anrechnungsgrenze** von 0,75 wird immer dann relevant, wenn der Rechtsanwalt einen Gebührensatz von mehr als 1,5 berechnet, ansonsten ist die Hälfte der Geschäftsgebühr ohnehin niedriger. 239

Beispiel 240

Anwalt A macht unfallbedingten Schaden in Höhe von 4.500 EUR geltend. Alle Umstände des Falles sind durchschnittlich. Da keine Zahlung erfolgt, wird er mit der Klageerhebung beauftragt.

A erhält aus einem Wert von 4.500 EUR:

I. Außergerichtliche Tätigkeit		
1. 1,3-Geschäftsgebühr, VV 2300		460,85 EUR
2. Auslagenpauschale, VV 7002		20,00 EUR
Zwischensumme	480,85 EUR	
3. Umsatzsteuer, VV 7008		91,36 EUR
Gesamt		**572,21 EUR**
II. Gerichtliche Tätigkeit		
1. 1,3-Verfahrensgebühr, VV 3100		460,85 EUR
2. 1,2-Terminsgebühr, VV 3104		425,40 EUR
3. Auslagenpauschale, VV 7002		20,00 EUR
./. hälftige Geschäftsgebühr		– 230,43 EUR
Zwischensumme	675,82 EUR	
4. Umsatzsteuer, VV 7008		128,41 EUR
Gesamt		**804,23 EUR**

Dagegen greift die Anrechnungsgrenze ein, wenn die hälftige Geschäftsgebühr höher ist als 0,75, weil der Rechtsanwalt einen Gebührensatz von mehr als 1,5 für angemessen hält. 241

Beispiel 242

Anwalt A wird mit der Abwehr einer Forderung in Höhe von 6.800 EUR beauftragt. Da die Rechtslage sehr kompliziert ist und umfangreicher Schriftverkehr sowie zahlreiche Besprechungen erforderlich sind, bestimmt er als angemessene Geschäftsgebühr einen Gebührensatz von 2,0. Danach macht die Gegenseite die Forderung gerichtlich geltend. A wird mit der Prozessvertretung beauftragt.

Folgende Gebühren sind aus einem Wert von 6.800 EUR entstanden:

I. Außergerichtliche Tätigkeit

1. 2,0-Geschäftsgebühr, VV 2300		947,00 EUR
2. Auslagenpauschale, VV 7002		20,00 EUR
Zwischensumme	967,00 EUR	
3. Umsatzsteuer, VV 7008		183,73 EUR
Gesamt		**1.150,73 EUR**

II. Gerichtliche Tätigkeit

1. 1,3-Verfahrensgebühr, VV 3100		615,55 EUR
2. 1,2-Terminsgebühr, VV 3104		568,20 EUR
3. Auslagenpauschale, VV 7002		20,00 EUR
./. 0,75-Geschäftsgebühr		– 355,13 EUR
Zwischensumme	848,62 EUR	
4. Umsatzsteuer, VV 7008		161,24 EUR
Gesamt		**1.009,86 EUR**

bb) Gerichtlicher Gegenstandswert geringer

243 Nach Vorb. 3 Abs. 4 S. 5 VV RVG erfolgt die Anrechnung nach dem Wert desjenigen Gegenstandes, der in das gerichtliche Verfahren übergegangen ist. Bei **Teilregulierung** eines Unfallschadens vor Klageerhebung muss daher berücksichtigt werden, dass die Angelegenheit nur mit einem geringeren Wert in das gerichtliche Verfahren übergeht.

244 *Beispiel*

Anwalt A wird mit der außergerichtlichen Geltendmachung einer Schadensersatzforderung von 8.000 EUR beauftragt. Der gegnerische Versicherer zahlt lediglich 5.000 EUR. Nunmehr erhebt A Klage über den Restbetrag.

A erhält für die außergerichtliche Tätigkeit aus einem Wert von 8.000 EUR:

1. 1,3-Geschäftsgebühr, VV 2300		692,90 EUR
2. Auslagenpauschale, VV 7002		20,00 EUR
Zwischensumme	712,90 EUR	
3. Umsatzsteuer, VV 7008		135,45 EUR
Gesamt		**848,35 EUR**

Die Angelegenheit ist lediglich mit einem Gegenstandswert von 3.000 EUR in das gerichtliche Verfahren übergegangen. Für das gerichtliche Verfahren erhält A somit aus einem Wert von 3.000 EUR:

1. 1,3-Verfahrensgebühr, VV 3100		306,15 EUR
2. 1,2-Terminsgebühr, VV 3104		282,60 EUR
3. Auslagenpauschale, VV 7002		20,00 EUR
./. hälftige Geschäftsgebühr aus 3.000 EUR		– 153,08 EUR
Zwischensumme	455,67 EUR	
4. Umsatzsteuer, VV 7008		86,58 EUR
Gesamt		**542,25 EUR**

cc) Gerichtlicher Gegenstandswert höher

Andererseits kann es auch vorkommen, dass vorprozessual ein geringerer Gegenstandswert zugrunde zu legen ist als für das spätere Klageverfahren. 245

Beispiel 246

Außergerichtlich macht A für F Reparaturkosten auf Gutachtenbasis (2.300 EUR netto) geltend. Der Gegner weist den Anspruch zurück, da die ihn treffende Betriebsgefahr wegen überwiegenden Verschuldens von F zurücktrete. Sodann lässt F seinen Wagen reparieren und klagt die dabei tatsächlich entstandenen Reparaturkosten von 3.100 EUR (brutto) ein.

Hier erfolgt die Anrechnung auf Grundlage des vollen Gegenstandswerts für die außergerichtliche Tätigkeit, weil der vorprozessual geltend gemachte Anspruch voll in dem per Klage geltend gemachten enthalten ist.

I. Außergerichtliche Tätigkeit (Wert: 2.300 EUR)

1. 1,3-Geschäftsgebühr, VV 2300		306,15 EUR
2. Auslagenpauschale, VV 7002		20,00 EUR
Zwischensumme	326,15 EUR	
3. Umsatzsteuer, VV 7008		61,97 EUR
Gesamt		**388,12 EUR**

II. Gerichtliche Tätigkeit (Wert: 3.100 EUR)		
1. 1,3-Verfahrensgebühr, VV 3100		383,50 EUR
2. 1,2-Terminsgebühr, VV 3104		354,00 EUR
3. Auslagenpauschale, VV 7002		20,00 EUR
./. hälftige Geschäftsgebühr aus 2.300 EUR		– 153,08 EUR
Zwischensumme	604,42 EUR	
4. Umsatzsteuer, VV 7008		114,84 EUR
Gesamt		**719,26 EUR**

5. Korrespondenz mit dem Rechtsschutzversicherer

247 Beauftragt ein rechtsschutzversicherter Mandant seinen Anwalt mit der Einholung einer **Deckungszusage** bzw. mit der weiteren Wahrnehmung der versicherungsrechtlichen Interessen gegenüber dem Rechtsschutzversicherer, so erhält der Anwalt für diese Tätigkeit eine eigene Geschäftsgebühr. Die Einholung der Deckungszusage ist eine **eigene Angelegenheit** und daher, soweit der Anwalt dies nicht ausdrücklich als kostenlose Regulierungshilfe übernimmt, gesondert zu vergüten.[169] Eine Studie des Soldan Instituts für Anwaltsmanagement e.V.[170] hat ergeben, dass 87 % aller befragten Rechtsanwälte die versicherungsrechtliche Abwicklung mit dem Rechtsschutzversicherer für den Mandanten kostenlos vornehmen. Diese Praxis sollte jedenfalls dann dringend überdacht werden, wenn sich die Regulierungshilfe als zeitraubende Angelegenheit herausstellt, weil die Regulierungspraxis des Versicherers von grundlosen Nachfragen und unberechtigten Rechnungskürzungen geprägt ist. Es besteht kein Grund, die von manch einem Versicherer betriebene „Zermürbungspraxis", in der es häufig um die Einsparungen in Höhe niedriger Prozentbeträge geht, ohne Vergütung über sich ergehen zu lassen.

248 **Gegenstandswert** sind die Kosten, von denen der Mandant befreit werden möchte, also die eigenen Anwaltskosten sowie diejenigen des Gegners und die Gerichtskosten.

249 *Beispiel*

Fahrer F hat einen Verkehrsunfall verursacht und wird auf Schadensersatz in Höhe von 5.000 EUR in Anspruch genommen. Er wendet sich an Anwalt A, der ihn im Prozess vertreten soll. F teilt mir, dass er eine Verkehrsrechtsschutzversicherung habe, bei der A eine Deckungszusage einholen möge.

169 AG Ettenheim AGS 2006, 275; LG Berlin BRAGOreport 2001, 43; LG Zwickau AGS 2005, 525; AG Charlottenburg JurBüro 2002, 25; *Madert*, zfs 2005, 482, 484.

170 AnwBl 2006, 200, 201.

A kann für die Einholung der Deckungszusage – durchschnittliche Tätigkeit – folgende Gebühren aus einem Wert von 2.668,38 EUR (Kostenstufe: bis 3.000 EUR) in Rechnung stellen:

1. 1,3-Geschäftsgebühr, VV 2300		306,15 EUR
2. Auslagenpauschale, VV 7002		20,00 EUR
Zwischensumme	326,15 EUR	
3. Umsatzsteuer, VV 7008		61,97 EUR
Gesamt		**388,12 EUR**

Der Gegenstandswert setzt sich zusammen aus: den Gerichtskosten erster Instanz (3 Gebühren aus 5.000 EUR nach Nr. 1210 KV GKG: 511,50 EUR) sowie den Anwaltskosten für Mandant und Gegner bei einem Gegenstandswert von 5.000 EUR (jeweils 1,3-Verfahrensgebühr (460,85 EUR), 1,2-Terminsgebühr (425,40 EUR), Auslagenpauschale (20,00 EUR), 19 % Umsatzsteuer = 2.668,38 EUR).

Teilweise wird allerdings auch die Ansicht vertreten, dass ohne den anwaltlichen Hinweis 250 auf das entstehende Honorar die Einholung der Deckungszusage nur einen „Annex" des jeweiligen Mandates darstelle.[171] Insofern sollte der Mandant vorsorglich darauf **hingewiesen** werden, dass er die Kosten für die Deckungsanfrage selbst bezahlen muss.[172]

Der **Rechtsschutzversicherer** ist nicht eintrittspflichtig, weil das Vorgehen gegen ihn 251 selbst nicht vom Versicherungsschutz umfasst ist und Verzug nicht vorliegt. Durch die Deckungszusage an sich wird auch kein Gebührenanspruch des Anwalts begründet.[173] Auch der **Gegner** bzw. sein Haftpflichtversicherer haben für die Kosten der Deckungsanfrage regelmäßig nicht aufzukommen. Denn den Mandanten trifft insoweit eine Obliegenheit zur Schadensminderung, in deren Rahmen er die Deckungsanfrage selbst vorzunehmen hat.[174]

Hinweis 252

Eine Erstattungspflicht des gegnerischen Haftpflichtversicherers für diese Kosten wird dann bejaht, wenn dieser zu Unrecht die Zahlung verweigert und in Verzug gerät.[175]

171 OLG München JurBüro 1993, 163; AG Stadthagen JurBüro 1991, 64.

172 *Madert*, zfs 2005, 482, 484.

173 AG München r+s 1995, 186; LAG Hamm zfs 1991, 307.

174 *Kindermann*, Gebührenpraxis für Anwälte, S. 33; Buschbell (*Baschek*), § 33 Rn 76; vgl. auch AG Oberkirch Schaden-Praxis 2013, 379; OLG Saarbrücken Schaden-Praxis 2015, 49.

175 AG Karlsruhe AGS 2008, 372.

III. Terminsgebühr

1. Auftrag

253 Voraussetzung für die Entstehung einer Terminsgebühr ist stets, dass der Anwalt den **Auftrag** hatte, in einem gerichtlichen Verfahren tätig zu werden – unabhängig davon, ob es schon begonnen hat, in welchem Stadium es sich befindet oder überhaupt je stattfindet.[176] Ohne Auftrag zur gerichtlichen Vertretung richten sich die anwaltlichen Gebühren nach Teil 2 des Vergütungsverzeichnisses (zur Schnittstelle Geschäftsgebühr/Terminsgebühr vgl. Rdn 54).

254 Der Anwalt soll nach seiner Bestellung zum Prozessbevollmächtigten zu einer möglichst frühen Beendigung des Verfahrens beitragen. Deshalb kann er die Terminsgebühr auch dann schon verdienen, wenn er an einer auf die Vermeidung oder Erledigung des Verfahrens gerichteten Besprechung mitwirkt und es in der Folgezeit nicht zu einem gerichtlichen Verfahren kommt.[177]

255 *Beispiel*

Nach Klageauftrag ruft ein Mitarbeiter des Versicherers beim Anwalt an, um sich über die Forderung zu einigen. Für dieses Telefonat kann der Anwalt eine Terminsgebühr berechnen, auch wenn später kein Klageverfahren mehr geführt wird.

256 Die Schnittstelle, bis zu der für ein mit dem Gegner geführtes Gespräch nur die Geschäftsgebühr nach Nr. 2300 VV RVG anfällt bzw. ab der eine Terminsgebühr nach Vorb. 3 Abs. 3 Nr. 2 i.V.m. Nr. 3104 VV RVG entsteht, wird im Gesetz nicht ausdrücklich geregelt. Maßgeblich ist dafür der Inhalt des erteilten Auftrags: Hat der Anwalt hinsichtlich der Ansprüche, die Gegenstand der Besprechung sind, einen Auftrag zur außergerichtlichen Vertretung, erhält er die Gebühr aus Nr. 2300 VV RVG, wobei die Durchführung der Besprechung bei der Bestimmung der Gebühr aus dem Rahmen von 0,5 bis 2,5 berücksichtigt werden kann, jedoch keine eigenständige Gebühr auslöst. Hat er bereits Klageauftrag, erhält er – neben der Verfahrensgebühr – für die Besprechung die Terminsgebühr nach Vorb. 3 Abs. 3 Nr. 2 VV RVG in Höhe von 1,2 gemäß Nr. 3104 VV RVG.

2. Termin

a) Gerichtliche Verhandlung

257 Die Terminsgebühr erhält der Anwalt zum einen für die Teilnahme an einem Verhandlungs-, Erörterungs- oder Beweisaufnahmetermin vor Gericht, nicht jedoch für die

176 Vgl. BGH NJW 2011, 530; *Pießkalla/Reichart*, VVR 2009, 52.
177 *Meyer*, JurBüro 2004, 575; *Hauskötter*, RVG prof. 2004, 130.

Teilnahme an einem bloßen Verkündungstermin (Vorb. 3 Abs. 3 S. 2 VV RVG). Voraussetzung ist dabei, dass der Anwalt zumindest **vertretungsbereit** in der Verhandlung anwesend ist. Da die Rechtsfolgen jeweils dieselben sind, kann im Einzelfall für die Gebührenberechnung dahinstehen, ob ein Verhandlungs-, Erörterungs- oder Beweisaufnahmetermin vorlag. Für seine bloße passive Anwesenheit ohne Vertretungsbereitschaft erhält der Anwalt keine Terminsgebühr, beispielsweise wenn er dem Gericht nur seine Mandatsniederlegung mitteilt.

Es gibt im gerichtlichen Verfahren jedoch auch die Möglichkeit, eine Terminsgebühr 258
ohne Verhandlungstermin zu verdienen (vgl. Anm. Abs. 1 Nr. 1 zu Nr. 3104 VV RVG). Es sind dies die Fälle, in denen für das Verfahren eine mündliche Verhandlung vorgeschrieben ist und sodann im Einverständnis mit den Parteien (§ 128 Abs. 2 ZPO), nach § 495a ZPO oder nach § 307 ZPO ohne mündliche Verhandlung entschieden wird oder in einem Verfahren, für das mündliche Verhandlung vorgeschrieben ist, ein schriftlicher Vergleich geschlossen wird. Der Anwalt erhält auch dann eine Terminsgebühr, wenn statt mündlicher Verhandlung das Zustandekommen eines vom Gericht vorgeschlagenen Vergleichs nach § 278 Abs. 6 ZPO festgestellt wird.

Beispiel 259

Eigentümer E erhebt Klage über 10.000 EUR Brutto-Reparaturkosten aus einem Verkehrsunfall (Abrechnung auf Gutachtenbasis). Das Gericht unterbreitet den Parteien einen Vergleichsvorschlag, wonach der Gegner unter Abzug der Umsatzsteuer sowie eines Mithaftungsanteils aufgrund der Betriebsgefahr einen Betrag von 6.900 EUR zahlen solle. Die Parteien nehmen diesen Vorschlag durch Einreichen entsprechender Schriftsätze an.

Für den Anwalt des E sind folgende Gebühren aus einem Wert von 10.000 EUR entstanden:

1. 1,3-Verfahrensgebühr, VV 3100		847,60 EUR
2. 1,2-Terminsgebühr, VV 3104		782,40 EUR
3. 1,0-Einigungsgebühr, VV 1003		652,00 EUR
4. Auslagenpauschale, VV 7002		20,00 EUR
Zwischensumme	2.302,00 EUR	
5. Umsatzsteuer, VV 7008		437,38 EUR
Gesamt		**2.739,38 EUR**

b) Sachverständigentermin

Nach Vorb. 3 Abs. 3 Nr. 1 VV RVG lässt auch die Wahrnehmung eines Termins, den ein 260
gerichtlich bestellter Sachverständiger anberaumt hat, eine Terminsgebühr in Höhe von 1,2 nach Nr. 3104 VV RVG entstehen.

261 Der Sachverständige muss dafür bereits vom Gericht durch Beweisbeschluss bestellt sein. Die Teilnahme an einer Ortsbesichtigung mit einem Privatgutachter reicht nicht aus. Auch wenn der Sachverständige – wie es in Verkehrsunfallsachen häufig geschieht – nach **§ 273 Abs. 2 Nr. 4 ZPO** terminsvorbereitend geladen ist und vor dem Termin eine Ortsbesichtigung durchführt, erhält der Anwalt für seine Teilnahme an dieser Ortsbesichtigung keine Terminsgebühr. Denn die gerichtliche Bestellung des Sachverständigen kann frühestens im nachfolgenden Verhandlungstermin erfolgen.[178]

262 Anders jedoch im selbstständigen Beweisverfahren oder bei einer Beauftragung des Sachverständigen nach § 358a Nr. 4 ZPO: Hierin liegt bereits eine gerichtliche Bestellung, so dass in dem vom Sachverständigen anberaumten Termin die Terminsgebühr entsteht. Dies ist aus Sicht des Anwalts insbesondere dann entscheidend, wenn der Gegner – beispielsweise aufgrund eines ungünstigen Ergebnisses der Beweisaufnahme – die Klage noch vor einem anschließenden gerichtlichen Verhandlungstermin zurücknimmt.

263 *Beispiel*

F klagt gegen G auf Schadensersatz aus einem Verkehrsunfall. Zwischen den Parteien ist insbesondere streitig, ob G den Wagen des F vor dem Zusammenstoß hätte sehen können. Das Gericht beauftragt einen Sachverständigen gemäß § 358a ZPO. Bei dem vom Sachverständigen anberaumten Ortstermin, an dem auch der Anwalt des G teilnimmt, stellt der Sachverständige fest, dass der Unfall für G aufgrund der Sichtverhältnisse unvermeidbar war. Daraufhin nimmt F die Klage zurück, ohne dass es noch zu einer gerichtlichen Verhandlung kommt.

Der Anwalt des G kann aufgrund seiner Teilnahme am Sachverständigentermin neben der Verfahrensgebühr nach Nr. 3100 VV RVG auch eine Terminsgebühr nach Nr. 3104 VV RVG in Rechnung stellen.[179]

c) Besprechung ohne Beteiligung des Gerichts

264 Der Anwalt erhält die 1,2-Terminsgebühr auch dann, wenn Besprechungen ohne Beteiligung des Gerichts zur **Vermeidung** oder **Erledigung** eines Verfahrens geführt werden, soweit er bereits einen Klageauftrag hat (vgl. zur Abgrenzung von der Geschäftsgebühr Rdn 80 ff.). Die Besprechung muss der Anwalt nicht selbst aktiv führen. Ausreichend ist es, wenn er an der Besprechung teilnimmt und jederzeit in der Lage ist, in den Verlauf des Gesprächs einzugreifen.[180] Auch eine bestimmte Anwesenheits- oder Mitwirkungsdauer wird man nicht festlegen können. Von einer Mitwirkung kann man aber nur dann

178 So auch Schneider/Volpert (*Schneider*), AnwK-RVG, VV Vorb. 3 Rn 135.

179 Ob diese Gebühr allerdings auch vom Gegner zu erstatten ist, hängt davon ab, ob die Anwesenheit des Anwalts beim Termin notwendig im Sinne des § 91 Abs. 1 ZPO war.

180 *Enders*, JurBüro 2005, 561, 562.

sprechen, wenn die Teilnahme des Rechtsanwalts inhaltlich oder zeitlich so umfassend war, dass er überhaupt in der Lage war, dem Gespräch eine gewisse Richtung zu verleihen.

Die Besprechung kann bei einem persönlichen Treffen oder auch telefonisch erfolgen.[181] 265
Es reicht auch aus, dass der Rechtsanwalt an dem Termin lediglich telefonisch teilnimmt, während sein Mandant mit dem Gegner persönlich zusammensitzt. Soweit das OLG Koblenz sogar den Austausch anwaltlicher E-Mails für eine Besprechung hat ausreichen lassen,[182] hat der BGH dieser sehr weitgehenden Auslegung zutreffend eine Absage erteilt.[183] Nach dem allgemeinen Sprachgebrauch erfordere eine Besprechung die mündliche oder fernmündliche Äußerung von Worten in Rede und Gegenrede, so dass der Austausch von Schriftzeichen per Brief, Telefax, SMS oder E-Mail nicht genügen könne.

Das Gespräch muss nicht unmittelbar mit dem Gegner geführt werden. Vielmehr genügt 266
auch eine Besprechung mit dem gegnerischen Anwalt oder auch dem (nicht mitverklagten) Versicherer.[184]

Inhaltlich kann die Besprechung im Austausch von **Sachargumenten**, in Ausführungen 267
zur **Rechtslage** oder auch nur aus dem „Abfragen" der Vergleichsbereitschaft bestehen. Eine streitige Auseinandersetzung ist nicht erforderlich.

> *Hinweis* 268
>
> Nach einer Entscheidung des OLG Koblenz[185] wird die Terminsgebühr schon dadurch ausgelöst, dass der Beklagtenanwalt die Zahlung der Forderung ankündigt und um Rücknahme der Klage bittet.[186]

Erschöpft sich das Gespräch allerdings in Belanglosigkeiten oder gar Beleidigungen oder 269
ist der Gesprächspartner von vornherein weder besprechungs- noch einigungsbereit, wird man nicht davon ausgehen können, dass es sich um eine Besprechung im Sinne von Abs. 3 handelt. Denn schließlich wäre ein solches Gespräch nicht **geeignet**, das Verfahren zu erledigen oder zu vermeiden.[187]

181 OLG Koblenz AGS 2005, 278; AnwK-RVG (*Onderka/N. Schneider*), VV Vorb. 3 Rn 145 f.; Gerold/Schmidt (*Müller-Rabe*), RVG, VV Vorb. 3 Rn 175 ff.; *Meyer*, RVG-Letter 2004, 2; *Bischof*, JurBüro 2004, 296, 298; *Bonnen*, MDR 2005, 1084, 1085; *Hauskötter*, RVG prof. 2004, 130.

182 OLG Koblenz AGS 2007, 347; ebenso VG Lüneburg AGS 2008, 282.

183 BGH AGS 2009, 530; vgl. auch *Pießkalla/Reichart*, VRR 2009, 52 ff.

184 Gerold/Schmidt (*Müller-Rabe*), RVG, VV Vorb. 3 Rn 184; zahlreiche Beispiele für Besprechungsgegner bei: *Schneider*, Das verkehrsrechtliche Mandat, Band 2, § 8 Rn 486.

185 OLG Koblenz AGS 2005, 278.

186 *Enders*, JurBüro 2005, 561, 562, regt im Hinblick auf diese Entscheidung an, solche Vorschläge aus Gründen der Kostenersparnis schriftlich zu formulieren.

187 So auch: OVG Lüneburg AnwBl 1985, 533; *Bischof*, JurBüro 2004, 296, 298.

270 Die Besprechung muss auf die Vermeidung oder Erledigung des Verfahrens gerichtet sein, wobei ein entsprechender Erfolg des Gesprächs nicht Voraussetzung für das Entstehen der Terminsgebühr ist.[188] Auf die Erledigung des Verfahrens ist eine Besprechung auch schon dann gerichtet, wenn sie nur dazu dient, das Verfahren **abzukürzen**.

271 *Beispiel*

F klagt nach einem Verkehrsunfall auf Zahlung von Schmerzensgeld. Der Beklagte bestreitet sowohl die unfallursächliche Verletzung als auch die von F behaupteten Verletzungsfolgen. Die Prozessbevollmächtigten einigen sich in einer Besprechung, dass die Verletzung dem Grunde nach nicht mehr bestritten wird. Damit wird eine gerichtliche Beweisaufnahme (Einholung eines Sachverständigengutachtens) vermieden.

272 Ziel und/oder Inhalt des Gesprächs müssen nicht notwendigerweise auf eine vergleichsweise Regelung des Verfahrens gerichtet sein. Die Besprechung kann auch mit dem Ziel geführt werden, den Kläger zur **Klagerücknahme** oder den Beklagten zu einem **Anerkenntnis**/einer **freiwilligen Zahlung** zu veranlassen.[189] Auch ein Gespräch über die Modalitäten einer einvernehmlichen Erledigung des Rechtsstreits mit der Kostenfolge des § 91a ZPO können ausreichen. Es geht vorrangig darum, den Gerichten Aufwand zu ersparen.

273 *Beispiel*

F erwägt nach einem Verkehrsunfall eine Klage auf Zahlung von Schmerzensgeld und erteilt A einen entsprechenden Prozessauftrag. Dieser fordert den gegnerischen Versicherer V zunächst außergerichtlich zur Zahlung auf. Als dieser sowohl die Verletzung als auch die geltend gemachten Verletzungsfolgen bestreitet, legt A in einer Besprechung ein privates medizinisches Sachverständigengutachten vor. Daraufhin zahlt V die geforderte Summe.

274 Soweit in Vorb. 3 Abs. 3 VV RVG a.F. davon die Rede war, dass die Terminsgebühr durch Besprechungen **ohne Beteiligung des Gerichts** anfällt, war damit nicht gemeint, dass eine Beteiligung des Gerichts an der Besprechung gebührenschädlich ist. Es entsteht gleichwohl die Terminsgebühr in Höhe von 1,2.[190] Inzwischen ist dies durch die Neufassung der Vorschrift („auch ohne Beteiligung des Gerichts“) auch vom Gesetzgeber klargestellt worden.

188 AG Schleiden NJW-RR 2005, 1232.

189 OLG Oldenburg AGS 2007, 304 (Verständigung auf übereinstimmende Erledigungserklärung); OLG Koblenz AGS 2005, 278; AnwK-RVG (*Onderka/N. Schneider*), VV Vorb. 3 Rn 152; Gerold/Schmidt (*Müller-Rabe*), RVG, VV Vorb. 3 Rn 175.

190 Im Ergebnis ebenso: OLG Rostock FamRZ 2007, 572; *Bischof*, JurBüro 2004, 296, 298; a.A. wohl OLG Stuttgart AGS 2005, 256.

Ob der Mandant sich zuvor mit der Durchführung einer Besprechung **einverstanden** erklärt hat, ist für die Entstehung der Terminsgebühr unbeachtlich. Die Durchführung einer Besprechung liegt im pflichtgemäßen Ermessen des Anwalts. Zur Vermeidung von Diskussionen sollte allerdings der Auftrag auch zur Führung solcher Gespräche berechtigen, da der Anwalt zur gebührengünstigen Interessenwahrnehmung verpflichtet ist und natürlich nicht gegen den Willen des Mandanten verfahren darf. 275

3. Vergütung

Die Höhe der Terminsgebühr beträgt grundsätzlich 1,2. Eine **Reduzierung** auf 0,5 erfolgt nach Nr. 3105 VV RVG unter den dort genannten Voraussetzungen z.B. bei Beantragung nur eines Versäumnisurteils. Voraussetzung ist, dass ein Termin stattgefunden hat, in dem 276

- entweder eine Partei nicht erschienen oder
- eine Partei nicht ordnungsgemäß vertreten ist.

Im Umkehrschluss bedeutet dies für die Terminsgebühr: Sind im **Anwaltsprozess** beide Parteien zwar nicht erschienen, jedoch anwaltlich vertreten, d.h. deren Rechtsanwälte anwesend, steht beiden Rechtsanwälten die volle 1,2-Terminsgebühr zu, auch wenn ein Versäumnisurteil ergeht.[191] Dies kommt beispielsweise in Betracht, wenn einer der Anwälte nach Erörterung der Sach- und Rechtslage erklärt, nicht aufzutreten (sog. „Flucht in die Säumnis"). Auf eine Erörterung oder Verhandlung kann nicht abgestellt werden, da das Gesetz diese Tätigkeiten zur Entstehung der 1,2-Terminsgebühr nicht verlangt.[192] Erscheint im Anwaltsprozess eine Partei im Termin ohne ihren Anwalt, kann für den Prozessbevollmächtigten der anderen Partei – vorbehaltlich der sonstigen Voraussetzung – nur eine reduzierte 0,5-Terminsgebühr nach Nr. 3105 VV RVG entstehen, da der Gegner nicht ordnungsgemäß vertreten ist. 277

Sind im **Parteiprozess** beide Parteien anwaltlich vertreten und erscheinen beide Prozessbevollmächtigte, entsteht regelmäßig eine volle 1,2-Terminsgebühr nach Nr. 3104 VV RVG, und zwar auch dann, wenn später nur ein Versäumnisurteil ergeht. Ist im Parteiprozess nur eine Partei anwaltlich vertreten und erscheinen im Termin sowohl für die eine Partei deren Rechtsanwalt als auch die andere Partei persönlich, verdient der erschienene Rechtsanwalt eine volle 1,2-Terminsgebühr nach Nr. 3104 VV RVG, auch wenn ein Versäumnisurteil ergeht. 278

Die Reduzierung der Terminsgebühr findet also gemäß Nr. 3105 VV RVG nur statt, 279

- im Parteiprozess: Wenn eine Partei nicht anwaltlich vertreten ist und im Termin auch selbst nicht erscheint,

191 BT-Drucks 830/03, 265 zu VV 3105; OLG Koblenz NJW 2005, 1955; *Schönemann*, RVG prof. 2004, 150, 151.

192 BT-Drucks 830/03, 265 zu VV 3105.

- im Anwaltsprozess: Wenn der Anwalt einer – evtl. auch persönlich anwesenden – Partei im Termin nicht erscheint,[193]

und jeweils **zusätzlich** lediglich ein Antrag auf Versäumnisurteil oder zur Prozess- oder Sachleitung gestellt wird. In allen übrigen Fällen steht dem anwesenden Rechtsanwalt eine volle 1,2-Terminsgebühr gemäß Nr. 3104 VV RVG zu.

4. Verbindung von Verfahren

a) Derselbe Prozessbevollmächtigte

280 Wurde bei getrennt anhängig gemachten Verfahren vor der Verbindung nur in einem Verfahren verhandelt, nach Verbindung jedoch über den gesamten Streitgegenstand, fällt außer der durch die frühere Verhandlung bereits verdienten Terminsgebühr für die Verhandlung nach der Verbindung eine Terminsgebühr aus dem Gesamtwert an, allerdings in dem Verhältnis gekürzt, das dem Anteil des Streitwerts der einen Sache, in der vor der Verbindung verhandelt worden war, an dem zusammengerechneten Streitwert entspricht.[194]

281 *Beispiel*

Eigentümer E erhebt Klage auf Zahlung von 10.000 EUR Schadensersatz. Nach mündlicher Verhandlung wird das Verfahren mit der Schadensersatzklage des Gegners (40.000 EUR) verbunden, über die noch nicht verhandelt worden war. Über die verbundene Klage wird sodann verhandelt, der Streitwert auf 50.000 EUR festgesetzt.

Der Anwalt des E erhält für die beiden Verfahren folgende Gebühren:

Klageverfahren Nr. 1

Streitwert: 10.000 EUR

1. 1,3-Verfahrensgebühr, VV 3100	847,60 EUR
2. 1,2-Terminsgebühr, VV 3104	782,40 EUR

Klageverfahren Nr. 2

Streitwert: 40.000 EUR

1. 1,3-Verfahrensgebühr, VV 3100	1.540,50 EUR

Streitwert: 50.000 EUR

2. 1,2-Terminsgebühr, VV 3104	1.628,40 EUR

Das erste Klageverfahren über 10.000 EUR ist mit 20 % an dem Gesamtstreitwert von 50.000 EUR beteiligt. Die nach Verbindung entstandene Terminsgebühr nach dem

193 Der fehlenden Anwesenheit des Anwalts steht es gleich, wenn dieser zwar erschienen, vor dem betreffenden Gericht jedoch nicht postulationsfähig ist.

194 OLG Düsseldorf Rpfleger 1995, 477; OLG Düsseldorf AnwBl 1978, 235; OLG Frankfurt Rpfleger 1958, 197; AnwK-RVG (*Onderka/N. Schneider*), VV Vorb. 3 Rn 214 f.

Gesamtstreitwert von 50.000 EUR ist daher um 20 % zu kürzen, so dass für das verbundene Verfahren eine Terminsgebühr in Höhe von 1.302,72 EUR abgerechnet werden kann.

Nach der Gegenmeinung,[195] der sich auch der BGH[196] angeschlossen hatte, ist in solchen Fällen, in denen vor Verbindung nur in einem Verfahren die Terminsgebühr angefallen ist und nach Verbindung verhandelt wurde, die erste Terminsgebühr auf die spätere höhere Gebühr voll anzurechnen. 282

Beispiel

Die Terminsgebühr aus dem Gesamtwert von 50.000 EUR berechnet sich dann wie folgt:

1,2-Terminsgebühr	
aus 50.000 EUR	1.628,40 EUR
Abzüglich	
1,2-Terminsgebühr	
aus 10.000 EUR	– 782,40 EUR
= Terminsgebühr des verbundenen Verfahrens:	846,00 EUR

Damit ist die Terminsgebühr nach der zweiten Berechnungsmethode um 456,72 EUR niedriger.

Die bisherige Auffassung des BGH dürfte seit dem 1.1.2021 überholt sein. § 15a Abs. 2 RVG regelt, dass in Fällen, in denen mehrere Gebühren teilweise auf dieselbe Gebühr anzurechnen sind, der anzurechnende Betrag für jede anzurechnende Gebühr gesondert zu ermitteln ist. Bei Wertgebühren darf der Gesamtbetrag der Anrechnung jedoch denjenigen Anrechnungsbetrag nicht übersteigen, der sich ergeben würde, wenn eine Gebühr anzurechnen wäre, die sich aus dem Gesamtbetrag der betroffenen Wertteile nach dem höchsten für die Anrechnungen einschlägigen Gebührensatz berechnet.

b) Verschiedene Prozessbevollmächtigte

Vertreten verschiedene Prozessbevollmächtigte mehrere Kläger, deren Klagen zur gemeinsamen Verhandlung verbunden sind, so verhandelt jeder der Rechtsanwälte nach dem seinen Mandanten betreffenden Streitwert, so dass dieser für die Berechnung der einzelnen Terminsgebühren auch nach der Verbindung der Verfahren maßgeblich bleibt.[197] 283

195 OLG Köln JurBüro 1987, 380; OLG München JurBüro 1986, 556; OLG Stuttgart JurBüro 1984, 1670; OLG Zweibrücken JurBüro 1981, 699; Gerold/Schmidt (*Müller-Rabe*), RVG, VV 3100 Rn 46 ff.

196 BGH AGS 2010, 317.

197 OVG Thüringen AGS 1999, 114.

284 *Beispiel*

Fahrer F wurde bei einem Verkehrsunfall verletzt. Er verklagt, vertreten durch Anwalt A, den Unfallgegner G auf Schmerzensgeld (6.000 EUR). Gleichzeitig verklagt Eigentümer E, dessen Fahrzeug F gefahren hat, G auf Schadensersatz (7.000 EUR). E wird von Anwalt B vertreten. Nachdem das Gericht die beiden Verfahren verbunden hat, wird mündlich verhandelt.

A erhält für das Verfahren eine 1,3-Verfahrensgebühr (Nr. 3100 VV RVG) sowie eine 1,2-Terminsgebühr (Nr. 3104 VV RVG) aus 6.000 EUR. B erhält die entsprechenden Gebühren aus einem Streitwert von 7.000 EUR. Die Verbindung der beiden Verfahren hat auf die Entstehung der jeweiligen Gebührenansprüche keinen Einfluss (zur Frage der Erstattung dieser Gebühren durch den unterlegenen Gegner siehe § 3 Rdn 81 ff.).

IV. Einigungsgebühr

285 Wird das gerichtliche Verfahren ganz oder teilweise durch eine Einigung der Parteien beendet, kann der Anwalt neben der Verfahrensgebühr nach Nr. 3100 VV RVG auch noch eine Einigungsgebühr nach Nr. 1000 VV RVG verdienen. Es handelt sich um eine Erfolgsgebühr, die eine wirksame Einigung der Parteien, nicht jedoch einen Vergleich im Sinne eines gegenseitigen Nachgebens (§ 779 BGB) voraussetzt. An dieser Einigung muss der Anwalt ursächlich mitgewirkt haben, wobei sich die Höhe seiner Vergütung danach richtet, inwieweit die von der Einigung betroffenen Ansprüche anderweitig anhängig sind.

1. Auftrag

286 Voraussetzung ist zunächst, dass dem Anwalt ein entsprechender **Auftrag** erteilt wurde. Dies kann entweder ausdrücklich oder konkludent geschehen, beispielsweise wenn der im Termin anwesende Mandant einem Vergleichsabschluss nicht widerspricht. Um spätere Diskussionen mit dem Mandanten zu vermeiden, der womöglich geltend macht, er habe den Inhalt und die genauen Auswirkungen des Vergleichs nicht verstanden bzw. nicht nachvollziehen können, hat eine entsprechende Aufklärung durch den Anwalt über die Vor- und Nachteile zu erfolgen.

287 In der Praxis scheitert bedauerlicherweise eine Vielzahl von Vergleichsabschlüssen in Verkehrsunfallsachen an dem Unwillen der hinter den Parteien stehenden bzw. mitverklagten Haftpflichtversicherer, deren Sachbearbeiter eher eine (ungünstigere) gerichtliche Entscheidung als einen selbstverantworteten Vergleichsabschluss zu akzeptieren scheinen.

2. Einigung

Eine Einigung im Sinne von Nr. 1000 VV RVG liegt vor, wenn die Parteien den Streit oder die Ungewissheit über ein Rechtsverhältnis beseitigen. Ein gegenseitiges Nachgeben, wie bei einem Vergleich nach § 779 BGB, ist nicht erforderlich, so dass auch **einseitige Zugeständnisse** wie z.B. eine teilweise Kostenübernahme oder die Einräumung einer Ratenzahlungsmöglichkeit ausreichen. 288

Beispiel 289

Fahrer F verlangt von seinem Unfallgegner G Schadensersatz und Schmerzensgeld in Höhe von 10.000 EUR. G beruft sich auf eine Mithaftung des F. Nach Beweisaufnahme legt das Gericht in der mündlichen Verhandlung dar, dass es von einer Alleinhaftung des G ausgehe. Aufgrund finanzieller Schwierigkeiten des G einigen sich die Parteien, dass G den Betrag in 20 monatlichen Raten zu je 500 EUR mit entsprechender Verzinsung zahlt.

Der Anwalt des F kann folgende Gebühren aus einem Wert von 10.000 EUR abrechnen:

1. 1,3-Verfahrensgebühr, VV 3100		847,60 EUR
2. 1,2-Terminsgebühr, VV 3104		782,40 EUR
3. 1,0-Einigungsgebühr, VV 1003		652,00 EUR
4. Auslagenpauschale, VV 7002		20,00 EUR
Zwischensumme	2.302,00 EUR	
5. Umsatzsteuer, VV 7008		437,38 EUR
Gesamt		**2.739,38 EUR**

Gemäß Abs. 1 Nr. 2 der Anmerkung zu Nr. 1000 VV RVG fällt die Einigungsgebühr auch beim Abschluss von (Raten-)Zahlungsvereinbarungen an. Allerdings liegt auch weiterhin keine Einigung im Sinne von Nr. 1000 VV RVG vor, wenn der Vertrag zwischen den Parteien sich auf ein **Anerkenntnis** oder einen **Verzicht** beschränkt. 290

Beispiel 291

Im obigen Beispiel erkennt G den Klageanspruch nach Beweisaufnahme an, so dass ein entsprechendes Anerkenntnisurteil ergeht.

In diesem Fall kann A nur die Verfahrens- und die Terminsgebühr abrechnen.

3. Vergütung

Der Anwalt erhält die Einigungsgebühr sowohl für die Mitwirkung beim Abschluss der Einigung als auch für die Mitwirkungen bei den Einigungsverhandlungen, wenn diese Mitwirkung **(zumindest mit-)ursächlich** war. Voraussetzung ist stets, dass die Einigung 292 wirksam zustande kommt, also eventuelle Widerrufsfristen verstrichen bzw. Bedingungen eingetreten sind (vgl. Abs. 3 der Anm. zu Nr. 1000 VV RVG).

293 Die Einigungsgebühr beträgt für die im Verfahren anhängigen Ansprüche 1,0 (Nr. 1003 VV RVG). Kommt die Einigung erst im Berufungs- oder Revisionsverfahren zustande, beträgt die Einigungsgebühr 1,3 (Nr. 1004 VV RVG). Bezieht sich die Einigung der Parteien darüber hinaus auf Ansprüche, die nicht gerichtlich anhängig sind, greift die 1,5-Einigungsgebühr nach Nr. 1000 VV RVG ein.

294 *Beispiel*

F verklagt G auf Zahlung von Schadensersatz aus einem Verkehrsunfall in Höhe von 5.000 EUR. Im Termin zur mündlichen Verhandlung vergleichen sich die Parteien über diese Forderung sowie über einen Schmerzensgeldanspruch des G (2.500 EUR), den dieser noch nicht eingeklagt hat.

Hinsichtlich der Einigungsgebühr ist hier zwischen den verschiedenen Ansprüchen zu differenzieren: Aus einem Wert von 5.000 EUR ist eine 1,0-Einigungsgebühr nach Nr. 1003 VV RVG entstanden, aus einem Wert von 2.500 EUR eine 1,5-Einigungsgebühr nach Nr. 1000 VV RVG. Gemäß § 15 Abs. 3 RVG kann insgesamt nicht mehr verlangt werden als eine 1,5-Einigungsgebühr aus 7.500 EUR.

4. Rechtsschutzversicherung

295 Die Gebühr für eine gerichtliche Einigung wird im Rahmen eines bestehenden Verkehrsrechtsschutzes grundsätzlich vom Rechtsschutzversicherer übernommen. Hier ist allerdings eine **Einschränkung** durch die ARB zu beachten, die in der Praxis nicht unerhebliche Auswirkungen hat: Nach Ziffer 3.3.2 der Muster-ARB 2021 trägt der Versicherer die Kosten einer einverständlichen Einigung nur insoweit, als sie dem Verhältnis des vom Versicherungsnehmer angestrebten Ergebnisses zum erzielten Ergebnis entsprechen.[198] Maßgeblich ist dabei allein das mathematische Wertverhältnis von Obsiegen und Unterliegen, nicht der hypothetische Prozessausgang oder der Umfang von in den Vergleich einbezogenen sonstigen Ansprüchen.[199]

296 *Beispiel*

Eigentümer E macht nach einem Verkehrsunfall Sachschaden in Höhe von 5.000 EUR sowie Schmerzensgeld in Höhe von 2.000 EUR gerichtlich geltend. Der gegnerische Haftpflichtversicherer wendet ein Mitverschulden des E von 50 % ein. Die Parteien vergleichen sich in der mündlichen Verhandlung dahingehend, dass E einen Betrag von 4.900 EUR erhält und die Hälfte der Kosten übernimmt.

198 Zu den Einschränkungen der Leistungspflicht bei den ARB 2012 siehe dort unter Ziffer 3.3.

199 AG Köln zfs 1998, 272; AG Freiburg r+s 1995, 263; AG Hannover zfs 1988, 12.

Der Anwalt des E kann folgende Gebühren aus einem Gegenstandswert von 7.000 EUR in Rechnung stellen:

1. 1,3-Verfahrensgebühr, VV 3100		615,55 EUR
2. 1,2-Terminsgebühr, VV 3104		568,20 EUR
3. 1,0-Einigungsgebühr, VV 1000, 1003		473,50 EUR
4. Auslagenpauschale, VV 7002		20,00 EUR
Zwischensumme	1.677,25 EUR	
5. Umsatzsteuer, VV 7008		318,68 EUR
Gesamt		**1.995,93 EUR**

Diese Anwaltskosten kann E in Höhe von 997,97 EUR (50 %) vom Gegner verlangen. Von seinem Rechtsschutzversicherer erhält E jedoch nicht die zweite Hälfte der Kosten, sondern nur einen Betrag von 598,78 EUR (30 %) erstattet. Denn das erzielte Ergebnis (4.900 EUR) steht zum angestrebten Ergebnis (7.000 EUR) im Verhältnis 70 % zu 30 %, so dass auch die Kosten entsprechend hätten aufgeteilt werden müssen.

Eine Ausnahme gilt nur dann, wenn eine abweichende Kostenverteilung gesetzlich vor- 297
geschrieben ist. Berücksichtigt der Anwalt diese Vorgabe der ARB nicht, macht er sich dem Mandanten gegenüber schadensersatzpflichtig.[200]

Im Hinblick auf diese Regelung, die verhindern soll, dass der rechtsschutzversicherte 298
Mandant zu Lasten seines Versicherers eine Einigung abschließt, bei der er im Hinblick auf die Kosten mehr als erforderlich nachgibt, empfiehlt es sich, den Vergleich nur unter **Widerrufsvorbehalt** abzuschließen und ihn vom Rechtsschutzversicherer genehmigen zu lassen. Diesem muss dann dargelegt werden, welche Gründe für ein übermäßiges Nachgeben bei den Kosten bestehen. Bei gerichtlichen Vergleichen reicht unter Umständen schon der im Verhandlungsprotokoll aufgenommene Hinweis des Gerichts aus, dass ein Vergleichsschluss dieses Inhalts nahe gelegt wird.

Alternativ bietet sich im gerichtlichen Verfahren die Möglichkeit, eine Einigung nur in 299
der Hauptsache zu treffen und dem Gericht durch eine **übereinstimmende Erledigungserklärung** in der Hauptsache die Entscheidung über die Kosten gemäß § 91a ZPO zu überlassen. An diese Entscheidung ist der Rechtsschutzversicherer gebunden, auch wenn sie nicht dem Verhältnis von Obsiegen und Unterliegen entspricht.[201] Denn diese Kosten sind nicht im Zusammenhang mit der Einigung der Parteien, sondern im Zusammenhang mit der gerichtlichen Entscheidung nach § 91a ZPO entstanden. Allerdings ent-

200 AnwK-RVG (*Schafhausen/N. Schneider/Thiel*), VV 1000 Rn 235 ff.

201 OLG Hamm r+s 2005, 246; OLG Karlsruhe zfs 1984, 335; van Bühren (*Schneider*), Handbuch Versicherungsrecht, § 13 Rn 358 (mit dem kritischen Hinweis darauf, dass diese Verfahrensweise eigentlich der Intention des § 5 Abs. 3b ARB widerspricht).

fällt bei dieser Vorgehensweise die Reduzierung der Gerichtskosten von der dreifachen auf die einfache Gebühr im erstinstanzlichen Verfahren (Nr. 1211 Nr. 3 und 4 KV GKG) bzw. von der vierfachen auf die zweifache Gebühr im Berufungsverfahren (Nr. 1222 Nr. 3 und 4 KV GKG), sofern die Parteien nicht vorab auf eine Begründung und auf Rechtsmittel gegen den Kostenbeschluss verzichten.[202]

V. Mehrere Auftraggeber

300 Bei der Unfallschadensregulierung kommt eine gerichtliche Tätigkeit für mehrere Auftraggeber verhältnismäßig häufig vor. Auf der Aktivseite gibt es nicht selten mehrere Geschädigte eines Verkehrsunfalls, auf der Passivseite werden neben dem Fahrer regelmäßig auch der Haftpflichtversicherer (§ 115 VVG) und eventuell auch der vom Fahrer personenverschiedene Halter verklagt.

1. Mehrere Verfahren

301 Werden die verschiedenen Ansprüche – was möglich, in der Praxis jedoch eher selten ist – in verschiedenen Verfahren geltend gemacht und diese auch nicht vom Gericht verbunden, so erhält der Anwalt für jedes Verfahren **gesonderte Gebühren**. Problematisch ist in diesen Fällen nicht die Entstehung der Gebühren gegenüber den einzelnen Mandanten, sondern vielmehr die Frage, ob die unterlegenen Gegner einwenden können, aus Kostengesichtspunkten hätte ein gemeinsames Verfahren mit einem gemeinsamen Prozessbevollmächtigten geführt werden müssen (siehe § 3 Rdn 81 ff.).

2. Einheitliches Verfahren

302 Werden die Ansprüche in einem einheitlichen Verfahren geltend gemacht, so hängt der Gebührenanspruch des Anwalts vom Verfahrensgegenstand ab.

a) Verschiedene Gegenstände

303 Bezieht sich sein Verfahrensauftrag auf **verschiedene Gegenstände**, so erhält der Anwalt die Gebühren nur einmal und zwar gemäß § 22 Abs. 1 RVG aus dem Gesamtwert der Gegenstände.

304 *Beispiel*

Eigentümer E will nach einem Unfall seinen Sachschaden in Höhe von 12.000 EUR, Fahrer F ein Schmerzensgeld in Höhe von 7.000 EUR gerichtlich geltend machen. Sie

202 OLG München AGS 2004, 33; LG Bonn AGS 2004, 80.

beauftragen Anwalt A, der eine gemeinsame Klage erheben soll. Dieser wird nach mündlicher Verhandlung stattgegeben.

A erhält für diesen Auftrag, der sich auf verschiedene Gegenstände bezieht, eine 1,3-Verfahrensgebühr sowie eine 1,2-Terminsgebühr nebst Auslagenpauschale und Umsatzsteuer aus einem Gesamtwert von 19.000 EUR.

b) Derselbe Gegenstand

Bezieht sich der Verfahrensauftrag auf **denselben Gegenstand**, so erhält der Anwalt die Gebühren ebenfalls nur einmal und nur aus dem Wert dieses Gegenstandes. Jedoch erhöht sich die Verfahrensgebühr gemäß Nr. 1008 VV RVG für jeden weiteren Auftraggeber um 0,3. Der Höchstsatz beträgt bei mehreren Erhöhungen 2,0 (Anm. Abs. 3). 305

Beispiel 306

Anwalt A wird vom Haftpflichtversicherer V mit der Vertretung in einem Verfahren beauftragt, in welchem V sowie Fahrer F und Halter H auf Zahlung von Schadensersatz in Höhe von 10.000 EUR verklagt werden. Nach mündlicher Verhandlung wird die Klage abgewiesen.

A erhält für diesen Auftrag, der sich auf denselben Gegenstand bezog, eine 1,3-Verfahrensgebühr aus 10.000 EUR, die für zwei weitere Auftraggeber um insgesamt 0,6 erhöht wird. Neben der 1,9-Verfahrensgebühr kann er eine 1,2-Terminsgebühr sowie Auslagenpauschale und Umsatzsteuer abrechnen.

Die erhöhte Verfahrensgebühr berechnet sich aber stets nur nach demjenigen Wert, an dem die Auftraggeber **gemeinschaftlich beteiligt** sind. 307

Beispiel 308

E ist Eigentümer und Halter eines Fahrzeugs, das bei einem Verkehrsunfall durch G beschädigt wurde. E beauftragt Anwalt A, den Sachschaden in Höhe von 12.000 EUR einzuklagen. G erhebt Widerklage gegen E, sowie Drittwiderklage gegen den Fahrer F und den Haftpflichtversicherer V auf Zahlung von Schadensersatz in Höhe von 7.000 EUR. Auch F und V beauftragen daraufhin A mit ihrer Vertretung im Verfahren. Nach mündlicher Verhandlung wird der Klage stattgegeben und die Widerklage abgewiesen.

Der Wert beläuft sich zwar insgesamt auf 19.000 EUR. Die Beteiligung der drei Auftraggeber des A ist allerdings unterschiedlich: An einem Teilwert von 12.000 EUR ist nur E beteiligt, da weder F noch V etwas mit der Geltendmachung des Sachschadens gegen G zu tun haben. An einem Teilwert von 7.000 EUR sind alle drei Auftraggeber beteiligt, da sie alle für den Sachschaden des G haften können.

Die Gebühren des A berechnen sich entsprechend der Teilwerte[203] wie folgt:

1. 1,3-Verfahrensgebühr, VV 3100		
aus 12.000 EUR	919,10 EUR	
2. 1,9-Verfahrensgebühr, VV 3100, 1008		
aus 7.000 EUR	899,65 EUR	
gemäß § 15 Abs. 3 RVG max. 1,9 aus 19.000 EUR		1.552,30 EUR
3. 1,2-Terminsgebühr, VV 3104		
aus 19.000 EUR		980,40 EUR
4. Auslagenpauschale, VV 7002		20,00 EUR
Zwischensumme	2.552,7 EUR	
5. Umsatzsteuer, VV 7008		485,01 EUR
Gesamt		**3.037,71 EUR**

309 Nach anderer Ansicht ist in solchen Fällen aus dem Gesamtwert eine 1,3-Verfahrensgebühr zu berechnen und aus dem Wert der gemeinschaftlichen Beteiligung eine 0,6-Erhöhungsgebühr.[204] Dies ist schon deshalb unzutreffend, weil das Gesetz keine Erhöhungsgebühr kennt, sondern nur eine Erhöhung der Geschäfts- bzw. Verfahrensgebühr.

310 Die Gebühren würden sich nach dieser Meinung wie folgt berechnen:

1. 1,3-Verfahrensgebühr, VV 3100		
aus 19.000 EUR		1.062,10 EUR
2. 0,6-Erhöhungsgebühr, VV 1008		
aus 7.000 EUR		284,10 EUR
3. 1,2-Terminsgebühr, VV 3104		
aus 19.000 EUR		980,40 EUR
4. Auslagenpauschale, VV 7002		20,00 EUR
Zwischensumme	2.346,60 EUR	
5. Umsatzsteuer, VV 7008		445,85 EUR
Gesamt		**2.792,45 EUR**

203 Vgl. OLG Hamburg MDR 1978, 767; LG Bonn Rpfleger 1995, 384; AG Augsburg AGS 2008, 434; *Engels*, MDR 2001, 355; *Schneider*, Das verkehrsrechtliche Mandat, § 8 Rn 494; Mayer/Kroiß (*Dinkat*), RVG, VV1008 Rn 7; *Hergenröder*, AGS 2007, 53; *N. Schneider*, ProzessRB 2003, 130; *N. Schneider*, AnwBl 2008, 773; AnwK-RVG (*Volpert*), VV 1008 Rn 72.

204 Gerold/Schmidt (*Müller-Rabe*), RVG, VV 1008 Rn 227 ff.; OLG Düsseldorf JurBüro 1990, 601; OLG Hamburg MDR 2001, 56; OLG München MDR 1998, 1439; OLG Köln JurBüro 1987, 692; OLG Saarbrücken JurBüro 1988, 189; LG Freiburg Rpfleger 1982, 393.

Die Entstehung der erhöhten Verfahrensgebühr bei mehreren Auftraggebern ist selten problematisch. Die Schwierigkeiten liegen eher auf der Ebene der Erstattung, wenn von mehreren Streitgenossen nur einige bzw. die Streitgenossen nur teilweise obsiegen und sodann zu prüfen ist, welchen Erstattungsanspruch dieser Streitgenosse – der die Anwaltskosten im Innenverhältnis möglicherweise nicht in vollem Umfang zu tragen hat – gegen den Gegner geltend machen kann (zu den Einzelheiten vgl. § 3 Rdn 81 ff.). 311

Ein weiteres Problem stellt sich in diesem Bereich, wenn sich die Streitgenossen nicht durch denselben, sondern jeder durch einen eigenen Anwalt vertreten lassen und der Gegner im Rahmen der Erstattung einwendet, es seien allenfalls die für eine fiktive Mehrvertretung erhöhten Gebühren zu erstatten, da die Beauftragung mehrerer Anwälte einen Verstoß gegen die Schadensminderungspflicht darstellt. 312

VI. Prozesskostenhilfe

1. Verfahrensgebühr

Soll der Rechtsstreit mit Prozesskostenhilfe geführt werden, ist für die Frage, welche Gebühren anfallen, das Innenverhältnis maßgeblich, also der dem Prozessbevollmächtigten erteilte Auftrag. 313

Hat der Anwalt des Antragstellers nur den Auftrag, **Prozesskostenhilfe** zu beantragen, entsteht nur die Gebühr nach Nr. 3335 VV RVG.[205] Hat er dagegen bereits **Klageauftrag**, so entsteht mit Einreichen der (unbedingten) Klageschrift die 1,3-Verfahrensgebühr nach Nr. 3100 VV RVG, auch wenn gleichzeitig Prozesskostenhilfe beantragt wird.[206] 314

Hat der Anwalt Klageauftrag nur unter der Bedingung, dass sein Mandant Prozesskostenhilfe erhält, dann entsteht die 1,3-Verfahrensgebühr in dem Zeitpunkt, in dem die Prozesskostenhilfe in der beantragten Höhe bewilligt wird.[207] Irgendeiner **weiteren Erklärung** des Rechtsanwalts bedarf es in diesen Fällen nicht mehr. Wird die Prozesskostenhilfe nur teilweise bewilligt, entsteht die Verfahrensgebühr nach dem Umfang der Bewilligung von Prozesskostenhilfe, ebenfalls ohne dass es einer weiteren Erklärung des Rechtsanwalts bedarf.[208] Denn der Antragsteller will – soweit sich aus seinem Vorbringen nichts Gegenteiliges ergibt – die Klage mindestens in dem Umfang durchführen, in dem ihm Prozesskostenhilfe bewilligt wird. 315

205 So auch Hartung/Römermann/Schons (*Schons*), RVG, VV 3335 Rn 5.

206 OLG Nürnberg MDR 2003, 835; AnwK-RVG (*Fölsch*), VV 3335 Rn 3; Hartung/Römermann/Schons (*Schons*), RVG, VV 3335 Rn 5.

207 BGH AGS 2008, 435; KG Rpfleger 2007, 669; OLG München MDR 1988, 972.

208 A.A. OLG München JurBüro 1988, 1713: Die Verfahrensgebühr entsteht erst mit Einreichung einer berichtigten Klageschrift oder der Erklärung, dass die bereits eingereichte Klage in vollem Umfang aufrechterhalten wird.

316 Für den Anwalt des Antragsgegners entsteht die Gebühr nach Nr. 3335 VV RVG, wenn das Gericht von ihm zunächst nur eine **Stellungnahme** zum Prozesskostenhilfeantrag einfordert.[209] Hat der Anwalt des Antragsgegners in diesen Fällen schon einen Prozessauftrag, entsteht für die Stellungnahme zwar eine 1,3-Verfahrensgebühr nach Nr. 3100 VV RVG. Sie ist aber nicht erstattungsfähig, wenn die Klage nach Zurückweisung des Prozesskostenhilfeantrags noch vor ihrer Zustellung zurückgenommen wird.[210] Denn die Kosten eines im Stadium des Prozesskostenhilfeverfahrens erteilten Prozessmandats sind keine notwendigen Kosten der Rechtsverteidigung (§ 91 Abs. 1 S. 1 ZPO). Vor Zustellung der Klageschrift hat der Beklagte jedenfalls aus erstattungsrechtlicher Sicht keinen Anlass, ein unbedingtes Prozessmandat zu erteilen. Die Erstattungsforderung beschränkt sich daher auf eine 1,0-Verfahrensgebühr nach Nr. 3335 VV RVG aus dem Hauptsachewert sowie eine 1,3-Verfahrensgebühr Nr. 3100 VV RVG aus dem Wert der entstandenen Kosten für das Erwirken der Entscheidung nach § 269 Abs. 4 ZPO. Gemäß § 15 Abs. 3 RVG darf die Summe dieser beiden Gebühren nicht höher sein als die aus dem Gesamtbetrag der Wertteile nach dem höchsten Gebührensatz berechnete Gebühr.

2. Bedürftigkeit trotz Haftpflichtversicherung

317 Die meisten Mandanten gehen verständlicherweise davon aus, dass sie bei einem obsiegenden Urteil aufgrund der Erstattungspflicht des Gegners keine Gerichts- oder Anwaltskosten zu tragen haben. Wird neben dem Fahrer bzw. Halter des unfallbeteiligten Fahrzeugs auch der gegnerische Haftpflichtversicherer in Anspruch genommen, besteht allerdings ein **Kostenrisiko**, auf das der Anwalt den Beklagten vor Übernahme des Mandates hinweisen muss.

318 *Beispiel*

Nach einem Verkehrsunfall erwirkt der Kläger einen Mahnbescheid. Dagegen legen der gegnerische Halter und sein Versicherer – jeweils vertreten durch eigene Anwälte – Widerspruch ein. Der Anwalt des Halters nimmt am Verfahren vor dem Amtsgericht teil, obwohl der Versicherer ihm mitteilt, dass er sich gegen die Klage verteidigen und einen Anwalt mit der gemeinsamen Prozessführung beauftragen werde. Nach kostenpflichtiger Abweisung der Klage stellt der Halter Kostenfestsetzungsantrag.

319 Die Bestellung eines **eigenen Anwalts** durch den Versicherungsnehmer bei Geltendmachung des Direktanspruchs gegen den Haftpflichtversicherer und des Schadensersatzanspruchs gegen den Halter/Fahrer des versicherten Fahrzeugs in einem gemeinsamen Rechtsstreit ist nach dem BGH dann nicht notwendig und die damit verursachten Kosten

209 OLG Karlsruhe JurBüro 1999, 191.
210 Vgl. KG JurBüro 1990, 1276.

sind nicht erstattungsfähig, wenn kein besonderer sachlicher Grund für die Einschaltung eines eigenen Anwalts besteht.[211]

Diese Entscheidung des BGH hat auch Auswirkungen auf das Prozesskostenhilfeverfahren. Wird nämlich in einem gerichtlichen Verfahren gegen den Fahrer/Halter zugleich auch der Haftpflichtversicherer in Anspruch genommen und hat dieser von seinem Recht nach E.1.2.4 AKB 2015[212] Gebrauch gemacht bzw. wird dies künftig tun, dann ist – soweit kein besonderer Interessenkonflikt zwischen Fahrer/Halter und Versicherer vorliegt – die **Bewilligung von Prozesskostenhilfe** ausgeschlossen. Ohne einen solchen Interessenkonflikt wird dem Fahrer/Halter weder für die Verteidigung gegen die Klage noch für die Erhebung einer Widerklage Prozesskostenhilfe für einen eigenen Anwalt bewilligt. Denn aufgrund der Regelungen in E.1.2.4 AKB 2015 bzw. § 125 VVG, wonach der Versicherer auch die Interessen des Versicherten zu vertreten und gegen ihn gerichtete Ansprüche auf eigene Kosten abzuwehren hat, wird der Fahrer/Halter **nicht als bedürftig** im Sinne des § 114 ZPO angesehen.[213] 320

Hinweis 321

Die Rechtsprechung ist mit der Annahme eines solchen Interessenkonfliktes sehr zurückhaltend (vgl. dazu § 3 Rdn 93). Der mögliche Regressanspruch des Versicherers im Innenverhältnis zum Fahrer/Halter oder die mögliche Einstufung in eine ungünstigere Schadensfreiheitsklasse reichen regelmäßig nicht aus. Anders dürfte es liegen, wenn der Fahrer/Halter eine Unfallschilderung abgibt, die der vom Versicherer beauftragte Anwalt im Prozess gerade nicht zugrunde legen will.

In den Fällen, in denen kein solcher Interessenkonflikt vorliegt, läuft der Anwalt damit bei mittellosen Mandanten Gefahr, noch nicht einmal die Prozesskostenhilfevergütung vom Staat zu erhalten. Es müssen daher vor Übernahme des Mandates unbedingt die oben dargestellten Voraussetzungen geprüft werden. 322

C. Gerichtliche Tätigkeit in der Berufungsinstanz

I. Allgemeines

Für die Tätigkeit im Berufungsverfahren kann der Anwalt die Verfahrensgebühr nach Nrn. 3200 oder 3201 VV RVG berechnen. Die Terminsgebühr richtet sich nach Nr. 3202 VV RVG, die Einigungsgebühr nach Nr. 1004 VV RVG. Sowohl bei der Verfahrens- als 323

211 BGH NZV 2004, 179 = NJW-RR 2004, 536.
212 Abrufbar unter www.gdv.de.
213 KG RVGreport 2008, 317; OLG Frankfurt VersR 2005, 1550; OLG Karlsruhe IVH 2004, 28; OLG Saarbrücken zfs 2001, 403; KG MDR 1984, 852; KG zfs 1989, 55; teilweise a.A. OLG Köln VersR 1997, 597.

auch bei der Einigungsgebühr liegt der Satz um 0,3 über demjenigen der Ausgangsinstanz. Die Verfahrensgebühr erhöht sich auch hier gemäß Nr. 1008 VV RVG um 0,3 für jeden weiteren Auftraggeber, soweit eine gemeinschaftliche Beteiligung vorliegt. Eine besondere Gebühr (Nr. 2100 VV RVG) kann für die Prüfung der Erfolgsaussichten des Rechtsmittels veranschlagt werden.

II. Prüfung der Erfolgsaussichten eines Rechtsmittels

324 Erhält der Anwalt vorerst nur den Auftrag, nach Vorliegen einer erstinstanzlichen Entscheidung die Erfolgsaussichten der Berufung zu prüfen, fällt hierfür noch keine Verfahrensgebühr nach Nr. 3200 VV RVG an. Der Anwalt wurde nämlich noch nicht zum Prozessbevollmächtigten der Rechtsmittelinstanz bestellt. Stattdessen fällt, je nach Aufwand, eine Gebühr nach Nr. 2100 VV RVG an, die sich – als Rahmengebühr – zwischen 0,5 und 1,0 bewegt. Wiederum gilt nach § 14 Abs. 1 RVG, dass der Anwalt die Gebühr im Einzelfall unter Berücksichtigung aller Umstände, vor allem des Umfangs und der Schwierigkeit der anwaltlichen Tätigkeit, der Bedeutung der Angelegenheit sowie der Einkommens- und Vermögensverhältnisse des Auftraggebers, bestimmt. Auch hier kann ein besonderes Haftungsrisiko des Rechtsanwalts bei der Bemessung herangezogen werden. Soweit die Prüfung ein schriftliches Gutachten umfasst, erhöht sich die Gebühr auf 1,3 (Nr. 2101 VV RVG). Die Gebühr nach Nr. 2100 VV RVG ist, sollte der Anwalt im Anschluss an seine Prüfung mit der Durchführung der Rechtsmittelinstanz beauftragt werden, auf die dortige Verfahrensgebühr in voller Höhe anzurechnen.

III. Verfahrensgebühr

1. Allgemeines

325 Der zum **Prozessbevollmächtigten** bestellte Anwalt erhält die Verfahrensgebühr nach Nr. 3200 VV RVG. Wiederum fällt sie für das Betreiben des Geschäfts einschließlich der Information an und umfasst neben der Berufungseinlegung, der Berufungsbegründung oder -erwiderung auch alle weiteren Schriftsätze, die während der Berufungsinstanz anfallen. Hierzu gehört der Tatbestandsberichtigungsantrag (§ 320 Abs. 1 ZPO) übrigens nicht, selbst wenn er vorrangig der Vorbereitung eines Rechtsmittels dient und dort sogar zunehmende Bedeutung gewinnt. Der Antrag selbst gehört zur Tätigkeit in der Ausgangsinstanz und ist mit der Nr. 3100 VV RVG abgegolten.

2. Auftrag

Abermals entscheidend für die Entstehung der Verfahrensgebühr nach Nr. 3200 VV RVG ist, dass der Anwalt zum Prozessbevollmächtigten für die Berufungsinstanz bestellt wurde. Entscheidend ist dabei der Inhalt des Auftrages im Innenverhältnis. 326

Beispiel 327

Anwalt A wird zwei Tage vor Ablauf der Berufungsfrist beauftragt, gegen ein klageabweisendes Urteil des Amtsgerichts (Streitwert: 4.000,00 EUR) fristwahrend Berufung einzulegen. Im Anschluss daran soll er die Erfolgsaussichten der Berufung prüfen. A legt Berufung ein und kommt zum Ergebnis, dass eine Durchführung der Berufung keine Erfolgsaussichten hat. Er empfiehlt dem Mandanten M, die Berufung zurückzunehmen. M handelt entsprechend dieser Empfehlung.

Die Gebühren des Anwalts berechnen sich wie folgt:

1. 1,6-Verfahrensgebühr, VV 3200		472,00 EUR
2. Auslagenpauschale, VV 7002		20,00 EUR
Zwischensumme	492,00 EUR	
3. Umsatzsteuer, VV 7008		93,48 EUR
Gesamt		**585,48 EUR**

Mit der Einlegung der Berufung ist die Verfahrensgebühr in voller Höhe verdient. Hingegen erhält der Anwalt, wenn er nach (ggf. nur fristwahrender) Berufungseinlegung die Erfolgsaussichten prüfen soll, keine Gebühr nach Nrn. 2100, 2101 VV RVG. Die Prüfung ist hier nämlich Teil des Betreibens des Geschäfts und mit der Verfahrensgebühr abgegolten. Fragen der Anrechnung stellen sich hier also nicht. 328

Die Verfahrensgebühr fällt als volle Gebühr in Höhe von 1,6 (Nr. 3200 VV RVG) an, sobald der Anwalt einen Schriftsatz, der Sachanträge, Sachvortrag, die Zurücknahme der Klage oder die Zurücknahme des Rechtsmittels enthält, eingereicht oder sobald er einen gerichtlichen Termin wahrgenommen hat. Bei vorzeitiger Beendigung erhält er nur eine reduzierte Verfahrensgebühr in Höhe von 1,1 (Nr. 3201 VV RVG). 329

Beispiel 330

Anwalt A, der für seinen Mandanten ein stattgebendes Urteil in einer Verkehrsunfallsache erstritten hat (Streitwert: 10.000,00 EUR), erhält die Berufungsschrift der Gegenseite zugestellt. Er zeigt dem Gericht an, den Kläger weiterhin zu vertreten, stellt aber keinen Sachantrag. Die Beklagtenseite nimmt sodann die Berufung zurück.

Die Gebühren des Anwalts in der Berufungsinstanz errechnen sich wie folgt:

1. 1,1-Verfahrensgebühr, VV 3201		717,20 EUR
2. Auslagenpauschale, VV 7002		20,00 EUR
Zwischensumme	737,20 EUR	
3. Umsatzsteuer, VV 7008		140,07 EUR
Gesamt		**877,27 EUR**

331 Durch die reine Bestellungsanzeige ohne Sachantrag auf Zurückweisung der Berufung fällt lediglich eine reduzierte Verfahrensgebühr an.

IV. Terminsgebühr

332 Der Anfall einer Terminsgebühr im Berufungsverfahren unterscheidet sich nicht von den Regelungen der ersten Instanz. Insoweit kann auf die Ausführungen unter B. III. (Rdn 253 ff.) verwiesen werden. Der Gebührensatz beträgt ebenfalls 1,2 (Nr. 3202 VV RVG), auch eine Reduzierung auf 0,5 in den Fällen der Nr. 3203 VV RVG kommt in Betracht.

V. Einigungsgebühr

333 Die Einigungsgebühr im Berufungsverfahrens beträgt 1,3 (Nr. 1004 VV RVG). Wird im Rahmen einer Einigung jedoch ein Gegenstand miterledigt, über den bislang kein Rechtsstreit anhängig ist (z.B. noch nicht klageweise geltend gemachte Schmerzensgeldansprüche), gilt insoweit wiederum Nr. 1000 VV RVG: Es fällt eine volle 1,5-Einigungsgebühr an.

§ 2 Der Gegenstandswert im Verkehrszivilrecht

A. Allgemeines

1 Der Wert zur Berechnung der Anwaltsgebühren im Verkehrszivilrecht richtet sich im Regelfall nach dem Wert zur Berechnung der Gerichtsgebühren.

2 Für den Gegenstandswert der **außergerichtlichen Tätigkeit** ergibt sich dies aus § 23 Abs. 1 S. 3 RVG. Danach gelten nämlich die Wertvorschriften des Gerichtskostengesetzes entsprechend auch für die Tätigkeit außerhalb eines gerichtlichen Verfahrens, wenn der Gegenstand der anwaltlichen Tätigkeit auch Gegenstand eines gerichtlichen Verfahrens sein könnte. In Verkehrszivilsachen ist der Anwalt außergerichtlich zumeist mit der Beratung über bzw. Geltendmachung von Schadensersatz- und Schmerzensgeldansprüchen beauftragt. Diese Ansprüche können – ebenso wie die außergerichtlich begehrte Verpflichtungserklärung hinsichtlich der Ersatzpflicht künftiger Schäden – Gegenstand eines gerichtlichen Verfahrens sein.

3 Für den Gegenstandswert der **gerichtlichen Tätigkeit** ergibt sich die Bezugnahme auf den Gerichtsgebührenwert aus § 23 Abs. 1 S. 1 RVG. Wird der für die Gerichtsgebühren maßgebliche Wert durch das Gericht festgesetzt, so ist diese Festsetzung auch für die Anwaltsgebühren maßgeblich (§ 32 Abs. 1 RVG). Berechnen sich die Anwaltsgebühren in einem gerichtlichen Verfahren nicht nach dem Gerichtsgebührenwert, so kann der Anwalt eine **eigenständige Wertfestsetzung durch das Gericht** nach § 33 Abs. 1 RVG beantragen. Das kommt insbesondere dann in Betracht, wenn – anders als bei der Festsetzung der Gerichtsgebühren – ein gestufter Streitwert maßgeblich ist. Das kann der Fall sein, wenn nach Einreichung einer Klage, noch vor dem Termin, die Klage teilweise zurückgenommen und lediglich über den verringerten Wert mündlich verhandelt wird. Während die Gerichtsgebühren (und auch die Verfahrensgebühren des Anwaltes) sich hier nach der ursprünglichen Klage richten, fällt die Terminsgebühr nach Nr. 3104 VV RVG nur aus dem verringerten Wert an.

4 Die **Wertbestimmung** richtet sich also jeweils nach § 48 Abs. 1 S. 1 GKG i.V.m. §§ 3, 6 ZPO, da die Ansprüche im Rahmen einer Unfallregulierung vermögensrechtliche Ansprüche sind. Dies gilt auch für Ansprüche auf Zahlung von Schmerzensgeld. Denn ausschlaggebend für die Abgrenzung zwischen einer vermögensrechtlichen und einer nichtvermögensrechtlichen Streitigkeit ist die Rechtsnatur des Anspruches, den der Kläger geltend macht.[1] Dabei sind nichtvermögensrechtliche Streitigkeiten solche, die nicht auf Geld oder Geldeswert gerichtet sind und nicht aus vermögensrechtlichen Verhältnissen entspringen.[2] Vermögensrechtliche Streitigkeiten sind dagegen solche,

1 BGH JZ 1982, 512; vgl. die ausführliche Darstellung von *Buller/Drzisga*, NJWspezial 2015, 521.
2 RGZ 144, 159; LAG München JurBüro 2004, 85.

bei denen die Ansprüche auf Geld oder geldwerte Leistung gerichtet sind, gleichgültig, ob sie aus einem vermögensrechtlichen oder nichtvermögensrechtlichen Grundverhältnis entspringen.

5 Maßgeblich ist die Summe des bezifferten Anspruchs bzw. das Interesse des Auftraggebers bei sonstigen Ansprüchen, wobei **mehrere Gegenstände** (Schadenspositionen) nach § 22 Abs. 1 RVG zusammenzurechnen sind.

6 Richtet sich der Anspruch des Klägers, der bei dem Unfall eine Gesundheitsverletzung erlitten hat, auf Schadensersatz in Form einer **Geldrente** oder beanspruchen die Erben des tödlich verunglückten Unfallopfers eine solche Rente, ist § 42 Abs. 1 GKG einschlägig. Maßgeblich ist der fünffache Betrag des einjährigen Bezuges, wenn nicht der Gesamtbetrag geringer ist.

7 Die nachstehend dargestellten Bestimmungen des Gegenstandswertes gelten zunächst nur im **Innenverhältnis** zwischen Anwalt und Auftraggeber. Verlangt der Mandant die an den Anwalt gezahlte Vergütung im Wege des Schadensersatzes vom Gegner oder dessen Versicherer zurück, kann er nach der Rechtsprechung des BGH Ersatz nur insoweit verlangen, als seine Forderung objektiv berechtigt war. Denn der Schädiger ist nicht verpflichtet, Kosten zu ersetzen, die aufgrund einer unbegründeten Inanspruchnahme verursacht wurden.[3] Der BGH löst die Fälle einer nur teilweise berechtigten Forderung also nicht über eine quotenmäßige Aufteilung des Gesamtschadens, sondern über eine Reduzierung des Streitwerts.

> *Beispiel*
>
> Eigentümer E beauftragt Anwalt A, seinen Sachschaden von 10.000 EUR gegenüber dem gegnerischen Haftpflichtversicherer V geltend zu machen. Aufgrund eines Mitverschuldenseinwands erstattet V nur einen Betrag von 7.000 EUR.
>
> Die Gebühren, die A von E verlangen kann, berechnen sich aus dem Auftragswert von 10.000 EUR. Dagegen berechnet sich der Erstattungsanspruch des E gegen V nur aus einem Wert von 7.000 EUR (berechtigte Forderung).

8 Die Differenz zwischen den entstandenen und den vom Dritten zu erstattenden Gebühren trägt letztlich der Mandant bzw. dessen Rechtsschutzversicherer (zu den Einzelheiten vgl. § 3 Rdn 124 ff.).[4]

3 BGH zfs 2008, 164; BGH NJW 2005, 1112; OLG Saarbrücken OLGR 2004, 530; LG Darmstadt zfs 2008, 673.
4 Gerold/Schmidt (*Mayer*), RVG, VV 2300 Rn 46; *Enders*, JurBüro 2005, 505, 506.

B. Außergerichtliche Tätigkeit

I. Wertbestimmung

9 Der Gegenstandswert zur Berechnung der Gebühren für die außergerichtliche Tätigkeit des Anwalts bestimmt sich zunächst nach den für die Gerichtsgebühren geltenden Vorschriften (§ 23 Abs. 1 S. 3 RVG). Fehlt es an einer solchen Vorschrift, so ist der objektive Wert zu schätzen, den der Gegenstand der anwaltlichen Tätigkeit im Zeitpunkt der Auftragserteilung hat.[5]

10 Für die Gebührenberechnung maßgeblich ist der Wert derjenigen Ansprüche aus dem Unfallereignis, mit deren Durchsetzung (oder Abwehr) der Anwalt **beauftragt** wurde.[6] Dies sind in erster Linie Ansprüche auf Schadensersatz und Schmerzensgeld, daneben Ansprüche auf Feststellung der künftigen Ersatzpflicht des Schädigers sowie auf Freistellung von Ansprüchen Dritter. Gemäß § 48 Abs. 1 S. 1 GKG i.V.m. § 6 ZPO ist bei bezifferten Forderungen deren Wert maßgeblich. Dabei sind Zinsen und Kosten, die als **Nebenforderungen** geltend gemacht werden, auch dann nicht dem Wert hinzuzurechnen, wenn sie als konkreter Betrag beziffert sind.

> *Beispiel*
>
> Unfallgegner G verlangt von Fahrer F Ersatz der Reparaturkosten in Höhe von 3.200 EUR sowie Mietwagenkosten in Höhe von 500 EUR und Sachverständigenkosten von 300 EUR. Daneben will er Verzugszinsen in Höhe von 7 % erstattet erhalten, die er im Anspruchsschreiben mit 125 EUR beziffert.
>
> Der von F beauftragte Anwalt kann seine Gebühr nach Nr. 2300 VV RVG aus einem Streitwert von 4.000 EUR berechnen. Die geltend gemachten Zinsen sind – unabhängig von ihrer Bezifferung – nach § 43 Abs. 1 GKG für die Wertberechnung unbeachtliche Nebenforderungen.

11 Bei **Feststellungsansprüchen** sowie **unbezifferten Anträgen** ist der Wert nach § 48 Abs. 1 S. 1 GKG i.V.m. § 3 ZPO zu schätzen. Der Streitwert für den Feststellungsantrag bemisst sich nach dem wirtschaftlichen Interesse, das der Kläger nach seinem Sachvortrag an der begehrten Feststellung hat. Da sich die Bewertung jedes Feststellungsanspruchs an dem entsprechenden Leistungsanspruch ausrichten muss, ist dessen Wert vorab zu bestimmen. Von diesem Wert ist dann ein Abschlag von i.d.R. 20 % vorzunehmen, weil ein positiver Feststellungsantrag in seinen Auswirkungen hinter einem Leistungsantrag zurückbleibt.[7]

5 OLG Karlsruhe AnwBl 2003, 119; *Enders*, JurBüro 2005, 505, 506.
6 Vgl. AG Hannover AGS 2015, 364; LG Aachen AGS 2015, 464.
7 BGH AGS 2009, 183; Zöller (*Herget*), ZPO, § 3 Rn 16 (Stichwort: „Feststellungsklage"); BGH, Beschl. v. 15.9.2020 – VI ZR 238/20, BeckRS 2020, 26875.

12 Für die Bewertung eines **künftigen Schadens** ist auf die Höhe des drohenden Schadens abzustellen, jedoch unter Berücksichtigung der Wahrscheinlichkeit oder Unwahrscheinlichkeit des Schadenseintritts oder der Inanspruchnahme des Gegners.[8]

1. Erhöhung des Wertes

13 Erhöht sich der Gegenstandswert des Auftrags im laufenden Mandat, so berechnen sich die Gebühren nach dem **höheren** Wert. Dies gilt jedoch nur, soweit der betreffende Gebührentatbestand erneut erfüllt wird.

> *Beispiel*
>
> Eigentümer E holt nach dem Unfall einen Kostenvoranschlag seiner Werkstatt ein (4.000 EUR netto) und beauftragt A mit der Durchsetzung dieses Anspruchs gegen den gegnerischen Haftpflichtversicherer. Während die Verhandlungen über die Haftungsquoten noch andauern, wird der Wagen mit einem Kostenaufwand von 6.000 EUR (brutto) repariert. Nunmehr fordert A Zahlung des höheren Betrages.
>
> A kann für seine Tätigkeit eine Geschäftsgebühr aus einem Gegenstandswert von 6.000 EUR abrechnen, da er nach Erhöhung des Auftragswertes den Gebührentatbestand der Nr. 2300 VV RVG erfüllt hat.

14

> *Beispiel*
>
> E erteilt A im Hinblick auf den Kostenvoranschlag Klageauftrag über 4.000 EUR. A führt erfolglos ein Telefonat mit dem Sachbearbeiter des gegnerischen Haftpflichtversicherers, um die Angelegenheit beizulegen. Nachdem der Wagen des E für einen Kostenaufwand von 6.000 EUR repariert wurde, bereitet A die Klageschrift vor. Bevor diese eingereicht werden kann, kündigt E grundlos das Mandat.
>
> A kann folgende Gebühren abrechnen:

1. 0,8-Verfahrensgebühr, VV 3101		
aus 6.000 EUR		331,20 EUR
2. 1,2-Terminsgebühr, VV 3104		
aus 4.000 EUR		354,00 EUR
3. Auslagenpauschale, VV 7002		20,00 EUR
Zwischensumme	705,20 EUR	
4. Umsatzsteuer, VV 7008		133,99 EUR
Gesamt		**839,19 EUR**

8 BGH AnwBl 1992, 451; BGH MDR 1991, 526.

Eine Terminsgebühr aus dem höheren Wert (6.000 EUR) ist nicht entstanden, weil A nach der Erhöhung des Gegenstandswertes keine Besprechung mehr durchgeführt bzw. keinen Termin wahrgenommen hat.

2. Verringerung des Wertes

Verringert sich der Gegenstandswert des Auftrags im laufenden Mandat (z.B. aufgrund von Teilzahlungen des Gegners, Aufgabe von einzelnen Schadenspositionen etc.), so hat dies auf die **bereits entstandenen** Gebühren keinen Einfluss. Die **neu entstehenden** Gebühren richten sich dann nach dem geringeren Wert. 15

Beispiel 16

E erteilt A Klageauftrag über 10.000 EUR Sachschaden. Auf das außergerichtliche Aufforderungsschreiben zahlt der gegnerische Versicherer 4.000 EUR. In einer anschließenden Besprechung wird eine Einigung über den Restbetrag getroffen.

Es sind folgende Gebühren entstanden:

1. 0,8-Verfahrensgebühr, VV 3101		
aus 10.000 EUR		521,60 EUR
2. 1,2-Terminsgebühr, VV 3104		
aus 6.000 EUR		496,80 EUR
3. 1,5-Einigungsgebühr, VV 1000		
aus 6.000 EUR		621,00 EUR
4. Auslagenpauschale, VV 7002		20,00 EUR
Zwischensumme	1.659,40 EUR	
5. Umsatzsteuer, VV 7008		315,29 EUR
Gesamt		**1.974,69 EUR**

Zahlt der Gegner auf die geforderte Rente einen Teilbetrag, so verringert sich der Gegenstandswert für die weitere Tätigkeit nur dann, wenn die Restsumme infolge der Teilzahlung unter den fünffachen Jahresbetrag sinkt.[9] 17

Hinweis 18

Um im Hinblick auf Wertveränderungen Gebührenverluste zu vermeiden, ist es wichtig, das konkrete Datum des Auftrags festzuhalten (in Vollmachtsurkunde oder Anmeldezettel des Mandanten), damit nicht zwischenzeitliche Zahlungen den Gegenstandswert noch mindern können.

9 OLG Koblenz VersR 1987, 289.

II. Schadenspositionen

19 In der Unfallschadensregulierung wird der Anwalt mit der Durchsetzung verschiedenster Schadenspositionen beauftragt.[10] Für die Bestimmung des Gegenstandswertes ist entscheidend, welche von diesen Positionen bei der Wertbestimmung berücksichtigt werden dürfen und welche als sogenannte Nebenforderungen außer Betracht bleiben müssen. Da auch für die außergerichtliche Tätigkeit der Gerichtsgebührenwert maßgeblich ist (vgl. § 23 Abs. 1 S. 3 RVG), richtet sich diese Abgrenzung nach § 43 GKG. Danach werden Früchte, Nutzungen, Zinsen oder Kosten bei der Wertberechnung nicht berücksichtigt, wenn sie als Nebenforderungen neben dem Hauptanspruch betroffen sind (§ 43 Abs. 1 GKG). Sie können erst dann berücksichtigt werden, wenn sie ohne den Hauptanspruch geltend gemacht werden und dann auch nur, soweit sie ihn nicht übersteigen (§ 43 Abs. 2 GKG). Gleiches gilt für die Kosten des Rechtsstreits (§ 43 Abs. 3 GKG).

20 Die folgende alphabetische Aufstellung soll einen Überblick geben, welche Schadenspositionen bei der Bestimmung des Gegenstandswertes in welchem Umfang berücksichtigt werden können.[11]

21 **Ab- und Anmeldekosten**

Die Kosten, die für die Abmeldung des Unfallwagens bzw. Anmeldung des angeschafften Neuwagens anfallen (üblicherweise zwischen 50 und 75 EUR), sind bei der Wertbestimmung als eigenständige Schadensposition zu berücksichtigen.

22 **Allgemeine Kostenpauschale**

Bei Beschädigung eines Kfz steht dem Geschädigten, sofern es sich nicht nur um einen Bagatellschaden handelt, für Telefon, Porto und Fahrkosten eine Auslagenpauschale in Höhe von i.d.R. 20 bis 30 EUR zu.[12] Diese Pauschale ist dem Streitwert hinzuzurechnen.[13]

10 Zur Geltendmachung der einzelnen Positionen vgl. die umfangreiche Formularsammlung bei *Tietgens/Nugel*, § 8 (Sachschaden), § 9 (Personenschaden bei Verletzung) und § 10 (Personenschaden bei Tötung).

11 Vgl. auch *Hansens*, zfs 2007, 311; *N. Schneider*, AGS 2004, 89. Ob die jeweiligen Beträge materiellrechtlich berechtigt und vom Gegner zu zahlen sind, ist für die Bestimmung des Gegenstandswertes unbeachtlich.

12 OLG Hamm VersR 2000, 1032; LG Stade NZV 2004, 254; LG Braunschweig NJW-RR 2001, 1682; AG Landshut NZV 2011, 135; AG Starnberg DAR 2007, 593.

13 BGH AGS 2007, 320; OLG Oldenburg JurBüro 2007, 314; OLG München NJW-RR 1994, 1484.

Anwaltskosten 23

Die Kosten der anwaltlichen Regulierung des Unfallschadens sind in der Regel Nebenforderungen nach § 43 Abs. 1 GKG, § 23 Abs. 1 S. 3 RVG und nur ausnahmsweise Hauptforderungen.

Werden die **außergerichtlichen** Anwaltskosten außergerichtlich mit eingefordert, handelt es sich um Nebenforderungen. Wird die Geschäftsgebühr nach erfolglosem Regulierungsversuch im Rechtsstreit als Nebenforderung mit geltend gemacht, erhöht dies nach herrschender Meinung den Streitwert ebenfalls nicht.[14] Denn Gebühren für die vorgerichtliche Geltendmachung des Anspruchs sind Kosten, die bei der Berechnung des Gegenstandswertes unberücksichtigt bleiben, wenn sie als Nebenforderungen geltend gemacht werden.[15] 24

Beispiel 25

Anwalt A erhält den Auftrag, außergerichtlich 3.000 EUR Unfallschaden einzufordern. Der Versicherer zahlt nicht. A erhebt auftragsgemäß Klage auf Zahlung von 3.000 EUR zuzüglich der außergerichtlich entstandenen Geschäftsgebühr nebst Auslagenpauschale und Umsatzsteuer. Der Gegenstandswert der gerichtlichen Tätigkeit beläuft sich auf 3.000 EUR.

Diese Rechtsprechung des BGH wird von den Instanzgerichten überwiegend nicht mehr in Zweifel gezogen – überzeugen kann sie jedoch nicht. Die Einstufung der vorgerichtlichen Anwaltskosten als Nebenforderung wird damit begründet, dass ein Anspruch auf ihre Erstattung nur nach dem Forderungsbetrag bestünde, der berechtigt geltend gemacht würde. Daraus resultiere das Abhängigkeitsverhältnis der Kostenforderung zur Hauptforderung. Bei Sachverständigenkosten und Unkostenpauschale sei dies anders (und diese daher auch keine Nebenforderungen), da ihre Ersatzfähigkeit nicht davon abhänge, in welchem Umfang Ersatz für den eigentlichen Sachschaden zu leisten sei. Allerdings ist Folgendes zu bedenken: Das Abhängigkeitsverhältnis von Sachverständigenkosten und Hauptforderung besteht gleichermaßen, da der Umfang der Erstattung der Sachverständigenkosten vom Erfolg der Hauptsacheforderung abhängt. Bei teilweisem Unterliegen im Unfallersatzprozess werden die entsprechenden Kosten auch nur anteilig ersetzt. Hinsichtlich der vorgerichtlichen Anwaltskosten wird dies ähnlich gehandhabt, indem der er- 26

14 BGH AGS 2013, 282; BGH AGS 2009, 344; BGH AGS 2007, 231; BGH NJW-RR 1988, 1199; KG AGS 2008, 249; OLG Celle AGS 2007, 321; OLG Frankfurt/M. AGS 2006, 251; LG Berlin AGS 2006, 68; *Enders*, JurBüro 2004, 57, 58; *Ruess*, MDR 2005, 313, 314; a.A.: OLG Köln AGS 2007, 65; LG Braunschweig AGS 2005, 75.

15 LG Berlin JurBüro 2005, 427; Thomas/Putzo (*Hüßtege*), ZPO, § 4 Rn 8; Zöller (*Herget*), ZPO, § 4 Rn 13; *Hauskötter*, RVG prof. 2005, 32, 33. Nach Ansicht von *Ruess* (MDR 2005, 313, 315) sind vorgerichtlich angefallene Rechtsverfolgungskosten im Interesse des Mandanten daher – soweit dies möglich ist – als Nebenforderung einzuklagen, da so überflüssige Prozesskosten vermieden werden können.

stattungsfähige Teil der Anwaltskosten aus dem Wert der berechtigten Forderung berechnet wird – ebenso gut hätte man die Anwaltskosten aus der geltend gemachten Gesamtforderung berechnen und sodann eine Quote bilden können. Warum allein diese unterschiedliche Berechnungsart (mit marginalen Unterschieden im Ergebnis aufgrund der nicht linearen Gebührenstruktur des RVG) eine unterschiedliche rechtliche Einordnung der beiden Forderungen begründen soll, leuchtet nicht ein.

27 An der Qualifikation als Nebenforderung ändert es nach der herrschenden Meinung auch nichts, wenn die betreffende Forderung im Klageantrag nicht gesondert ausgewiesen, sondern als Teil der Hauptsacheforderung geltend gemacht wird.[16] Wird dagegen nur noch die Gebührenforderung eingeklagt – etwa weil die Hauptforderung in der Zwischenzeit beglichen und der Rechtsstreit in der Hauptsache insoweit für erledigt erklärt wurde – ist die Gebührenforderung damit zur wertbestimmenden Hauptforderung geworden.[17]

28 Die Anwaltskosten für das **gerichtliche** Verfahren sind Nebenforderungen im Rechtsstreit und erhöhen den Gegenstandswert nicht. Eine Ausnahme gilt nach § 43 Abs. 3 GKG lediglich dann, wenn ausschließlich die Anwaltskosten gerichtlich geltend gemacht werden. Dann bestimmen sie den Streitwert.

29 *Beispiel*

Im Rechtsstreit zahlt der Versicherer die Klageforderung von 10.000 EUR vor dem Termin. Verhandelt wird anschließend nur noch über die Kosten, über die die Parteien eine Einigung treffen.

Die Verfahrensgebühr nach Nr. 3100 VV RVG berechnet sich aus dem Wert der Hauptforderung von 10.000 EUR; insoweit sind die Kosten Nebenforderungen. Die Termins- und die Einigungsgebühr berechnen sich nach dem Wert der bis dahin angefallenen Kosten, die nunmehr zur Hauptforderung werden.

30 **Arztkosten**

Diese Kosten sind mit ihrem vollen Wert zu berücksichtigen, soweit vom Gegner Erstattung verlangt wird. Sollen die Kosten allerdings nur insoweit verlangt werden, als der Anspruch nicht auf den Privatversicherer (§ 86 Abs. 1 VVG) oder den Sozialversicherungsträger (§ 116 Abs. 1 SGB X) übergegangen ist, ist nur der geltend gemachte Differenzbetrag für den Gegenstandswert maßgeblich.

16 BGH AGS 2007, 231; BGH NJW-RR 1988, 1196; OLG Frankfurt AGS 2006, 251; LG Berlin JurBüro 2005, 427; *Enders*, JurBüro 2004, 57; Thomas/Putzo (*Hüßtege*), ZPO, § 4 Rn 8.

17 BGH AGS 2008, 187.

Finanzierungskosten 31

Nimmt der Geschädigte zur Finanzierung der Reparaturkosten oder eines Ersatzfahrzeugs einen Unfallkredit auf, so sind die anfallenden Finanzierungskosten und Zinsen mit ihrem Wert anzusetzen. Es handelt sich nicht um eine Nebenforderung, sondern um Bestandteile des Schadensersatzanspruchs, da die Kosten zum Herstellungsaufwand (§ 249 Abs. 2 S. 1 BGB) zählen.

Künftiger Schaden 32

Abzustellen ist bei der Wertbestimmung auf die Höhe des drohenden Schadens, jedoch unter Berücksichtigung der Wahrscheinlichkeit oder Unwahrscheinlichkeit des Schadenseintritts oder der Inanspruchnahme des Gegners.[18] Das konkrete wirtschaftliche Interesse bemisst sich nicht allein nach der Höhe des drohenden Schadens, sondern auch danach, wie hoch oder wie gering das Risiko eines Schadenseintritts und einer tatsächlichen Inanspruchnahme ist.[19] Bei einem bezifferten Antrag ist nicht deshalb ein Abschlag gegenüber sonstigen Leistungsklagen vorzunehmen, weil die Leistung nicht sofort, sondern erst zu einem späteren Zeitpunkt verlangt wird.

Gutachterkosten 33

Diese Kosten gehören zu dem vom Schädiger zu tragenden Herstellungsaufwand (§ 249 Abs. 2 S. 1 BGB).[20] Sie sind bei der Berechnung des Gegenstandswertes mit ihrem vollen Betrag anzusetzen.[21]

Haushaltsführungsschaden 34

Auch der Haushaltsführungsschaden ist – ausgehend von der bestehenden Einschränkung – nach einem im Einzelfall zu schätzenden Stundensatz zu berechnen und in voller Höhe bei der Bemessung des Gegenstandswertes anzusetzen.[22]

Mietwagenkosten 35

Der aufgewandte Betrag ist mit seinem vollen Wert anzusetzen. Dies gilt auch dann, wenn die entsprechende Schadensersatzforderung zur Sicherung an den Mietwagenunternehmer abgetreten worden ist.

18 BGH MDR 1991, 526.
19 BGH MDR 1991, 526; OLG Düsseldorf JurBüro 1975, 232.
20 BGH VersR 2005, 380; LG Saarbrücken zfs 2013, 25.
21 BGH AGS 2007, 320; OLG Oldenburg JurBüro 2007, 314; OLG München NJW-RR 1994, 1484.
22 OLG München VersR 2011, 1012; OLG München, Urt. v. 9.9.2020 – 10 U 1722/18, BeckRS 2020, 23367.

36 **Minderwert, merkantiler**

Kann das Fahrzeug auch durch eine Reparatur nicht in denjenigen Zustand versetzt werden, den es vor dem Unfall hatte, steht dem Geschädigten ein Ausgleich für den merkantilen oder technischen Minderwert zu. Dieser ist Teil des Schadens im Sinne von § 249 BGB und bei der Berechnung des Gegenstandswertes zu berücksichtigen. Soweit der Minderwert allerdings ab dem Zeitpunkt der beendeten Instandsetzung zu verzinsen ist (§ 849 BGB), handelt es sich bei diesen Zinsen um Nebenforderungen im Sinne des § 43 Abs. 1 GKG, die nicht zum Gegenstandswert hinzuaddiert werden.

37 **Nutzungsausfallentschädigung**

Wird der Wagen nach einem Unfall tatsächlich nicht benutzt, kann als Alternative zum Mietwagen die Nutzungsausfallentschädigung beansprucht werden. Der entsprechende Betrag ist bei der Berechnung des Gegenstandswertes voll zu berücksichtigen.

38 **Rentenansprüche**

Wird infolge der Tötung oder Körperverletzung ein Erwerbsschaden des Verletzten oder werden Unterhaltsansprüche der Hinterbliebenen als Rentenansprüche geltend gemacht, so berechnet sich der Gegenstandswert der anwaltlichen Tätigkeit gemäß § 23 Abs. 1 RVG, § 42 Abs. 1 GKG nach dem fünffachen Jahresbetrag der geforderten Rente, sofern nicht der Gesamtbetrag der geforderten Leistung geringer ist. Im Falle eines Rechtsstreits werden die bei Einreichung der Klage fälligen Beträge dem so ermittelten Wert hinzugerechnet (§ 23 Abs. 1 RVG, § 42 Abs. 4 GKG). Bei der außergerichtlichen Regulierung werden dem Wert der zukünftig geforderten Beträge alle fälligen Beträge hinzugerechnet.[23]

39 *Beispiel*

F ist bei einem Verkehrsunfall im Mai 2025 tödlich verunglückt. Seine beiden Kinder beauftragen Anwalt A, ab Juni 2025 außergerichtlich eine monatliche Unterhaltsrente in Höhe von 1.500 EUR geltend zu machen. Im September 2025 einigt man sich über die laufende Unterhaltsrente und die bis dahin angefallenen Beträge.

Die künftigen Beträge (ab Oktober 2025) summieren sich zu einem Wert von 90.000 EUR (60 Monate zu je 1.500 EUR). Die bis einschließlich September 2025 aufgelaufenen, bereits fälligen Beträge belaufen sich auf 12.000 EUR (8 Monate zu je 1.500 EUR). Insgesamt ergibt sich somit für die Geschäfts- und Einigungsgebühr ein Wert von 102.000 EUR.

23 OLG Nürnberg AGS 2002, 232; *N. Schneider*, AGS 2004, 89.

Wird eine Abänderung der Rentenzahlung begehrt, so ist der fünffache jährliche Mehr- bzw. Minderbetrag maßgebend. Wird der geltend gemacht Rentenanspruch durch eine einmalige Zahlung abgefunden, verbleibt es für den Gegenstandswert beim fünffachen Jahresbetrag. Denn entscheidend für die Wertbestimmung der Anwaltsgebühren im Verhältnis zum Mandanten ist der erteilte Auftrag und nicht der Wert einer später erzielten Einigung. 40

Rückstufung 41

Nimmt der Geschädigte seine Kaskoversicherung in Anspruch und begehrt er anschließend Ersatz seines Rückstufungsschadens, so bemisst sich der Gegenstandswert dieser Schadensposition nach der Differenz zwischen den zu zahlenden Prämien und den Prämien, die bei schadensfreiem Verlauf des Versicherungsverhältnisses zu zahlen gewesen wären. Sofern es sich um den künftigen Versicherungsverlauf handelt, dessen konkrete Auswirkung auf das Vermögen des Klägers noch nicht abzusehen ist, muss der Ersatz des Rückstufungsschadens im Wege eines Feststellungsantrags geltend gemacht werden.

Sachschaden 42

Die Reparaturkosten sind in vollem Umfang zu berücksichtigen. Wird der Sachschaden auf Totalschadensbasis abgerechnet und muss sich der Geschädigte den Restwert des Fahrzeugs als Vorteilsausgleich anrechnen lassen, dann bleibt dennoch der volle Sachschaden maßgebend, wenn sich die anwaltliche Tätigkeit auch auf die Prüfung des Vorteilsausgleichs erstreckt.[24] Etwas anderes gilt nur, wenn der Anwalt von vornherein einen um den Restwert reduzierten Auftrag erhält.

Wird der Anwalt beauftragt, einen Teil des Schadens mit dem Kaskoversicherer zu regulieren und nur den Rest beim gegnerischen Haftpflichtversicherer einzufordern, so vermindert sich der Gegenstandswert für die Schadensregulierung mit dem Haftpflichtversicherer um diesen Betrag. Die Abrechnung mit dem Kaskoversicherer ist eine eigene Angelegenheit und löst eigene Gebühren nach dem Wert der gegenüber diesem geltend gemachten Entschädigung aus.[25] 43

Erhält der Anwalt dagegen zunächst einen umfassenden Auftrag, Schadensersatz vom Gegner zu verlangen und wird er erst später beauftragt, einen Teil des Schadens mit dem Kaskoversicherer zu regulieren, so hat dies auf die bereits aus dem höheren Wert entstandenen Gebühren für die Regulierung mit dem Haftpflichtversicherer keine Auswirkungen. 44

24 LG Koblenz zfs 1982, 205; LG Aachen AnwBl 2015, 720; AG Bad Hersfeld AGS 2015, 363; AG Wesel RVG prof. 2011, 154; AG Ahlen AGS 2014, 543; AG Berlin-Mitte AnwBl 2015, 981; AG Bad Neuenahr-Ahrweiler AGS 2016, 155; AG Norderstedt AGS 2016, 156; a.A.: AG Hildesheim AGS 2006, 396; AG Buchen SchadenPraxis 2013, 267; vgl. auch *N. Schneider*, DAR 2015, 177.

25 AG Limburg AGS 2006, 267.

45 **Schmerzensgeld**

Vgl. die ausführliche Darstellung unten (siehe Rdn 82 ff.). Soweit ein verrentetes Schmerzensgeld verlangt wird, ist § 42 Abs. 1 GKG anzuwenden.

46 **Standgeld**

Gezahlte Standgelder sind eigene Schadenspositionen und daher bei der Berechnung der Hauptforderung zu berücksichtigen. Das gilt auch, wenn das Standgeld noch nicht bezahlt ist und insoweit Freistellung gegenüber dem Gläubiger verlangt wird.

47 **Umsatzsteuer**

Diese ist als Teil der Hauptforderung mit anzusetzen, wenn ihre Geltendmachung vom Auftrag erfasst wird.[26] Unberücksichtigt bleibt sie bei vorsteuerabzugsberechtigten Mandanten (§ 249 Abs. 2 S. 2 BGB).

48 **Verdienstausfall**

Für den Anspruch auf Verdienstausfall ist der geltend gemachte Betrag maßgeblich. Wird der Anspruch in Form einer Rentenzahlung verfolgt, richtet sich der Gegenstandswert nach § 42 Abs. 1 GKG. Dabei ist nach dem Umfang des anwaltlichen Auftrags zu differenzieren: Soll er nur den Gegner in Anspruch nehmen, so ist nicht der Gesamtbetrag maßgeblich, sondern derjenige Betrag, der nicht auf den Rentenversicherungsträger übergegangen ist (§ 116 Abs. 1 SGB X).

49 *Beispiel*

F hat einen Nettoverdienst von 1.500 EUR. Bei einem Verkehrsunfall wird er schwer verletzt und dadurch erwerbsunfähig. Er erhält von seinem Rentenversicherungsträger eine Erwerbsunfähigkeitsrente von monatlich 900 EUR. Gegen den Schädiger steht ihm zwar grundsätzlich ein Verdienstausfallschaden von monatlich 1.500 EUR zu. Aufgrund der Rentenleistungen kann er allerdings nur noch einen Schaden von 600 EUR monatlich geltend machen. Der darüber hinausgehende Anspruch ist auf den Rentenversicherungsträger übergegangen.

Folglich berechnet sich der Gegenstandswert für die anwaltliche Tätigkeit (Durchsetzung der Schadensersatzforderung gegenüber dem Unfallgegner) nur auf Basis dieser Differenz unter Beachtung von § 42 Abs. 1 GKG.

26 OLG Köln JurBüro 1982, 1070.

III. Abrechnungsgrundsätze

Liquidiert der Anwalt auf Grundlage einer entsprechenden Vereinbarung mit dem Versicherer nach den Abrechnungsgrundsätzen, die einige Haftpflichtversicherer anbieten, so hat dies auch auf den Gegenstandswert Einfluss. Abgerechnet wird hier nämlich nach dem tatsächlich gezahlten Entschädigungsbetrag, dem sog. **Erledigungswert**. Maßgebend ist danach für die Vergütungsforderung des Anwalts gegen den gegnerischen Haftpflichtversicherer nur, welche Beträge vom Haftpflichtversicherer anerkannt oder gezahlt worden sind. Auf den Umfang des Auftrags, den der Mandant erteilt hat, bzw. auf die Höhe der vom Mandanten geltend gemachten Forderung kommt es nicht an. 50

Beispiel 51

Fahrer F ist bei einem Verkehrsunfall verletzt worden und verlangt ein Schmerzensgeld in Höhe von 15.000 EUR. Er beauftragt Anwalt A mit der außergerichtlichen Geltendmachung. Der Haftpflichtversicherer V hält ein Schmerzensgeld nur in Höhe von 10.000 EUR für angebracht. Auf dieser Basis wird die (insgesamt durchschnittliche) Angelegenheit einvernehmlich geregelt.

Vergütungsanspruch A gegen V (Wert: 10.000 EUR)

1. 2,1-Geschäftsgebühr (Abrechnungsgrds.), VV 2300		1.369,20 EUR
2. Auslagenpauschale, VV 7002		20,00 EUR
Zwischensumme	1.389,20 EUR	
3. Umsatzsteuer, VV 7008		263,95 EUR
Gesamt		**1.653,15 EUR**

Vergütungsanspruch A gegen F (Wert: 15.000 EUR)

1. 1,3-Geschäftsgebühr, VV 2300		990,60 EUR
2. 1,5-Einigungsgebühr, VV 1000		1.143,00 EUR
3. Auslagenpauschale, VV 7002		20,00 EUR
Zwischensumme	2.153,60 EUR	
4. Umsatzsteuer, VV 7008		409,18 EUR
Gesamt		**2.562,78 EUR**

Anders als im Verhältnis des Anwalts zum Mandanten gilt im Verhältnis zum Versicherer: Gegenstandswert ist der Betrag, auf den man sich einigt, nicht der Betrag, über den man sich einigt. Zu der Frage, ob der Anwalt in diesen Fällen von seinem Mandanten die **Differenz** zwischen den gesetzlichen Gebühren und den nach den Abrechnungsgrundsätzen berechneten Gebühren verlangen kann (vgl. § 3 Rdn 16 ff.). 52

C. Gerichtliche Tätigkeit

I. Wertbestimmung

53 Die Anwaltsgebühren für die Tätigkeit in einem gerichtlichen Verfahren berechnen sich nach dem für die Gerichtsgebühren maßgeblichen Streitwert (§ 23 Abs. 1 S. 1 RVG). Folglich bestimmt § 32 Abs. 1 RVG, dass im Regelfall die Wertfestsetzung für die Gerichtsgebühren auch maßgeblich für die Berechnung der anwaltlichen Gebühren ist.

54 In einigen Fällen weist die Regelung des § 32 Abs. 1 RVG aber auch Lücken auf, so dass es einer **selbstständigen Wertfestsetzung** für die Anwaltsgebühren bedarf. Dies ist z.B. der Fall, wenn die Gegenstandswerte des gerichtlichen Verfahrens und der anwaltlichen Tätigkeit nicht übereinstimmen.

55 *Beispiel*

F beauftragt Anwalt A, eine Forderung aus einem Verkehrsunfall in Höhe von 15.000 EUR (8.000 EUR Sachschaden, 7.000 EUR Schmerzensgeld) einzuklagen. Auf die Mahnung des A reagiert der gegnerische Haftpflichtversicherer zunächst nicht. Bevor A jedoch Klage erheben kann, werden Sachschaden und Schmerzensgeld in Höhe von jeweils 50 % reguliert. A erhebt daher nur noch Klage auf Zahlung von 7.500 EUR, der nach mündlicher Verhandlung stattgegeben wird.

A kann folgende Gebühren abrechnen:

1. 0,8-Verfahrensgebühr, VV 3101		
aus 7.500 EUR	426,40 EUR	
2. 1,3-Verfahrensgebühr, VV 3100		
aus 7.500 EUR	692,90 EUR	
gemäß § 15 Abs. 3 RVG max. 1,3 aus 15.000 EUR		990,60 EUR
3. 1,2-Terminsgebühr, VV 3104		
aus 7.500 EUR		639,60 EUR
4. Auslagenpauschale, VV 7002		20,00 EUR
Zwischensumme	1.650,20 EUR	
5. Umsatzsteuer, VV 7008		313,54 EUR
Gesamt		**1.963,74 EUR**

56 Die gerichtliche Wertfestsetzung lautet auf einen Betrag von 7.500 EUR, weil nur dieser Betrag eingeklagt und damit Gegenstand des gerichtlichen Verfahrens wurde.

Hier ermöglicht **§ 33 Abs. 1 RVG** eine selbstständige gerichtliche Wertfestsetzung zur Berechnung der Anwaltsgebühren, weil es sich um anwaltliche Gebühren in einem Gerichtsverfahren handelt, bei dem es an einem Streitwert fehlt. Antragsberechtigt sind für diese Streitwertfestsetzung neben dem Anwalt auch der Mandant, der erstattungspflichtige Gegner und – bei Prozesskostenhilfe – die Staatskasse (§ 33 Abs. 2 RVG).

1. Verfahrensgebühr

Der Gegenstandswert der Verfahrensgebühr richtet sich immer nach dem **höchsten in der Instanz erreichten Wert**, hinsichtlich dessen der Rechtsanwalt beauftragt ist. Bei einer Festsetzung des Wertes durch das Gericht ist dieser Wert für die Gebühren des Rechtsanwalts gemäß § 23 Abs. 1 S. 1 RVG maßgeblich, soweit der Gegenstand des gerichtlichen Verfahrens sich mit dem an den Anwalt erteilten Auftrag deckt. Ist dies nicht der Fall, muss der Anwalt die gesonderte Festsetzung des Wertes für die Anwaltsgebühren beantragen (§ 33 Abs. 1 RVG). 57

Beispiel 58

Fahrer F (gleichzeitig Eigentümer des Pkw) macht aus einem Verkehrsunfall 10.000 EUR Schadensersatz und Schmerzensgeld geltend. Er erteilt Prozessauftrag an Anwalt A, der den gegnerischen Versicherer V zunächst außergerichtlich zur Zahlung auffordert. V zahlt auf die geltend gemachte Forderung einen Teilbetrag von 4.000 EUR, da er von einer Mithaftung des F ausgeht. Über den Restbetrag von 6.000 EUR wird dann das Klageverfahren durchgeführt.

Der Wert des gerichtlichen Verfahrens beträgt nur 6.000 EUR. Da R eine 1,3-Verfahrensgebühr aus 6.000 EUR sowie eine 0,8-Verfahrensgebühr aus 4.000 EUR erhält (insgesamt gemäß § 15 Abs. 3 RVG begrenzt auf eine 1,3-Verfahrensgebühr aus 10.000 EUR), muss er ergänzende Wertfestsetzung für die Anwaltsgebühren beantragen.

Für Leistungs- und Feststellungsklagen über Schadensersatzrenten bemisst sich der Gegenstandswert nach § 42 Abs. 2 S. 1 GKG. Dies gilt auch dann, wenn der Anspruch als Direktanspruch gegen den Haftpflichtversicherer geltend gemacht wird.[27] 59

Verringert sich im Lauf des Verfahrens der Gegenstandswert, so lässt dies die einmal aus dem höheren Wert entstandene Verfahrensgebühr unberührt.[28] Nach diesem Zeitpunkt entstehende Gebühren richten sich jedoch nach dem geringeren Wert. Hier gilt es zu beachten, dass bei einem solchen – gestaffelten – Streitwert ein Antrag nach § 33 Abs. 1 RVG zu stellen ist; der für die Gerichtsgebühren relevante Streitwert – dies ist der höchste während des Rechtsstreits erreichte Wert – ist nicht maßgeblich. 60

27 BGH NJW 1982, 1399.
28 AnwK-RVG (*Onderka/N. Schneider*), VV Vorb. 3 Rn 87.

61 *Beispiel*

Fahrer F macht aus einem Verkehrsunfall 10.000 EUR Schadensersatz und Schmerzensgeld geltend. Er erteilt Anwalt A Prozessauftrag. Dieser erhebt nach erfolgloser Mahnung des Versicherers V Klage über 10.000 EUR. Vor der mündlichen Verhandlung zahlt V einen Teilbetrag von 4.000 EUR, so dass nur über 6.000 EUR verhandelt wird.

Die 1,3-Verfahrensgebühr nach Nr. 3100 VV RVG ist durch Prozessauftrag und Klageerhebung aus einem Wert von 10.000 EUR entstanden. Die Terminsgebühr für die mündliche Verhandlung entsteht dagegen nur noch aus einem Wert von 6.000 EUR.

2. Terminsgebühr

62 Die Terminsgebühr wird nach dem Wert des Gegenstands im Zeitpunkt der **Terminswahrnehmung** durch den Anwalt berechnet. Es ist nicht erforderlich, dass die betreffenden Gegenstände im gerichtlichen Verfahren anhängig sind. Es reicht aus, wenn der Anwalt auftragsgemäß in dem Termin über sie verhandelt oder sie mit dem Gericht bzw. dem Gegner erörtert.

63 *Beispiel*

Anwältin A klagt im Auftrag des F gegen G ein Schmerzensgeld in Höhe von 5.000 EUR ein. Im Termin erörtern die Anwälte, ob man sich über diese Summe und über eine Schadensersatzforderung des G in Höhe von 2.000 EUR einigen kann, die eigentlich in einem gesonderten Klageverfahren geltend gemacht werden soll. Eine Einigung scheitert jedoch.

Die Gebühren berechnen sich wie folgt:

1. 1,3-Verfahrensgebühr, VV 3100		
aus 5.000 EUR		460,85 EUR
2. 0,8-Verfahrensgebühr, VV 3101		
aus 2.000 EUR		140,80 EUR
gemäß § 15 Abs. 3 RVG max. 1,3 aus 7.000 EUR (Grenze von 615,55 EUR ist nicht überschritten)		
3. 1,2-Terminsgebühr, VV 3104		
aus 7.000 EUR		568,20 EUR
4. Auslagenpauschale, VV 7002		20,00 EUR
Zwischensumme	1.189,85 EUR	
5. Umsatzsteuer, VV 7008		226,07 EUR
Gesamt		**1.415,92 EUR**

a) Wertveränderungen

Bei **Erhöhung** des Streitwertes durch Klageerweiterung nach der ersten mündlichen Ver- 64
handlung berechnet sich die zunächst entstandene Terminsgebühr nach erneuter Terminswahrnehmung nach dem Betrag, der sich aus dem erhöhten Gesamtbetrag des Streitwertes ergibt. Wird also eine Klage über 5.000 EUR nach mündlicher Verhandlung auf einen Betrag von 8.000 EUR erweitert und sodann erneut verhandelt, so entsteht insgesamt nur eine 1,2-Terminsgebühr aus dem Gesamtwert von 8.000 EUR (§ 22 Abs. 1 RVG).

Verringert sich der Streitwert nach dem Termin, ist dies auf die einmal entstandene Ter- 65
minsgebühr ohne Einfluss. Denn der Anwalt kann einmal verdiente Gebühren nicht mehr nachträglich verlieren (vgl. § 15 Abs. 4 RVG). Die nach der Verminderung des Streitwertes neu entstehenden Gebühren berechnen sich natürlich nach dem geringeren Wert.

Beispiel 66

Fahrer F beauftragt A mit einer Schadensersatzklage über 15.000 EUR Sachschaden. Im Verhandlungstermin erscheint der Beklagte nicht, so dass Versäumnisurteil ergeht. Nach Einspruch des Beklagten und erheblichem Bestreiten ordnet das Gericht ein Gutachten nach § 358a ZPO an. Der Sachverständige kommt (ohne Sachverständigentermin) zu dem Ergebnis, dass sich der Schaden nur auf 10.000 EUR beläuft. Daraufhin nimmt A die Klage teilweise zurück. Im dann anberaumten Verhandlungstermin vergleichen sich die Parteien.

A kann folgende Gebühren abrechnen:

1. 1,3-Verfahrensgebühr, VV 3100		
aus 15.000 EUR		990,60 EUR
2. 0,5-Terminsgebühr, VV 3105		
aus 15.000 EUR	381,00 EUR	
3. 1,2-Terminsgebühr, VV 3104		
aus 10.000 EUR	782,40 EUR	
gemäß § 15 Abs. 3 RVG max. 1,2 aus 15.000 EUR		914,40 EUR
4. 1,0-Einigungsgebühr, VV 1000, 1003		
aus 10.000 EUR		652,00 EUR
5. Auslagenpauschale, VV 7002		20,00 EUR
Zwischensumme	2.577,00 EUR	
6. Umsatzsteuer, VV 7008		489,63 EUR
Gesamt		**3.066,63 EUR**

b) Erledigung in der Hauptsache

67 Bei **übereinstimmender Erledigungserklärung** der Parteien reduziert sich der Gegenstandswert erst, wenn die letzte der beiden Erklärungen dem Gericht vorliegt, denn erst dann ist die Erledigungserklärung wirksam.

68 Erfolgt die übereinstimmende Erledigungserklärung der Parteien **im Termin** zur mündlichen Verhandlung, entsteht daher eine volle Terminsgebühr nach dem Wert der Hauptsache, da der Verfahrensgegenstand im maßgeblichen Zeitpunkt, d.h. bei Aufruf der Sache, noch unvermindert ist.[29] Dies gilt auch, wenn nach Abgabe der Erledigungserklärungen ggf. nur noch über die Kostentragungspflicht gestritten wird.

69 *Beispiel*

Anwältin A erhebt im Auftrag von Halter H Klage über 10.000 EUR gegen den gegnerischen Fahrer, den Halter und den Versicherer. Das Gericht bestimmt Termin zur mündlichen Verhandlung. Unmittelbar vor dem Termin zahlt der Versicherer die Klageforderung. Im Termin wird daher der Rechtsstreit übereinstimmend in der Hauptsache für erledigt erklärt.

A kann folgende Gebühren aus einem Gegenstandswert von 10.000 EUR abrechnen:

1. 1,3-Verfahrensgebühr, VV 3100		847,60 EUR
2. 1,2-Terminsgebühr, VV 3104		782,40 EUR
3. Auslagenpauschale, VV 7002		20,00 EUR
Zwischensumme	1.650,00 EUR	
4. Umsatzsteuer, VV 7008		313,50 EUR
Gesamt		**1.963,50 EUR**

70 Etwas anderes kann gelten, wenn der Anwalt von seinem Mandanten allein damit beauftragt wird, die Erledigungserklärung im Termin abzugeben, oder wenn ein bisher nicht mit dem Rechtsstreit befasster Anwalt beauftragt wird, hinsichtlich der Kostenverteilung (§ 91a ZPO) tätig zu werden.[30] In einem derartigen Fall mangelt es an einem entsprechenden Auftrag hinsichtlich der Hauptsache, so dass die Terminsgebühr nur noch aus dem Kostenwert entstehen kann.

71 Geben die Parteien schon **vor dem Termin** zur mündlichen Verhandlung eine übereinstimmende Erledigungserklärung ab, entscheidet das Gericht nur noch gemäß § 91a ZPO über die Kosten. Trifft das Gericht diese Entscheidung ohne mündliche Verhandlung, so fällt keine Terminsgebühr an, auch keine solche nach Anm. Abs. 1 Nr. 1 zu

29 *Enders*, JurBüro 2005, 113, 114; *N. Schneider*, AGS 2003, 99.
30 Vgl. *Enders*, JurBüro 2005, 113, 114.

Nr. 3104 VV RVG, da eine mündliche Verhandlung gemäß § 128 Abs. 3 ZPO für das Verfahren nach § 91a ZPO nicht vorgeschrieben ist.[31]

Hinweis 72

Der Anwalt kann in solchen Fällen dennoch eine Terminsgebühr verdienen, wenn er vor Abgabe einer schriftlichen Erledigungserklärung eine auf die Erledigung des Verfahrens gerichtete (mündliche oder fernmündliche) Besprechung mit dem Gegner durchführt (vgl. Vorb. 3 Abs. 3 Nr. 2 VV RVG).

Welchen Einfluss die **einseitige Erledigungserklärung** auf den Gegenstandswert der Terminsgebühr hat, ist umstritten. Nach einer Meinung[32] bleibt es trotz Erledigungserklärung beim ursprünglichen Hauptsachewert, nach anderer Meinung[33] ist – dem Grunde nach vergleichbar mit den Fällen der positiven Feststellungsklage – ein Abschlag vom Hauptsachewert von ca. 50 % vorzunehmen. Nach einer dritten Meinung[34] reduziert sich der Gegenstandswert ab Erledigungserklärung auf den Kostenwert. 73

Für den Fall, dass die Erledigungserklärung erst **im Termin** abgegeben wird, ist dieser Meinungsstreit unerheblich. Denn wenn die Partei nach Aufruf der Sache eine Erledigungserklärung abgibt, ist die 1,2-Terminsgebühr aus dem Wert der Hauptsache bereits angefallen.[35] Wird die einseitige Erledigungserklärung **vor dem Termin** schriftsätzlich abgegeben und bestimmt das Gericht daraufhin Termin zur mündlichen Verhandlung, so entsteht die 1,2-Terminsgebühr nach der ersten Meinung aus dem vollen Hauptsachewert, nach der zweiten Meinung aus dem um 50 % reduzierten Hauptsachewert und nach der dritten Meinung nur aus dem Kostenwert. 74

3. Einigungsgebühr

Die Einigungsgebühr berechnet sich nach dem Wert derjenigen Forderungen, die **Gegenstand der Einigung** geworden sind, nicht nach dem Wert der Leistungen, auf die die Parteien sich verständigt haben.[36] Entscheidend ist der Betrag, **über den** man sich einigt, nicht der Betrag, **auf den** man sich einigt. 75

31 BGH AGS 2007, 610 = JurBüro 2008, 23; OLG Karlsruhe AGS 2007, 346; AG Hamburg RVGreport 2006, 346 mit Anm. *Hansens*.

32 OLG Schleswig OLGR 2004, 342; OLG München JurBüro 1996, 368; OLG Köln FamRZ 1995, 1214; OLG Frankfurt JurBüro 1993, 557; OLG Düsseldorf NJW-RR 1993, 510; OLG Karlsruhe AnwBl 1973, 360.

33 OLG Brandenburg AGS 2001, 205; OLG München JurBüro 1995, 644; OLG Köln JurBüro 1991, 832.

34 BGH NJW-RR 1996, 1210; BGH NJW-RR 1993, 765; OLG Hamm RVG-Berater 2004, 51; OLG Dresden NJW-RR 2001, 428; OLG Hamm MDR 2000, 175; OLG München NJW 1995, 1086; OLG Hamburg JurBüro 1993, 363.

35 So auch *Enders*, JurBüro 2005, 113; *N. Schneider*, AGS 2005, 99; kritisch Gerold/Schmidt (*Müller-Rabe/Mayer*), RVG, Teil D Anhang VI Rn 249.

36 OLG Düsseldorf JurBüro 2005, 479; AnwK-RVG (*Schafhausen/N. Schneider/Thiel*) VV 1000 Rn 196 ff.

76 Der Gegenstandswert für die Einigungsgebühr **kann geringer sein** als der Wert des Verfahrens. Dies ist insbesondere dann der Fall, wenn die Parteien sich nur über Teile des Verfahrensgegenstandes einigen – etwa weil hinsichtlich des Restbetrages Erledigung eingetreten ist oder hinsichtlich dieses Betrages eine streitige Entscheidung gewünscht wird.

77 *Beispiel*

A klagt im Auftrag des F gegen G Schmerzensgeld in Höhe von 6.000 EUR sowie Sachschaden in Höhe von 7.000 EUR ein. Nachdem die Kammer im Termin dargelegt hat, dass sie von einem hälftigen Mitverschulden des F ausgeht, nimmt A die Klage in Höhe von 6.500 EUR zurück. Sodann einigen sich die Parteien im Hinblick auf Einwendungen des G zum Restwert des Fahrzeugs auf einen Betrag von 5.000 EUR.

Die Einigungsgebühr für den Vergleich berechnet sich aus einem Gegenstandswert von 6.500 EUR. Denn dies ist der Wert derjenigen Gegenstände, die nach teilweiser Klagerücknahme zum Zeitpunkt der Einigung zwischen den Parteien noch im Streit standen und von der Einigung erfasst wurden.

78 Der Gegenstandswert für die Einigungsgebühr **kann nicht höher sein** als der Wert für die Verfahrensgebühr. Denn wenn die Parteien im Rahmen ihrer Einigung beispielsweise nicht anhängige Ansprüche einbeziehen, wirkt sich dies immer auch auf die jeweilige Verfahrensgebühr aus. Die Anwälte erhalten in solchen Fällen die Verfahrensgebühr aus dem erhöhten Gegenstandswert. Sofern es hinsichtlich der einbezogenen Ansprüche an einem Verfahrensauftrag fehlt, erhalten die Anwälte für diesen Teil der Ansprüche die Geschäftsgebühr nach Nr. 2300 VV RVG.

79 *Beispiel*

A klagt für F einen Schadensersatzanspruch über 7.000 EUR ein. Im Termin zur mündlichen Verhandlung einigen sich die Parteien über diesen Anspruch sowie über eine weitere nicht anhängige Schmerzensgeldforderung in Höhe von 2.000 EUR, hinsichtlich derer die Anwälte Verfahrensauftrag haben.

A kann folgende Gebühren abrechnen:

1. 1,3-Verfahrensgebühr, VV 3100	
aus 7.000 EUR	615,55 EUR
2. 0,8-Verfahrensgebühr, VV 3101	
aus 2.000 EUR	140,80 EUR
gemäß § 15 Abs. 3 RVG max. 1,3 aus 9.000 EUR (Grenze von 770,25 EUR ist nicht überschritten)	
3. 1,2-Terminsgebühr, VV 3104	
aus 9.000 EUR	711,00 EUR

4. 1,0-Einigungsgebühr, VV 1003		
aus 7.000 EUR		473,50 EUR
5. 1,5-Einigungsgebühr, VV 1000		
aus 2.000 EUR		264,00 EUR
gemäß § 15 Abs. 3 RVG max. 1,5 aus 9.000 EUR (Grenze von 888,75 EUR ist nicht überschritten)		
6. Auslagenpauschale, VV 7002		20,00 EUR
Zwischensumme	2.224,85 EUR	
7. Umsatzsteuer, VV 7008		422,72 EUR
Gesamt		**2.647,58 EUR**

Soweit die Gerichte in den Fällen, in denen nicht anhängige Ansprüche mitverglichen worden sind, für den Vergleich einen „Mehrwert" protokollieren, geschieht dies zur Berechnung der Gerichtsgebühren sowie zur Bestimmung der konkreten Höhe der anwaltlichen Einigungsgebühr (1,0/1,3 oder 1,5). 80

II. Haupt- und Nebenforderungen

Auch bei der Bestimmung des Gegenstandswertes für das gerichtliche Verfahren ist entscheidend, welche Forderungen Hauptforderungen sind und welche als Nebenforderungen (§ 43 Abs. 1 GKG, § 23 Abs. 1 S. 1 RVG) auf die Höhe des Gegenstandswertes keinen Einfluss haben. 81

Hinsichtlich der einzelnen Schadenspositionen, die bei der Unfallregulierung üblicherweise anfallen, kann auf die alphabetische Liste oben (siehe Rdn 20 ff.). verwiesen werden. Die dort getroffene Einstufung als Haupt- oder Nebenforderung gilt gleichermaßen für die Bestimmung des Gegenstandswertes bei der gerichtlichen Tätigkeit des Anwalts.

III. Schmerzensgeld

Ist der Mandant bei dem Verkehrsunfall verletzt worden, gehört zum Auftrag des Anwalts regelmäßig auch die Geltendmachung eines Schmerzensgeldes. Dies bringt bei der Bestimmung des Gegenstandswertes insofern Besonderheiten mit sich, als ein Schmerzensgeld im Klageverfahren ausnahmsweise nicht konkret bestimmt sein muss, sondern im Rahmen eines **unbezifferten Antrags** verlangt werden kann. Lediglich die vom Kläger angestrebte Größenordnung des Schmerzensgeldes muss in der Klagebegründung genannt werden. 82

83 Mit diesem unbezifferten Antrag stellt der Kläger die Entscheidung über die Anspruchshöhe in das Ermessen des Gerichts. Der Streitwert ist in solchen Fällen nach § 48 Abs. 1 S. 1 GKG, § 3 ZPO zu schätzen. Wenn das Schmerzensgeld in Form einer Rente beansprucht wird, ist der Streitwert nach § 42 Abs. 1 GKG auf den fünffachen Jahresbetrag festzusetzen, wobei der Jahresbetrag wiederum durch Schätzung zu ermitteln ist.

84 Die Kriterien der **Schätzung** nach § 48 Abs. 1 S. 1 GKG, § 3 ZPO sind umstritten.

85 *Beispiel*

Anwalt A erhebt im Auftrag des F Klage auf Zahlung eines Schmerzensgeldes. In der Klageschrift führt er aus, F habe bei dem Verkehrsunfall ein HWS-Trauma erlitten und verlange ein Schmerzensgeld von mindestens 3.000 EUR. Die sonstigen Umstände des Unfallgeschehens weisen keine Besonderheiten auf. Das Gericht erkennt aufgrund Mitverschuldens des F (50 %) ein Schmerzensgeld von 500 EUR zu.

86 Nach einer Meinung bemisst sich der Gegenstandswert nach dem Betrag, den der Kläger als angemessen bezeichnet hat.[37] Im obigen Beispiel wäre der Wert danach auf 3.000 EUR festzusetzen. Dass der Kläger seine Meinung über die Höhe des angemessenen Schmerzensgeldes äußert, darf jedoch sein Kostenrisiko nicht erhöhen. Insofern sind Äußerungen des Klägers über die Höhe des seiner Meinung nach angemessenen Schmerzensgeldes für den Gegenstandswert nur dann von Bedeutung, wenn sie das Ermessen des Gerichts erkennbar nach oben oder nach unten begrenzen sollen.

87 Nach einer weiteren Ansicht richtet sich der Gegenstandswert beim unbezifferten Leistungsantrag nach dem Betrag, auf den das Gericht im Rahmen des ihm eingeräumten Ermessens erkannt hat.[38] Danach wäre im obigen Beispiel der Wert auf 500 EUR festzusetzen. Gegen eine solche Bewertung spricht jedoch, dass sich dann bei völliger Ablehnung eines Anspruchs überhaupt kein Gegenstandswert ergäbe. Im Übrigen ist es systemfremd, wenn sich die Wertfestsetzung am Verfahrensergebnis orientiert.

88 Die dritte, zutreffende Meinung stellt darauf ab, welcher Betrag dem Kläger auf der Grundlage des klagebegründenden Sachvortrages zuzubilligen wäre.[39] Danach ist der Streitwert im obigen Beispiel auf 1.000 EUR festzusetzen, denn dies ist der Betrag, der unter Annahme des klägerischen Sachvortrages gerechtfertigt gewesen wäre. Entscheidend ist also, welcher Betrag – den Sachvortrag des Klägers unterstellt – angemessen wäre. Bei Klagerücknahme ist der Streitwert mit dem Betrag anzusetzen, den das Gericht auf der Grundlage des Sachvortrags zur Klage auf Schmerzensgeld vermutlich zuerkannt hätte.

37 OLG Schleswig Rpfleger 1962, 425 – aufgegeben in JurBüro 1963, 147; OLG München Rpfleger 1962, 2.
38 OLG Stuttgart NJW 1961, 81; OLG Frankfurt JurBüro 1973, 433; OLG Naumburg NJOZ 2014, 52.
39 BGH MDR 1996, 886; KG, Beschl. v. 15.3.2010 – 12 W 9/10, juris; OLG Zweibrücken JurBüro 1998, 260; OLG Hamm AnwBl 1984, 202; *Diehl*, zfs 2007, 10, 14.

Bei Verurteilung des Beklagten auf der Grundlage des Tatsachenvortrages des Klägers deckt sich der Streitwert mit der Verurteilungssumme. Dagegen ist die Klage teilweise zu Lasten des Klägers abzuweisen, wenn sein Obsiegen hinter dem Erfolg zurückbleibt, den er erreicht hätte, wenn er seinen gesamten Sachvortrag hätte beweisen können. 89

Beispiel 90

Wenn der Kläger davon ausgeht, dass ihm voller Schadensersatz zusteht, das Gericht ihm aber ein Mitverschulden anlastet, so bestimmt sich der Streitwert nach dem vollen Betrag, den der Kläger begehrt hat. Die ihn belastende Kostenquote (§ 92 Abs. 1 S. 1 ZPO) entspricht dann seinem Mitverschuldensanteil.

Ergibt sich wegen Beweisfälligkeit ein geringerer Verurteilungsbetrag, ist das auf den Gegenstandswert ohne Einfluss, da dieser vom Antragsinteresse, nicht vom Prozesserfolg abhängt. Die teilweise Beweisfälligkeit wird kostenmäßig nach § 92 ZPO erfasst. Der Unterschied zwischen dem auf der Grundlage der Klagebehauptungen errechneten Gegenstandswert und der hinter diesem Wert zurückbleibenden Verurteilungssumme darf also nur über die Kostenbelastung ausgeglichen werden, nicht durch eine Herabsetzung des Gegenstandswertes. 91

IV. Rechtsmittel

Im Bereich der gerichtlichen Wertfestsetzung gibt es eine Vielzahl von Möglichkeiten, die kostenrechtlich relevanten Entscheidungen überprüfen zu lassen. 92

1. Anfechtung der vorläufigen Wertfestsetzung

Soweit Gegenstand des Verfahrens nicht eine bestimmte Geldsumme ist, insbesondere also bei unbezifferten Schmerzensgeld- oder Feststellungsklagen, erfolgt eine **vorläufige Wertfestsetzung** nach § 63 Abs. 1 S. 1 GKG. Damit kann der Gerichtskostenvorschuss berechnet werden, ohne dessen Einzahlung die Klage nicht zugestellt werden soll (§ 12 Abs. 1 GKG). 93

Einwendungen gegen die Höhe des vorläufig festgesetzten Streitwertes können nur im Verfahren der Beschwerde gegen die Kostenanforderung geltend gemacht werden (vgl. § 63 Abs. 1 S. 2, § 67 Abs. 1 GKG). Daraus ergibt sich, dass nur der Kostenschuldner (§§ 22 ff. GKG) geltend machen kann, nicht bzw. nicht in dieser Höhe zum Vorschuss verpflichtet zu sein. Dies kann er auch nur dann, wenn die Kosten tatsächlich von ihm 94 angefordert werden. Gegen die vorläufige Streitwertfestsetzung an sich ist dagegen kein isolierter Rechtsbehelf gegeben.[40]

95 *Hinweis*

Nach einer Entscheidung des OLG Köln[41] steht aufgrund der Regelung des (jetzt) § 32 Abs. 2 RVG ausnahmsweise dem Anwalt ein Beschwerderecht gegen die vorläufige Streitwertfestsetzung zu, wenn es aufgrund der Tatsache, dass beiden Parteien Prozesskostenhilfe bewilligt wurde, nicht zu einer Gerichtskostenanforderung kommt.

2. Beschwerde gegen die Wertfestsetzung

96 Die **abschließende Wertfestsetzung** für die Gerichtsgebühren erfolgt gemäß § 63 Abs. 2 GKG, sobald eine Entscheidung über den gesamten Streitgegenstand ergeht oder sich das Verfahren anderweitig erledigt. Diese Festsetzung kann in einem separaten Beschluss oder im Zusammenhang mit der Hauptsacheentscheidung erfolgen. In der Praxis findet sie sich meist am Ende der Entscheidungsgründe des Urteils. Sie ist mit der Beschwerde nach § 68 Abs. 1 GKG anfechtbar.

97 Die Staatskasse kann gegen einen zu niedrigen Gegenstandswert Beschwerde im Hinblick auf die damit geringeren Gerichtsgebühren einlegen. Wurde einer Partei Prozesskostenhilfe bewilligt, steht der Staatskasse auch ein Beschwerderecht gegen eine zu hohe Wertfestsetzung zu, da diese Grundlage für den öffentlich-rechtlichen Vergütungsanspruch des Anwalts ist. Die Partei kann nur gegen einen zu hohen, der Anwalt in eigenem Namen (§ 32 Abs. 2 RVG) nur gegen einen zu niedrigen Wert Beschwerde einlegen.

98 *Hinweis*

Soweit eine Beschwerde, mit der eine Werterhöhung beantragt wird, nicht ausdrücklich im Namen des Anwalts eingelegt wurde, wird dies in der Praxis meist im Wege der Auslegung bzw. durch ergänzende Nachfrage beim Prozessbevollmächtigten geheilt – ungeachtet dessen sollte auf eine eindeutige Bezeichnung des Beschwerdeführers geachtet werden, um eine Verwerfung der Beschwerde als unzulässig zu vermeiden.

99 Die herrschende Meinung hält eine auf Erhöhung des Streitwertes gerichtete Beschwerde der obsiegenden Partei ausnahmsweise dann für zulässig, wenn die Partei

40 Ob es sich um eine vorläufige oder abschließende Streitwertfestsetzung handelt, ist – soweit der gerichtliche Beschluss nicht eindeutig bezeichnet ist – aus den Umständen (fehlende Anhörung der Parteien, Zeitpunkt der Wertfestsetzung etc.) zu ermitteln.

41 OLG Köln AGS 2005, 80.

mit ihrem Anwalt eine Vergütungsvereinbarung geschlossen hat, welche von einem höheren Streitwert ausgeht.[42]

Weitere Zulässigkeitsvoraussetzung ist, dass der Wert des Beschwerdegegenstandes **200 EUR** übersteigt oder die Beschwerde wegen grundsätzlicher Bedeutung zugelassen wurde (§ 68 Abs. 1 S. 1 und S. 2 GKG). 100

Hinweis 101

Gerade weil es in der Praxis sehr selten zur Zulassung der sofortigen Beschwerde kommt, sollte der Anwalt immer einen konkreten Vorschlag zur Wertfestsetzung machen und diesen auch begründen. Gegebenenfalls sollten diese Ausführungen mit dem Antrag verbunden werden, bei Abweichungen vom Wertvorschlag die sofortige Beschwerde zuzulassen, und es sollte die grundsätzliche Bedeutung der Sache dargelegt werden.

Der Wert des Beschwerdegegenstandes berechnet sich für die Partei aus der **Differenz** zwischen der Kostenbelastung durch den festgesetzten und der Kostenbelastung durch den beantragten Gegenstandswert. 102

Beispiel 103

Der vorsteuerabzugsberechtigte Transportbetrieb G wird nach mündlicher Verhandlung zur Zahlung einer Rente an den bei einem Unfall verletzten F verurteilt und ihm werden die Kosten des Rechtsstreits zu 40 % auferlegt. Gegen die Streitwertfestsetzung auf 8.000 EUR will G Beschwerde einlegen und eine Herabsetzung auf 7.000 EUR erreichen.

Legt man den festgesetzten Streitwert von 8.000 EUR zugrunde, entsteht für G folgende Kostenbelastung:

Gerichtskosten, Nr. 1210 KV GKG	714,00 EUR
Kosten für 2 Anwälte	2.961,98 EUR
(2 × 1,3-Verfahrensgebühr, VV 3100, 2 × 1,2-Terminsgebühr, VV 3104, 2 × Auslagenpauschale, VV 7002, **1 x Umsatzsteuer (!)**, VV 7008)	
Summe	3.675,98 EUR
davon 40 %	**1.470,39 EUR**

42 Vgl. OVG Bautzen NVwZ-RR 2006, 654 = DÖV 2007, 172; OVG Saarland AGS 2008, 191 m. Anm. *N. Schneider*; VGH München NVwZ-RR 1997, 195; VGH Mannheim NVwZ-RR 2002, 900; OLG Düsseldorf AGS 2006, 188 m. Anm. *N. Schneider*; a.A.: KG (AGS 2016, 226) und OVG Greifswald (AGS 2009, 43 m. Anm. *Onderka*) für eine Vergütung, die nach Zeitaufwand berechnet wird.

Legt man den beantragten Streitwert von 7.000 EUR zugrunde, entsteht für G folgende Kostenbelastung:

Gerichtskosten, Nr. 1210 KV GKG	646,50 EUR
Kosten für 2 Anwälte	2.636,21 EUR
Summe	3.282,71 EUR
davon 40 %	**1.313,08 EUR**

Da die Differenz von 157,31 EUR unter 200 EUR liegt, kann G nur dann Beschwerde einlegen, wenn diese vom Ausgangsgericht im Festsetzungsbeschluss zugelassen wurde.

104 Bei einer Beschwerde des Anwalts im eigenen Namen ist auf die Differenz zwischen den sich aus der gerichtlichen Festsetzung ergebenden Gebühren und den Gebühren nach der begehrten Festsetzung abzustellen.

105 *Beispiel*

Anwalt A will, nachdem das von ihm begleitete Verfahren nach mündlicher Verhandlung abgeschlossen ist, die gerichtliche Wertfestsetzung auf 10.000 EUR mit dem Ziel angreifen, eine Festsetzung von 16.000 EUR zu erreichen.

Nach der gerichtlichen Wertfestsetzung von 10.000 EUR ergibt sich für A folgender Vergütungsanspruch:

1. 1,3-Verfahrensgebühr, VV 3100		847,60 EUR
2. 1,2-Terminsgebühr, VV 3104		782,40 EUR
3. Auslagenpauschale, VV 7002		20,00 EUR
Zwischensumme	1.650,00 EUR	
4. Umsatzsteuer, VV 7008		313,50 EUR
Gesamt		**1.943,50 EUR**

Bei einem Wert von 16.000 EUR ergibt sich für A folgender Vergütungsanspruch:

1. 1,3-Verfahrensgebühr, VV 3100		990,60 EUR
2. 1,2-Terminsgebühr, VV 3104		914,40 EUR
3. Auslagenpauschale, VV 7002		20,00 EUR
Zwischensumme	1.925,00 EUR	
4. Umsatzsteuer, VV 7008		365,75 EUR
Gesamt		**2.290,75 EUR**

Da die Differenz von 347,25 EUR über 200 EUR liegt, kann A unabhängig davon Beschwerde einlegen, ob das Erstgericht das Rechtsmittel wegen grundsätzlicher Bedeutung zugelassen hat.

Die Beschwerde muss innerhalb einer **Frist** von sechs Monaten ab Rechtskraft der Hauptsacheentscheidung oder anderweitiger Verfahrenserledigung eingelegt werden (§ 68 Abs. 1 S. 3 i.V.m. § 63 Abs. 3 S. 2 GKG). Das Beschwerdegericht tritt dann an die Stelle des erstinstanzlichen Gerichts und kann den Streitwert nach eigenem Ermessen bestimmen. Die **weitere Beschwerde** zum OLG ist statthaft (§ 68 Abs. 1 S. 4 und 5 i.V.m. § 66 Abs. 4 GKG), wenn das LG als Beschwerdegericht sie wegen grundsätzlicher Bedeutung zugelassen hat. Die Überprüfung durch das OLG beschränkt sich auf Rechtsfragen (§§ 546, 547 ZPO). 106

Im Wertfestsetzungsverfahren erhält der **Prozessbevollmächtigte** keine gesonderten Gebühren (vgl. § 19 Abs. 1 S. 2 Nr. 3 RVG). Handelt es sich um eine **Einzeltätigkeit**, entsteht eine 0,8-Verfahrensgebühr nach Nr. 3403 VV RVG. Im Beschwerdeverfahren für den Mandanten erhält der Anwalt eine 0,5-Verfahrensgebühr nach Nr. 3500 VV RVG; gleiches gilt für das Verfahren der weiteren Beschwerde. Eine **Erstattung** der Gebühren durch den Gegner ist in jedem Fall ausgeschlossen (§ 68 Abs. 3 S. 2 GKG). 107

3. Beschwerde gegen den Kostenfestsetzungsbeschluss

Werden im Kostenfestsetzungsverfahren (§§ 103 ff. ZPO) Gebühren oder Auslagen nicht oder nicht vollständig anerkannt, kann der **Kostenfestsetzungsbeschluss** angefochten werden. Der statthafte Rechtsbehelf bestimmt sich nach dem Wert des Beschwerdegegenstandes: 108

- sofortige Beschwerde, wenn der Wert des Beschwerdegegenstandes 200 EUR übersteigt (§ 567 Abs. 2 S. 2 ZPO);
- sonst befristete Erinnerung (§ 11 Abs. 2 S. 1 RPflG), über die bei unterbliebener Abhilfe des Rechtspflegers der Instanzrichter abschließend entscheidet.

Der Wert des Beschwerdegegenstandes berechnet sich aus der **Differenz** zwischen den in der Kostenfestsetzung zugebilligten und den mit der Beschwerde erstrebten Gebühren und Auslagen. 109

Beispiel 110

F klagt gegen G eine Rente aufgrund seiner Unfallverletzungen in Höhe von 10.000 EUR ein. Der Klage wird nach mündlicher Verhandlung teilweise stattgegeben und die Kosten des Rechtsstreits zwischen F und G im Verhältnis 65 % zu 35 % aufgeteilt. Die von F beantragte Festsetzung von Reisekosten seines Anwalts in Höhe von 250 EUR wird zurückgewiesen.

Da F gegen G nur einen Erstattungsanspruch in Höhe von 65 % hat, kann hinsichtlich des von ihm angefochtenen Teils des Beschlusses (Reisekosten des Anwalts) sein Erstattungsanspruch maximal 162,50 EUR (65 % von 250 EUR) höher ausfallen. Damit liegt der Wert des Beschwerdegegenstandes bei 162,50 EUR, und es ist nur die befristete Erinnerung statthaft.

111 Hat der Rechtspfleger des AG die Kosten festgesetzt, entscheidet über die sofortige Beschwerde das LG; bei einer Festsetzung durch den Rechtspfleger des LG entscheidet das OLG. Die Partei kann sofortige Beschwerde einlegen, wenn und soweit ihr Antrag (teilweise) zurückgewiesen wurde. Dem Anwalt steht dagegen in der Regel **kein eigenes Beschwerderecht** zu.

112 *Hinweis*

Ist der Anwalt im Wege der Prozesskostenhilfe beigeordnet worden und hat er in eigenem Namen die Festsetzung seiner Gebühren und Auslagen gegen den Gegner beantragt (§ 126 Abs. 1 ZPO), so steht ihm ausnahmsweise ein eigenes Beschwerderecht zu. Er muss die Beschwerde dann aber auch ausdrücklich im eigenen Namen und nicht für die Partei einlegen.

113 Einzulegen ist die sofortige Beschwerde binnen einer **Frist** von zwei Wochen ab Zustellung des Kostenfestsetzungsbeschlusses beim Beschwerdegericht oder beim Ausgangsgericht (§ 569 Abs. 1 S. 1 ZPO, § 11 Abs. 2 RPflG). Die Partei muss sich im Beschwerdeverfahren auch dann nicht anwaltlich vertreten lassen, wenn das Verfahren vor dem OLG durchgeführt wird, da im ersten Rechtszug – Kostenfestsetzungsverfahren vor dem LG – kein Anwaltszwang bestand (vgl. § 13 RPflG, § 569 Abs. 3 Nr. 1 ZPO).

114 Wenn der Rechtspfleger der sofortigen Beschwerde nicht abhilft (§ 572 Abs. 1 S. 1 ZPO), muss er sie unverzüglich dem Beschwerdegericht vorlegen. Die Entscheidung über die sofortige Beschwerde ergeht nach Gewährung rechtlichen Gehörs für alle Beteiligten, im Regelfall ohne mündliche Verhandlung (vgl. §§ 572 Abs. 4, 128 Abs. 4 ZPO). Gegen die Entscheidung des Beschwerdegerichts ist bei Zulassung die **Rechtsbeschwerde** statthaft (vgl. § 574 ZPO). Andernfalls gibt es mangels Nichtzulassungsbeschwerde keinen weiteren Rechtsbehelf.

115 Die Tätigkeit im Kostenfestsetzungsverfahren (§§ 103 ff. ZPO) gehört gebührenrechtlich zum Rechtszug (§ 19 Abs. 1 Nr. 13 RVG), es sei denn, es handelt sich um eine Einzeltätigkeit. Dann entsteht für den Anwalt eine 0,8-Verfahrensgebühr nach Nr. 3403 VV RVG. Im Beschwerde- oder Erinnerungsverfahren des Mandanten erhält der Anwalt eine 0,5-Verfahrensgebühr nach Nr. 3500 VV RVG, im Rechtsbeschwerdeverfahren eine 1,0-Verfahrensgebühr nach Nr. 3502 VV RVG.

4. Beschwerde gegen die Wertfestsetzung für Anwaltsgebühren

Im Regelfall ist die Wertfestsetzung für die Gerichtsgebühren nach § 32 Abs. 1 RVG auch maßgeblich für die Berechnung der anwaltlichen Gebühren. Es bedarf jedoch einer selbstständigen Wertfestsetzung, wenn z.B. die Gegenstandswerte des gerichtlichen Verfahrens und der anwaltlichen Tätigkeit nicht übereinstimmen (vgl. Rdn 54 ff.). 116

Bei Einwendungen gegen diese Wertfestsetzung können die Antragsberechtigten befristete Beschwerde (§ 33 Abs. 3 S. 1 RVG) einlegen, wenn entweder der Wert des Beschwerdegegenstandes **200 EUR** übersteigt oder das Gericht die Beschwerde wegen grundsätzlicher Bedeutung **zugelassen** hat (§ 33 Abs. 3 S. 2 RVG). Der Wert des Beschwerdegegenstandes ergibt sich aus der Differenz zwischen den anwaltlichen Gebühren nach dem festgesetzten und den anwaltlichen Gebühren nach dem mit der Beschwerde erstrebten Wert. 117

Beschwerdeberechtigt sind im Hinblick auf eine Erhöhung des Streitwertes der Anwalt, bei beantragter Herabsetzung des Streitwertes der Auftraggeber, der erstattungspflichtige Gegner und schließlich auch die Staatskasse, soweit der Anwalt im Wege der Prozesskostenhilfe beigeordnet wurde (§ 33 Abs. 2 S. 2 RVG). Die Beschwerde, für die kein Anwaltszwang besteht (§ 33 Abs. 7 RVG i.V.m. § 78 Abs. 5 ZPO), muss binnen zwei Wochen ab Zustellung beim Ausgangsgericht eingelegt werden (§ 33 Abs. 3 S. 3 und Abs. 7 RVG). 118

Hinweis 119

Eine Einlegung beim Beschwerdegericht ist nicht möglich (§ 33 Abs. 7 RVG). Der Anwalt trägt daher das Risiko, dass die Beschwerde innerhalb der 2-Wochen-Frist dem zuständigen Gericht übermittelt wird.

Gegen die Entscheidung des Beschwerdegerichts ist die **weitere Beschwerde** statthaft, wenn das Landgericht als Beschwerdegericht entschieden und sie wegen grundsätzlicher Bedeutung zugelassen hat (§ 33 Abs. 6 RVG). Die weitere Beschwerde vor dem OLG ist auf die Überprüfung auf Rechtsfragen beschränkt (§§ 546, 547 ZPO). 120

Hinsichtlich der anwaltlichen Gebühren im Festsetzungs- und Beschwerdeverfahren gelten die Ausführungen oben (siehe Rdn 115) entsprechend. Eine **Erstattung** der Anwaltsgebühren durch den Gegner ist in jedem Fall ausgeschlossen (§ 33 Abs. 9 S. 2 RVG). 121

§ 3 Erstattungsfragen

A. Allgemeines

Nach Abschluss der außergerichtlichen Regulierung bzw. des Rechtsstreits stellt sich die Frage, gegenüber wem und auf welche Weise die anwaltlichen Gebühren geltend zu machen sind. 1

Dabei sind zum einen die verschiedenen vertraglichen bzw. erstattungsrechtlichen Beziehungen der Beteiligten zu berücksichtigen. Der Anwalt kann sich hinsichtlich seiner Vergütung in erster Linie an seinen Mandanten halten, der sie ihm aus dem geschlossenen Geschäftsbesorgungsvertrag schuldet.[1] Der Mandant wiederum wird versuchen, die ihm entstandenen Anwaltskosten als Teil seines Schadens beim Unfallgegner bzw. dessen Haftpflichtversicherer geltend zu machen. Führt dieses Vorgehen nicht zu einer vollen Erstattung, sind daneben Ansprüche des Mandanten gegen seine eigenen Versicherer zu prüfen. 2

Auch die Art und Weise der Durchsetzung der jeweiligen Ansprüche kann unterschiedlich sein. Es ist danach zu differenzieren, welches verfahrensrechtliche Stadium die Unfallregulierung letztlich erreicht hat. 3

Führen schon die außergerichtlichen Verhandlungen zu einer Regulierung der Ansprüche, so müssen, wenn dabei keine Einigung über die Kosten getroffen wurde, die Anwaltskosten als eigenständige Schadensposition gegen den Gegner oder seinen Versicherer eingeklagt werden. 4

Nach durchgeführtem Gerichtsverfahren und einer in seinem Sinne ergangenen Kostengrundentscheidung kann der Geschädigte die ihm entstandenen Anwaltskosten dagegen im Rahmen der Kostenfestsetzung nach § 104 ZPO anmelden, in der sie auch vollstreckungsfähig festgesetzt werden. Allerdings gibt es auch hier Ausnahmen, die nicht von der Festsetzung erfasst werden. Dies sind beispielsweise die außergerichtlich entstandenen Gebühren,[2] die weder als Kosten des Mahnverfahrens im Sinne des § 699 Abs. 3 ZPO noch als Kosten des Rechtsstreits im Sinne des § 91 Abs. 1 ZPO bezeichnet werden 5

1 Der Zahlungsanspruch besteht aufgrund der vertraglichen Beziehung zwischen Anwalt und Mandant unabhängig davon, ob und inwieweit der Unfallgegner für die Schäden einzustehen hat (z.B. wegen Mitverschuldens des Geschädigten) oder für sie einstehen kann (z.B. bei Unfallflucht oder Zahlungsunfähigkeit).

2 Vgl. BGH JurBüro 2005, 261; OLG Hamburg MDR 2005, 898; OLG Frankfurt JurBüro 2005, 202; OLG Koblenz JurBüro 2005, 313; OLG Köln RVGreport 2005, 76; OLG Oldenburg RVGreport 2005, 433; OLG München MDR 2002, 237; OLG Nürnberg JurBüro 1995, 592; *Enders*, JurBüro 2004, 169, 170; *Hartung*, NJW 2004, 1409, 1415; *Ruess*, MDR 2005, 313, 314; Zöller (*Herget*), ZPO, § 104 Rn 21, Stichwort „Außergerichtliche Anwaltskosten"; offen gelassen von OLG Schleswig OLGR 2005, 528; a.A.: *Stöber*, AGS 2005, 45; *Hünnekens*, Rpfleger 2004, 445; OLG Hamburg zfs 2005, 201; AG Grevenbroich AGS 2005, 462; AG Hamburg ZMR 2005, 79.

können. Denn sie stehen nicht in einem unabdingbaren, unmittelbaren Zusammenhang mit der Prozessführung.[3]

6 Unterschiedliche Verfahren gibt es aber nicht nur im Erstattungsverhältnis des Mandanten zum Gegner, sondern auch im Verhältnis des Anwalts zum Mandanten. Denn während der Anwalt bei Vergütungsansprüchen, die sich auf ein gerichtliches Verfahren beziehen, die Festsetzung gegen seinen (mitunter zahlungsunwilligen) Mandanten nach § 11 RVG betreiben kann (sog. vereinfachtes Festsetzungsverfahren), ist er im Bereich der außergerichtlichen Tätigkeit auf eine Honorarklage angewiesen.

B. Anwalt gegen Mandant

7 Unabhängig von der Frage, ob und in welchem Umfang der Unfallgegner bzw. dessen Versicherer für die Anwaltskosten haftet, kann der Anwalt stets die entstandene Vergütung von seinem Mandanten verlangen. Der Vergütungsanspruch ergibt sich aus dem Mandatsvertrag, der als entgeltliche Geschäftsbesorgung oder – im Fall der Gutachtenerstattung – als Werkvertrag anzusehen ist und mangels Schriftformerfordernissen auch durch schlüssiges Verhalten zustande kommen kann.

I. Umfang des Anspruchs

1. Allgemeines

8 Der Anspruch besteht in Höhe der gesetzlichen bzw. der vereinbarten Gebühren. Die **gesetzlichen Gebühren** berechnen sich entweder nach dem RVG oder – in Fällen von Beratung, Gutachten und Mediation ohne Gebührenvereinbarung – nach den Vorschriften des Bürgerlichen Gesetzbuchs (§ 34 Abs. 1 RVG).

9 Für den Gebührenanspruch des Anwalts ist der **Ausgang des Rechtsstreits** ohne Bedeutung. Da die Vergütung nach dem RVG nicht als Erfolgshonorar ausgestaltet ist, kommt es nicht darauf an, ob und in welchem Umfang sein Auftraggeber obsiegt hat. Dies ist erst bei der Frage der Kostenerstattung zwischen Mandant und Gegner zu beachten (vgl. Rdn 62 ff.).

2. Mehrere Auftraggeber

10 Wird der Anwalt in derselben Angelegenheit für **mehrere Auftraggeber** tätig, so erhält er nach § 7 Abs. 1 RVG zwar die Gebühren nur einmal. Nach Nr. 1008 VV RVG erhöhen sich jedoch – wenn der Gegenstand der anwaltlichen Tätigkeit derselbe ist – die

3 Zur Geltendmachung dieser Kosten, insbesondere der Geschäftsgebühr, vgl. Rdn 53 ff.

Geschäfts- bzw. die Verfahrensgebühr für jeden weiteren Auftraggeber um 0,3; die Erhöhung nach dieser Gebühr ist allerdings auf maximal 2,0 beschränkt. Die Tätigkeit für mehrere Auftraggeber ist auch bei der Geltendmachung des Vergütungsanspruchs zu berücksichtigen. Nach § 7 Abs. 2 S. 1 RVG schuldet nämlich jeder der Auftraggeber im **Innenverhältnis** zum Anwalt nur diejenigen Gebühren und Auslagen, die er schulden würde, wenn der Rechtsanwalt allein in seinem Auftrag tätig geworden wäre. Insgesamt kann der Anwalt nicht mehr als die nach § 7 Abs. 1 RVG berechneten Gebühren, also die Gebühren für die gesamte Angelegenheit einschließlich der Erhöhungsbeträge, fordern (§ 7 Abs. 2 S. 2 RVG).

Beispiel 11

Fahrer F, Halter H und Versicherer V beauftragten Anwalt A mit ihrer Vertretung in einem Klageverfahren, in dem gegen sie Ansprüche aus einem Verkehrsunfall geltend gemacht werden. Der Unfallgegner G verlangt von ihnen gesamtschuldnerisch Ersatz seines Sachschadens in Höhe von 10.000 EUR sowie ein Schmerzensgeld in Höhe von 1.500 EUR. Nach Beweisaufnahme wird die Klage abgewiesen.

Der Gebührenanspruch des A berechnet sich aus einem Wert von 11.500 EUR wie folgt:

1. 1,9-Verfahrengebühr, VV 3100, 1008		1.343,30 EUR
2. 1,2-Terminsgebühr, VV 3104		848,40 EUR
3. Auslagenpauschale, VV 7002		20,00 EUR
Zwischensumme	2.211,70 EUR	
4. Umsatzsteuer, VV 7008		420,22 EUR
Gesamt		**2.631,92 EUR**

Gegen jeden einzelnen Auftraggeber kann A einen Anspruch in Höhe von 2.127,13 EUR geltend machen, nämlich diejenigen Gebühren, die entstanden wären, wenn der betreffende Auftraggeber A allein beauftragt hätte (dann 1,3-Verfahrensgebühr in Höhe von 919,10 EUR statt 1,9-Verfahrensgebühr). Hat A diesen Betrag dann beispielsweise bei F erfolgreich geltend gemacht, so haften H und V gegenüber A lediglich noch in Höhe von 504,79 EUR (2.631,92 EUR – 2.127,13 EUR), da A insgesamt nicht mehr als die nach § 7 Abs. 1 RVG berechneten Gebühren verlangen kann.

Ist der Gegenstand der anwaltlichen Tätigkeit für mehrere Auftraggeber **nur teilweise derselbe**, hat dies auch auf den Vergütungsanspruch gegen den einzelnen Auftraggeber Auswirkungen. 12

13 *Beispiel*

Fahrer F, Halter H und Versicherer V beauftragten Anwalt A mit ihrer Vertretung in einem Klageverfahren, in dem gegen sie Ansprüche aus einem Verkehrsunfall geltend gemacht werden. Der Unfallgegner G verlangt von ihnen drei gesamtschuldnerisch Ersatz seines Sachschadens in Höhe von 10.000 EUR sowie ein Schmerzensgeld in Höhe von 1.500 EUR. Gleichzeitig beauftragt Halter H den Anwalt, im Wege der Widerklage einen Sachschaden in Höhe von 5.500 EUR gegen G geltend zu machen. Nach Beweisaufnahme wird die Klage in vollem Umfang abgewiesen und der Widerklage stattgegeben. An der Verteidigung gegen die Klage (11.500 EUR) sind alle drei Auftraggeber beteiligt. Am Gegenstand der Widerklage (5.500 EUR) ist dagegen nur H beteiligt.

Der Gebührenanspruch des A berechnet sich wie folgt:[4]

1. 1,9-Verfahrensgebühr, VV 3100, 1008		
aus 11.500 EUR	1.343,30 EUR	
2. 1,3-Verfahrensgebühr, VV 3100		
aus 5.500 EUR	538,20 EUR	
gemäß § 15 Abs. 3 RVG max. 1,9 aus 17.000 EUR		1.552,30 EUR
3. 1,2-Terminsgebühr, VV 3104		
aus 17.000 EUR		980,40 EUR
4. Auslagenpauschale, VV 7002		20,00 EUR
Zwischensumme	2.552,70 EUR	
5. Umsatzsteuer, VV 7008		485,01 EUR
Gesamt		**3.037,71 EUR**

H haftet dafür maximal in folgender Höhe (Wert: 17.000 EUR):

1. 1,3-Verfahrensgebühr, VV 3100		1.062,10 EUR
2. 1,2-Terminsgebühr, VV 3104		980,40 EUR
3. Auslagenpauschale, VV 7002		20,00 EUR
Zwischensumme	2.062,50 EUR	
4. Umsatzsteuer, VV 7008		391,88 EUR
Gesamt		**2.454,38 EUR**

4 Die Abrechnung dieses Gebührenanspruchs ist allerdings streitig: Die Gegenmeinung (vgl. Gerold/Schmidt (*Müller-Rabe*), RVG, VV 1008 Rn 227 ff. m.w.N.) ermittelt zunächst eine 1,3-Verfahrensgebühr aus dem gesamten Streitwert und nimmt dann für den Teil mit demselben Gegenstand die jeweilige Erhöhung vor. Vgl. die ausführliche Berechnung von *Müller-Rabe* bei Rn 234 f.

F und V haften jeweils maximal in folgender Höhe (Wert: 11.500 EUR):

1. 1,3-Verfahrensgebühr, VV 3100		919,10 EUR
2. 1,2-Terminsgebühr, VV 3104		848,40 EUR
3. Auslagenpauschale, VV 7002		20,00 EUR
Zwischensumme	1.787,50 EUR	
4. Umsatzsteuer, VV 7008		339,62 EUR
Gesamt		**2.127,13 EUR**

3. Anrechnung

Nach der früheren Rechtsprechung des Bundesgerichtshofes[5] führte die in Vorb. 3 Abs. 4 VV RVG vorgesehene Anrechnung der Geschäftsgebühr auf die Verfahrensgebühr dazu, dass sich der Anspruch des Anwalts auf die Verfahrensgebühr um den Anrechnungsbetrag verminderte, weil die Verfahrensgebühr aufgrund der Anrechnung nach Ansicht des BGH von vornherein nur in verminderter Höhe entstand. Daraus resultierte als Folgeproblem die Frage, wie die Anrechnung im Kostenfestsetzungsverfahren zu behandeln sei. Teilweise wurde vertreten,[6] dass die anzurechnende Geschäftsgebühr nur dann zu berücksichtigen sei, wenn sie tituliert bzw. unstreitig gezahlt worden war. Nach der Gegenansicht,[7] der sich auch die Mehrzahl der Senate des BGH[8] angeschlossen hatte, sollte die Anrechnung der außergerichtlichen Geschäftsgebühr auf die Verfahrensgebühr dagegen immer berücksichtigt werden.[9] Mit der Regelung in § 15a Abs. 1 RVG hat der Gesetzgeber inzwischen klargestellt, dass der Anwalt, der vor dem gerichtlichen Verfahren bereits außergerichtlich für den Mandanten tätig geworden ist, sowohl die Geschäfts- als auch die Verfahrensgebühr zunächst trotz der gesetzlich vorgesehenen Anrechnung völlig unabhängig voneinander in voller Höhe verdient. Die Verfahrensgebühr entsteht also – 14

5 Vgl. BGH AGS 2007, 283; BGH NJW 2007, 2049; BGH NJW 2007, 2050; BGH NJW 2007, 3500; BGH NJW 2008, 1323; a.A.: KG AGS 2008, 216; *Hansens*, RVGreport 2008, 121 und 149; *N. Schneider*, AGS 2008, 218; *Schons*, AnwBl 2008, 356; *Nugel*, zfs 2007, 491; *Enders*, JurBüro 2007, 561.

6 OLG Celle JurBüro 2008, 191; KG AGS 2008, 216; KG AGS 2007, 439; OLG Stuttgart AGS 2008, 43; OLG Karlsruhe AGS 2007, 494; AG Köln AGS 2007, 499; OLG Koblenz AGS 2007, 642; OLG Koblenz AnwBl 2008, 149; OLG Rostock AGS 2008, 46; OLG Saarbrücken AGS 2008, 46; OLG Hamm AGS 2008, 47; OLG München JurBüro 2007, 637; LG Heidelberg JurBüro 2007, 638; AG St. Goar JurBüro 2008, 26; AG Fritzlar JurBüro 2008, 81; OLG Schleswig AGS 2008, 42; *Schons*, AnwBl 2008, 356; *Hansens*, RVGreport 2008, 149; *N. Schneider*, AGS 2008, 44.

7 OLG Hamburg AGS 2008, 48; OLG Nürnberg AGS 2008, 49; OLG Frankfurt AGS 2007, 643; OLG Nürnberg AGS 2008, 49; AG Hohenschönhausen AGS 2008, 44.

8 Vgl. BGH RVGreport 2008, 310 = AGS 2008, 441; BGH RVGreport 2008, 311; BGH RVGreport 2008, 148; BGH RVG prof. 2008, 117; ebenso OLG Frankfurt AGS 2008, 442.

9 Die Auswirkungen der Anrechnung gegenüber Dritten sind nunmehr in § 15a Abs. 2 RVG geregelt (vgl. dazu Rdn 107 ff.).

auch wenn bereits eine Geschäftsgebühr angefallen ist – nicht etwa in verminderter, sondern in voller Höhe. Der Anwalt kann jedoch im Ergebnis nur den um den Anrechnungsbetrag verminderten Gesamtbetrag der beiden Gebühren fordern. Er hat in diesem Zusammenhang ein Wahlrecht, welche der Gebühren er in welcher Höhe vom Mandanten fordert.

15 *Beispiel*

Halter H beauftragt einen Anwalt, seinen Sachschaden in Höhe von 10.000 EUR zunächst außergerichtlich geltend zu machen (insgesamt durchschnittliche Angelegenheit). Nachdem der gegnerische Haftpflichtversicherer die Zahlung ablehnt, erhebt A auftragsgemäß Klage, der nach mündlicher Verhandlung stattgegeben wird.

Der Gebührenanspruch des A gegen H berechnet sich aus einem Wert von 10.000 EUR wie folgt:

I. Außergerichtliche Tätigkeit		
1. 1,3-Geschäftsgebühr, VV 2300		847,60 EUR
2. Auslagenpauschale, VV 7002		20,00 EUR
Zwischensumme	867,60 EUR	
3. Umsatzsteuer, VV 7008		164,84 EUR
Gesamt		**1.032,44 EUR**
II. Gerichtliche Tätigkeit		
1. 1,3-Verfahrensgebühr, VV 3100		847,60 EUR
2. 1,2-Terminsgebühr, VV 3104		782,40 EUR
3. Auslagenpauschale, VV 7002		20,00 EUR
Zwischensumme	1.650,00 EUR	
4. Umsatzsteuer, VV 7008		313,50 EUR
Gesamt		**1.963,50 EUR**

Der Gesamtbetrag der Gebühren beläuft sich auf 2.995,94 EUR. Der Anwalt kann jedoch nach § 15a Abs. 1 RVG **insgesamt** nur 2.491,62 EUR geltend machen, da dies dem Betrag nach Anrechnung einer 0,65-Gebühr (hälftige Geschäftsgebühr) aus 10.000 EUR entspricht. Der Anwalt hat allerdings ein Wahlrecht, ob er beispielsweise die Geschäftsgebühr in voller Höhe vom Mandanten fordert und die Verfahrensgebühr nur in Höhe von 0,65 oder umgekehrt.

II. Differenzgebühr Abrechnungsgrundsätze

16 Die Abrechnungsgrundsätze (ausführliche Darstellung siehe § 1 Rdn 125 ff.) regeln die Höhe derjenigen Gebühren, die der Anwalt vom gegnerischen Haftpflichtversicherer

für die Regulierung beanspruchen kann. Auf das **Innenverhältnis** zwischen Anwalt und Mandant haben sie keine unmittelbare Auswirkung, weil der Mandant an der Vereinbarung dieser Grundsätze nicht beteiligt ist. Im Verhältnis zum Mandanten ist der Anwalt daher weiterhin an die gesetzlichen Gebühren bzw. an eine getroffene Vergütungsvereinbarung gebunden. Allerdings ergeben sich aus den Abrechnungsgrundsätzen dann gewisse **Reflexwirkungen** auf das Verhältnis zum Mandanten, wenn der Erstattungsanspruch nach den Abrechnungsgrundsätzen nicht mit dem Gebührenanspruch im Innenverhältnis übereinstimmt.

Beispiel 17

Anwalt A reguliert für Halter H einen Unfallschaden in Höhe von 10.000 EUR, wobei der Gegner nach Durchführung einer Besprechung freiwillig die volle Summe zahlt. Die Angelegenheit ist überdurchschnittlich umfangreich. Gegenüber dem Haftpflichtversicherer des Schädigers, rechnet der Anwalt für seine Tätigkeit vereinbarungsgemäß eine 1,5-Gebühr aus einem Wert von 10.000 EUR ab.

Hier ergibt sich aus der Anwendung der Abrechnungsgrundsätze keine Besonderheit, weil A auch im Verhältnis zu H eine 1,5-Geschäftsgebühr aus 10.000 EUR nach Nr. 2300 VV RVG in Rechnung stellen kann.

Anders liegt es jedoch, wenn der Erstattungsanspruch nach den Abrechnungsgrundsätzen 18
nicht mit dem Gebührenanspruch im Innenverhältnis übereinstimmt, wobei dies verschiedene Ursachen haben kann.

1. Unterschiedliche Gebührensätze

Die Gebührenansprüche gegenüber dem gegnerischen Haftpflichtversicherer einerseits 19
und dem Mandanten andererseits können deshalb unterschiedlich sein, weil den jeweiligen Abrechnungen **andere Gebührensätze** zugrunde liegen.

Beispiel 20

Für eine außergerichtliche Unfallregulierung sind mehrere Besprechungen erforderlich (überdurchschnittliche Angelegenheit). Schließlich wird mit dem gegnerischen Versicherer ein Vergleich geschlossen.

Nach den Abrechnungsgrundsätzen kann der Anwalt eine 1,5- bzw. 1,8-Geschäftsgebühr nebst Auslagenpauschale und Umsatzsteuer liquidieren. An gesetzlichen Gebühren sind eine 1,5-Geschäftsgebühr sowie eine 1,5-Einigungsgebühr nebst Auslagenpauschale und Umsatzsteuer entstanden.

21 In diesen Fällen kann der Anwalt gegen seinen Mandanten **keine Differenzforderung** geltend machen.[10] Denn liquidiert der Anwalt nach den Abrechnungsgrundsätzen, so liegt darin gleichzeitig ein Verzicht auf die Abrechnung nach dem höheren gesetzlichen Gebührensatz. Ein solcher Verzicht, der im eigenen Interesse des Anwalts liegt, kann jedoch nicht zu Lasten des Mandanten wieder ausgeglichen werden. Insofern muss man die Erklärung des Anwalts gegenüber dem gegnerischen Haftpflichtversicherer, nach den geringeren Gebührensätzen der Abrechnungsgrundsätze liquidieren zu wollen, auch als konkludente Erklärung gegenüber dem Mandanten ansehen, diese Gebühren nicht geltend zu machen.

22 Umgekehrt ist der Anwalt jedoch auch nicht verpflichtet, einen eventuellen **Mehrbetrag** an den Mandanten auszukehren, wenn der Gebührensatz der Abrechnungsgrundsätze über den gesetzlichen Gebühren liegt.

23 *Beispiel*

Auf das außergerichtliche Aufforderungsschreiben des Anwalts (insgesamt durchschnittliche Angelegenheit) zahlt der Versicherer freiwillig.

Gegenüber dem Versicherer kann für diese Tätigkeit eine 1,5- bzw. 1,8-Geschäftsgebühr in Rechnung gestellt werden, während gegenüber dem Mandanten aus Nr. 2300 VV RVG nur eine 1,3-Geschäftsgebühr abgerechnet werden könnte.

2. Unterschiedliche Erledigungswerte

24 Sind die Gebührenansprüche gegenüber Haftpflichtversicherer und Mandant deshalb unterschiedlich, weil den jeweiligen Abrechnungen **andere Gegenstandswerte** zugrunde liegen, ist eine Nachforderung beim Mandanten nach herrschender Meinung zulässig.[11] Eine solche Differenz kann insbesondere auftreten, wenn der Versicherer die vom Mandanten geltend gemachte Forderung nur teilweise reguliert.

25 *Beispiel*

Eigentümer E will nach einem Verkehrsunfall seinen Sachschaden in Höhe von 7.500 EUR geltend machen und beauftragt Anwalt A (überdurchschnittlich umfangreiche Angelegenheit). Der Versicherer wendet ein hälftiges Mitverschulden des E ein und zahlt nur 3.750 EUR.

10 *Mümmler*, JurBüro 1987, 1144; *Greißinger*, zfs 1995, 1; *Enders*, JurBüro 1995, 337, 340; *Enders*, JurBüro 1996, 574, 575; *Matzen*, AnwBl 1973, 60, 61; AnwK-RVG (*N. Schneider*), Anhang I Rn 62 ff.

11 LG Köln r+s 1992, 128; *Greißinger*, zfs 1995, 1; *Enders*, JurBüro 1995, 337, 340; *Enders*, JurBüro 1996, 574, 575; *Matzen*, AnwBl 1973, 60, 61; *Schneider*, Das verkehrsrechtliche Mandat, Band 2, § 8 Rn 537 ff.; AnwK-RVG (*N. Schneider*), Anhang I Rn 69 ff.; a.A.: *Mümmler*, JurBüro 1987, 1144.

Folgende Gebühren sind für A entstanden (Wert: 7.500 EUR):

1. 1,5-Geschäftsgebühr, VV 2300		799,50 EUR
2. Auslagenpauschale, VV 7002		20,00 EUR
Zwischensumme	819,50 EUR	
3. Umsatzsteuer, VV 7008		155,71 EUR
Gesamt		**975,21 EUR**

Gegenüber dem Versicherer kann A abrechnen (Wert: 3.750 EUR):

1. 1,5-Geschäftsgebühr (Abrechnungsgrds.), VV 2300		442,50 EUR
2. Auslagenpauschale, VV 7002		20,00 EUR
Zwischensumme	462,50 EUR	
3. Umsatzsteuer, VV 7008		87,88 EUR
Gesamt		**550,38 EUR**

Den Differenzbetrag von 424,83 EUR kann A von E verlangen, denn es ist allein das (gebührenrechtliche) Risiko des Auftraggebers, wenn eine zu hohe Forderung geltend gemacht wird.

3. Unterschiedliche Gebührensätze und Erledigungswerte

Sind sowohl die Gebührensätze als auch die Erledigungswerte unterschiedlich, kann der Anwalt die Differenz zwischen den tatsächlich entstandenen gesetzlichen Gebühren und den (fiktiven) gesetzlichen Gebühren nach dem Erledigungswert verlangen. 26

Umstritten ist, ob dies nur dann gilt, wenn das gesetzliche Gebührenaufkommen den Erstattungsbetrag nach den Abrechnungsgrundsätzen **übersteigt**.[12] Dafür spricht, dass der Anwalt auch nicht verpflichtet ist, einen eventuellen Mehrbetrag an den Mandanten auszukehren, wenn der Gebührensatz der Abrechnungsgrundsätze über den gesetzlichen Gebühren liegt. Insofern kann er keinen Differenzbetrag verlangen, wenn die Vergütung nach den Abrechnungsgrundsätzen seine nach den gesetzlichen Gebühren fiktiv berechnete Forderung bereits abdeckt. Andererseits ist aber zu berücksichtigen, dass die Abrechnungsgrundsätze eine Sperrwirkung nur im Hinblick auf die geringeren Gebührensätze nach dem erledigten Wert entfalten und nicht für den übersteigenden Teil. 27

Bleibt der Erstattungsanspruch dagegen hinter dem (fiktiven) gesetzlichen Gebührenaufkommen **zurück**, ist der Anspruch auf Abrechnung der höheren gesetzlichen Gebühr hinsichtlich des Differenzwertes unstreitig.[13] 28

12 So *Matzen*, AnwBl 1973, 60; *Mümmler*, JurBüro 1994, 161; a.A.: OLG Düsseldorf AGS 2005, 372; AnwK-RVG (*N. Schneider*), Anhang VII Rn 73.

13 So auch OLG Düsseldorf AGS 2005, 372; AnwK-RVG (*N. Schneider*), Anhang I Rn 73 ff.

29 *Beispiel*

Anwalt A wird von E mit der Regulierung eines Sachschadens in Höhe von 10.000 EUR beauftragt. Nach mehreren Besprechungen mit dem Versicherer, die eine 2,0-Geschäftsgebühr nach Nr. 2300 VV RVG rechtfertigen, wird ein Vergleich mit einem Erledigungswert von 8.000 EUR geschlossen.

Gegenüber V kann A nach den Abrechnungsgrundsätzen abrechnen (Wert: 8.000 EUR):

1. 1,8-Geschäftsgebühr (Abrechnungsgrds.), VV 2300		959,40 EUR
2. Auslagenpauschale, VV 7002		20,00 EUR
Zwischensumme	979,40 EUR	
3. Umsatzsteuer, VV 7008		186,09 EUR
Gesamt		**1.165,49 EUR**

Die gesetzlichen Gebühren gegenüber E betragen (Wert: 10.000 EUR):

1. 2,0-Geschäftsgebühr, VV 2300		1.304,00 EUR
2. 1,5-Einigungsgebühr, VV 1000		978,00 EUR
3. Auslagenpauschale, VV 7002		20,00 EUR
Zwischensumme	2.302,00 EUR	
4. Umsatzsteuer, VV 7008		437,38 EUR
Gesamt		**2.739,38 EUR**

Nach dem Erledigungswert (8.000 EUR) wären gesetzliche Gebühren in folgender Höhe entstanden:

1. 2,0-Geschäftsgebühr, VV 2300		1.066,00 EUR
2. 1,5-Einigungsgebühr, VV 1000		799,50 EUR
3. Auslagenpauschale, VV 7002		20,00 EUR
Zwischensumme	1.885,50 EUR	
4. Umsatzsteuer, VV 7008		358,25 EUR
Gesamt		**2.243,75 EUR**

Die Differenz von (2.739,38 – 2.243,75 EUR =) 495,63 EUR kann A von E verlangen, denn sie beruhen allein auf dem unterschiedlichen Gegenstandswert, nicht dagegen auf den unterschiedlichen Gebührensätzen.

III. Differenzgebühr Rationalisierungsabkommen

30 Hat der Anwalt mit dem Rechtsschutzversicherer seines Mandanten ein sog. Rationalisierungsabkommen geschlossen (zu den Einzelheiten vgl. § 1 Rdn 143 ff.), so kann es

vorkommen, dass die dort vereinbarten Gebühren hinter den gesetzlichen Gebühren, die der Mandant schuldet, zurückbleiben.

Beispiel 31

Der Rechtsschutzversicherer bietet ein Rationalisierungsabkommen an, wonach die Geschäftsgebühr pauschal mit einer 1,0-Gebühr abgegolten wird.

Für jede Tätigkeit, die nach Nr. 2300 VV RVG mit einem höheren Gebührensatz abgerechnet werden könnte, verbleibt demnach eine Gebührendifferenz.

Erklärt sich der Anwalt gegenüber dem Rechtsschutzversicherer mit einer solchen pauschalen Abrechnung einverstanden, so wirkt dieser Verzicht auf eventuelle Mehrforderungen auch **zugunsten des jeweiligen Mandanten**. Denn der Rechtsschutzversicherer soll gerade für diejenigen Kosten aufkommen, die der Versicherungsnehmer gegenüber dem Anwalt zu tragen hat. Gibt der Anwalt sich daher gegenüber dem Versicherer mit weniger zufrieden, so liegt darin die konkludente Erklärung, die Differenz auch nicht beim Versicherungsnehmer einzufordern. 32

IV. Vorschussanspruch

1. Allgemeines

Nach § 9 RVG kann der Anwalt von seinem Auftraggeber für die entstandenen und die voraussichtlich entstehenden **Gebühren und Auslagen** einen angemessenen Vorschuss fordern. Für Ansprüche außerhalb des RVG (z.B. angeforderte Gerichtskosten, Zustellungskosten etc.) kann ein Vorschuss nach den allgemeinen Vorschriften (§§ 675, 669 BGB) verlangt werden. 33

Der Anspruch auf Vorschuss **entsteht** mit der Auftragserteilung und **erlischt** nach herrschender Meinung, wenn die Vergütung fällig ist und abgerechnet werden kann.[14] Denn dann ist der Anwalt zum kostenrechtlichen Abschluss des Mandats verpflichtet. 34

2. Vergütungsvereinbarung

Rechnet der Anwalt nicht nach den gesetzlichen Gebühren ab, sondern hat er eine Vergütungsvereinbarung abgeschlossen, so muss sich der **Vorschussanspruch** aus dieser Vereinbarung ergeben. Fehlt eine entsprechende Regelung, so ist zu prüfen, ob dadurch das Recht auf Anforderung eines Vorschusses ausgeschlossen wird. Dies kann man z.B. annehmen, wenn die Vergütungsvereinbarung feste Termine für Abschlags- oder 35

14 AnwK-RVG (*N. Schneider*), § 9 Rn 43 m.w.N.

Teilzahlungen vorsieht oder sich aus den sonstigen Umständen ergibt, dass der Mandant keinen Vorschuss leisten sollte.

36 *Beispiel*

F und A schließen eine Vergütungsvereinbarung für die Regulierung eines Unfallschadens. In dieser ist bestimmt, dass A ein Pauschalhonorar erhält, welches er im Erfolgsfall von der erwarteten Schadensersatzleistung des gegnerischen Versicherers einbehalten darf.

Aus dieser Regelung ergibt sich nicht nur eine Leistungsbestimmung, sondern auch der konkludente Wille der Parteien, dass das Honorar des A erst nach Abschluss des Mandates, nämlich nach Auskehrung der betreffenden Summe durch den Versicherer gezahlt werden soll.

3. Schuldner

37 Schuldner des Vorschusses ist der Auftraggeber oder ein Dritter, der kraft Gesetzes bzw. vertraglicher Vereinbarung unmittelbar gegenüber dem Anwalt für die Vergütungsforderung haftet. Damit scheidet der **Rechtsschutzversicherer** des Mandanten als Schuldner des Vorschusses aus, weil er nicht unmittelbar dem Anwalt, sondern nur dem Mandanten zur Übernahme von Anwaltskosten verpflichtet ist. Auch die Abtretung des Versicherungsanspruches des Mandanten gegen seinen Versicherer wird an den in den meisten Rechtsschutzversicherungsbedingungen enthaltenen Abtretungsverboten scheitern. Soweit der Rechtsschutzversicherer unmittelbar an den Anwalt leistet, tut er dies nach § 267 Abs. 1 S. 1 BGB als Dritter für den Mandanten. Wird nämlich vom Mandanten ein Vorschuss verlangt, so liegt darin eine Inanspruchnahme des Versicherungsnehmers, die eine Freistellungspflicht des Versicherers auslöst. Alternativ zur Vorschussanforderung an den Mandanten kann der Anwalt, wenn er im Vorfeld bereits die Einstandspflicht des Rechtsschutzversicherers klären will, von diesem eine **Kostendeckungszusage** einholen.

38 *Hinweis*

Der Anwalt sollte insbesondere in den Fällen, in denen im Hinblick auf das Unfallgeschehen der Risikoausschluss „vorsätzliche Straftat" (3.2.21 Muster-ARB 2021) eingreifen könnte,[15] den Gebührenvorschuss im Namen des Mandanten vom Rechtsschutzversicherer anfordern. Im Falle einer Verurteilung kann der Versicherer nämlich diesen Vorschuss nicht von ihm zurückverlangen, sondern nur vom Versicherungsnehmer.[16]

15 Vgl. dazu *van Bühren*, Das verkehrsrechtliche Mandat, Band 4, § 13 Rn 235.

16 *Schneider*, zfs 2008, 249.

Für eine Vorschussanforderung beim Rechtsschutzversicherer spricht auch noch ein weiteres Argument, das in der späteren Abwicklung des Mandats relevant werden kann. Der Rechtsschutzversicherer ist nicht mehr zur Zahlung verpflichtet, sobald der Gegner aufgrund einer gerichtlichen Entscheidung die Kosten tragen muss (**3.3.7 Muster-ARB 2021**). Deshalb leisten Versicherer nach erfolgreichem Prozessabschluss keine Zahlungen mehr, bis nicht feststeht, dass der Gegner die Kostenerstattung verweigert. Diese Verzögerung kann man mit einer rechtzeitigen Vorschussanforderung vermeiden. 39

Vorsicht ist allerdings geboten, wenn der Rechtsschutzversicherer den Vorschuss an den Anwalt unter dem **Vorbehalt späterer Rückforderung** zahlt. Dies ist zwar im Hinblick auf den gesetzlichen Vorschussanspruch unzulässig. Ohne Widerspruch des Anwalts wird in dieser Vorgehensweise jedoch teilweise eine stillschweigende Vereinbarung zwischen Anwalt und Versicherer gesehen, die den Anwalt verpflichtet, eventuelle Überzahlungen zu erstatten.[17] 40

Hinweis 41

Soweit Vorschusszahlungen vom Rechtsschutzversicherer unter Vorbehalt geleistet werden, sollte der Anwalt unverzüglich im Namen seines Mandanten widersprechen und den Versicherer zur vorbehaltlosen Leistung auffordern.

4. Höhe

Die Höhe der Vorschussforderung richtet sich nach den entstandenen und voraussichtlich entstehenden Gebühren und Auslagen für die Bearbeitung des Mandats. Insofern ist eine **Prognose** über den voraussichtlichen Verlauf des Mandats erforderlich. 42

Beispiel 43

Fahrer F beauftragt A mit der außergerichtlichen Geltendmachung einer Schadensersatzforderung aus einem Verkehrsunfall. Da F einen Rechtsstreit vermeiden will, soll A verstärkt auf eine Einigung mit dem gegnerischen Haftpflichtversicherer hinwirken.

Der Anwalt hat grundsätzlich ein Recht auf Vorschuss in Höhe einer 1,3-Geschäftsgebühr nach Nr. 2300 VV RVG. In dieser Höhe hat der Rechtsschutzversicherer den Versicherungsnehmer auch freizustellen.[18] Die aufgrund der Einigungsversuche anstehenden Besprechungen rechtfertigen im vorliegenden Fall den Ansatz einer Geschäftsgebühr in Höhe von 1,5. Angesichts des ausdrücklichen Wunsches des

17 BGH VersR 1972, 1141; LG Aachen RVGreport 2010, 79; LG München r+s 1994, 262; kritisch *Schulz*, zfs 2010, 246, 247.
18 AG München AGS 2007, 234.

Mandanten nach einer Einigung erscheint es auch vertretbar, bereits bei Beginn des Mandates zusätzlich eine 1,5-Einigungsgebühr nach Nr. 1000 VV RVG anzufordern. Im Regelfall wird eine solche Gebühr jedoch erst als Vorschuss angefordert werden können, wenn sich die Einigung abzeichnet.

44 Für ein Klageverfahren können die im Prozess üblicherweise entstehenden Gebühren aus dem beauftragten Gegenstandswert sowie die voraussichtlichen Auslagen aus Nrn. 7000 ff. VV RVG als Vorschuss verlangt werden.

45 *Beispiel*

Fahrer F beauftragt A mit der Vertretung in einem Klageverfahren, in dem F auf Schadensersatz und Schmerzensgeld in Höhe von 10.000 EUR in Anspruch genommen wird.

A kann einen Vorschuss in Höhe einer 1,3-Verfahrensgebühr und einer 1,2-Terminsgebühr aus 10.000 EUR sowie Auslagenpauschale und Umsatzsteuer anfordern, da diese Gebühren im Prozess voraussichtlich anfallen werden. Eine mögliche Einigungsgebühr sollte in den Vorschuss nur dann einbezogen werden, wenn eine Einigung im Rechtsstreit ausreichend wahrscheinlich ist.

46 Ändern sich im Laufe der anwaltlichen Tätigkeit die Umstände, auf die die Berechnung der Vorschussanforderung gestützt wurde (z.B. Erhöhung des Gegenstandswertes, voraussichtlicher Anfall weiterer Gebühren etc.), kann der Anwalt jederzeit einen **weiteren Vorschuss** verlangen. An diese weitere Vorschussanforderung werden ebenfalls keine formellen Anforderungen gestellt, wenngleich sie in der Praxis zu Beweis- und Erläuterungszwecken gegenüber dem Auftraggeber stets zu empfehlen sind.

V. Abrechnung

47 Der Vergütungsanspruch des Anwalts ist nach Erledigung des Auftrags bzw. Beendigung der Angelegenheit fällig (§ 8 Abs. 1 S. 1 RVG). In einem gerichtlichen Verfahren tritt die Fälligkeit auch dann ein, wenn eine Kostenentscheidung ergangen oder der Rechtszug beendet ist oder wenn das Verfahren länger als drei Monate ruht. Allein die Fälligkeit reicht jedoch nicht aus, um die Vergütung vom Mandanten einfordern zu können. Denn nach § 10 RVG kann der Anwalt – abgesehen von den Fällen der Vorschussanforderung – eine Vergütung vom Mandanten nur auf der Grundlage einer unterzeichneten und dem Auftraggeber mitgeteilten **Berechnung** fordern. Ohne eine solche Abrechnung braucht der Auftraggeber die Vergütung nicht zu zahlen und gerät nicht in Verzug. Allerdings ist anerkannt, dass die Berechnung auch erst im Vergütungsprozess erteilt werden kann.[19]

19 OLG Düsseldorf AGS 2009, 14.

Dies kann u.a. dann von Bedeutung sein, wenn der Versuch, dem Mandanten die Abrechnung zu erteilen, an der fehlenden Zustellbarkeit scheitert. In diesem Falle sollte es möglich sein, Klage auf Vergütung zu erheben und diese einschließlich der Berechnung öffentlich zustellen zu lassen. Ergeht sodann Versäumnisurteil, ist der Vergütungsanspruch trotz fehlender außergerichtlicher Abrechnung tituliert.

Der Anwendungsbereich von § 10 RVG beschränkt sich auf das Verhältnis zwischen **Anwalt und Auftraggeber**. In der Praxis kommt es teilweise vor, dass der Unfallgegner die Erstattung von Anwaltskosten mit dem Hinweis ablehnt, ihm sei noch keine Abrechnung nach § 10 RVG erteilt worden. Das ist falsch. Der Unfallgegner ist nicht Auftraggeber des Anwalts, sondern schuldet die anwaltliche Vergütung als Teil des unfallbedingten Schadens. Insofern kann er keine Abrechnung nach § 10 RVG verlangen. Gleiches gilt für den Rechtsschutzversicherer des Mandanten.[20] 48

Hinweis 49

Soweit der Anwalt auf Wunsch des Gegners die Honorarrechnung auf dessen Namen ausstellt, muss er den tatsächlichen Leistungsempfänger – also den eigenen Mandanten – in der Rechnung aufführen (§ 14c Abs. 2 S. 2 Nr. 2 UStG). Er schuldet ansonsten den ausgewiesenen Umsatzsteuerbetrag.

Gemäß § 10 Abs. 2 RVG müssen in **formeller Hinsicht** in der Berechnung die Beträge der einzelnen Gebühren und Auslagen, gezahlte Vorschüsse sowie eine kurze Bezeichnung des jeweiligen Gebührentatbestandes enthalten sein, darüber hinaus die Bezeichnung der Auslagen sowie die angewandten Nummern des Vergütungsverzeichnisses. Rechnet der Anwalt Wertgebühren ab, muss er auch den Gegenstandswert angeben. Die Berechnung muss schließlich vom Anwalt unterzeichnet sein. 50

Auch wenn der Anwalt nicht die gesetzliche, sondern eine vereinbarte Vergütung verlangt, wird eine Berechnung im Sinne von § 10 RVG gefordert, wobei sich die inhaltlichen Anforderungen naturgemäß in erster Linie nach der Vergütungsvereinbarung richten. 51

Beispiel 52

Hat der Anwalt mit dem Auftraggeber ein Stundenhonorar vereinbart, so muss er nach Abschluss des Mandates die geleistete Arbeit konkret nach Datum, Dauer und Inhalt der Tätigkeit darlegen sowie die darüber hinaus geforderten Auslagen (Reisekosten etc.) aufschlüsseln.

20 OLG München RVGreport 2010, 470.

VI. Geltendmachung

53 Der Anwalt hat zwei verschiedene Möglichkeiten, die Vergütung gegen den (zahlungsunwilligen) Auftraggeber durchzusetzen. Zum einen mit der **Honorarklage** und zum anderen mit einem Vergütungsfestsetzungsantrag nach **§ 11 Abs. 1 RVG**. Letzterer ist einfacher und schneller als ein Klageverfahren, jedoch nur dann möglich, wenn die gesetzliche Vergütung zu den Kosten des gerichtlichen Verfahrens gehört und der Auftraggeber keine nicht-gebührenrechtlichen Einwendungen erhebt. Für alle sonstigen Fälle bleibt dem Anwalt nur die Honorarklage. In Abgrenzung zur Kostenfestsetzung nach §§ 103 ff. ZPO betrifft die Vergütungsfestsetzung nach § 11 RVG nicht das Verhältnis zwischen Mandant und Prozessgegner, sondern das Verhältnis zwischen Anwalt und Mandant.

1. Festsetzung nach § 11 RVG

54 Voraussetzung ist stets, dass der Anwalt im **gerichtlichen Verfahren** als Bevollmächtigter beauftragt wurde, wobei es ausreicht, dass das entsprechende Verfahren anhängig war. Festsetzbar sind nach § 11 Abs. 1 RVG zum einen die „gesetzliche" Vergütung, also diejenige, die nach den Gebührentatbeständen des VV RVG entstanden ist, sowie zum anderen Aufwendungen nach § 670 BGB. Ansprüche aus Vergütungsvereinbarungen oder Vergütungen nach dem BGB scheiden also aus.[21] Die entsprechende Gebühr muss aber nicht zwingend durch eine Tätigkeit vor Gericht entstanden sein. Vielmehr reicht es aus, dass ein gerichtliches Verfahren überhaupt anhängig ist.

55 *Beispiel*

Anwalt A macht für Fahrer F Unfallschäden in Höhe von 10.000 EUR gerichtlich geltend. Vor dem Verhandlungstermin einigen sich die Parteien über den Klageanspruch und über einen weiteren, nicht anhängigen Schmerzensgeldanspruch über 5.000 EUR, hinsichtlich dessen Klageauftrag besteht. Sie erklären daraufhin den Rechtsstreit übereinstimmend für erledigt.

A kann folgende Gebühren abrechnen:

1. 1,3-Verfahrensgebühr, VV 3100		
aus 10.000 EUR	847,60 EUR	
2. 0,8-Verfahrensgebühr, VV 3101		
aus 5.000 EUR	283,60 EUR	
gemäß § 15 Abs. 3 RVG max. 1,3 aus 15.000 EUR		990,60 EUR

21 AnwK-RVG (*N. Schneider*), § 11 Rn 51; OLG Frankfurt Rpfleger 1989, 303.

3. 1,2-Terminsgebühr, VV 3104		
aus 15.000 EUR		914,40 EUR
4. 1,0-Einigungsgebühr, VV 1003		
aus 10.000 EUR	652,00 EUR	
5. 1,5-Einigungsgebühr, VV 1000		
aus 5.000 EUR	531,75 EUR	
insgesamt max. 1,5 aus 15.000 EUR		1.143,00 EUR
6. Auslagenpauschale, VV 7002		20,00 EUR
Zwischensumme	3.068,00 EUR	
7. Umsatzsteuer, VV 7008		582,92 EUR
Gesamt		**3.650,92 EUR**

Diese Gebühren können sämtlich im Verfahren nach § 11 RVG gegen F festgesetzt werden. Dies gilt auch für die gesamte Einigungsgebühr, da es ausreicht, wenn der Gegenstand der Einigung zumindest teilweise mit dem Verfahrensgegenstand identisch ist.

War der Anwalt schon vor dem Klageverfahren mit der außergerichtlichen Regulierung 56
beauftragt, so ist eine Geschäftsgebühr nach Nr. 2300 VV RVG entstanden. In § 15a Abs. 1 RVG hat der Gesetzgeber klargestellt, dass die Geschäftsgebühr, ebenso wie die Verfahrensgebühr, auch angesichts der Anrechnungsregelung in Vorb. 3 Abs. 4 VV RVG zunächst in voller Höhe selbstständig entsteht. Der Anwalt kann also beide Gebühren (Geschäftsgebühr und Verfahrensgebühr) fordern, im Ergebnis jedoch nicht mehr als den nach Anrechnung verbleibenden Teilbetrag der Gesamtsumme. Die Geschäftsgebühr kann der Anwalt gegen den eigenen Mandanten im Verfahren nach § 11 RVG dann geltend machen, wenn die Geschäftsgebühr zu den Vorbereitungskosten des gerichtlichen Verfahrens gehört bzw. wenn sie prozessbezogen ist.[22]

Es sind hier allerdings die Einschränkungen des § 11 Abs. 8 RVG zu berücksichtigen. Da 57
es sich bei der Geschäftsgebühr um eine **Rahmengebühr** handelt, kann nur die Mindestgebühr von 0,5 festgesetzt werden, wenn nicht der Auftraggeber einer höheren Festsetzung ausdrücklich und schriftlich zugestimmt hat. Diese Zustimmungserklärung des Mandanten kann nicht schon bei Auftragserteilung erfolgen, sondern erst nach dem Abschluss der Angelegenheit.[23] Im Übrigen bleibt dem Anwalt nur die Honorarklage gegen den Auftraggeber.

22 Hansens/Braun/Schneider (*Hansens*), Teil 3 Rn 194 m.w.N.; a.A. *Hünnekens*, Rpfleger 2004, 445.

23 LG Cottbus zfs 2013, 107; LG Zweibrücken AGS 2010, 238; Gerold/Schmidt (*Müller-Rabe*), § 11 RVG Rn 74.

58 *Beispiel*

Anwalt A hat Eigentümer E außergerichtlich bei der Regulierung eines überdurchschnittlich schwierigen Unfallschadens vertreten. Nachdem der gegnerische Haftpflichtversicherer auf die Forderung von 10.000 EUR mit dem Einwand der Mitverursachung durch E nur einen Betrag von 4.000 EUR gezahlt hat, wurden die restlichen 6.000 EUR auftragsgemäß eingeklagt. Nach Abweisung der Klage weigert sich E, die Rechnung des A zu zahlen.

A kann folgende Gebühren abrechnen:

I. Außergerichtliche Tätigkeit (Wert: 10.000 EUR)		
1. 1,5-Geschäftsgebühr, VV 2300		978,00 EUR
2. Auslagenpauschale, VV 7002		20,00 EUR
Zwischensumme	998,00 EUR	
3. Umsatzsteuer, VV 7008		189,62 EUR
Gesamt		**1.187,62 EUR**
II. Gerichtliche Tätigkeit (Wert: 6.000 EUR)		
1. 1,3-Verfahrensgebühr, VV 3100		538,20 EUR
2. 1,2-Terminsgebühr, VV 3104		496,80 EUR
3. Auslagenpauschale, VV 7002		20,00 EUR
./. 0,75-Geschäftsgebühr aus 6.000 EUR		– 310,50 EUR
Zwischensumme	744,50 EUR	
4. Umsatzsteuer, VV 7008		141,46 EUR
Gesamt		**885,96 EUR**

Im Verfahren nach § 11 RVG kann A neben den Gebühren für die gerichtliche Tätigkeit (885,96 EUR) nur eine 0,5-Geschäftsgebühr für die prozessbezogene außergerichtliche Tätigkeit geltend machen. Den Rest der Geschäftsgebühr muss A also ggf. einklagen.

2. Honorarklage/Mahnbescheid

59 Scheidet das vereinfachte Festsetzungsverfahren aus, weil die Vergütung nicht zu den Kosten des gerichtlichen Verfahrens gehörte oder weil der Mandant nicht-gebührenrechtliche Einwendungen[24] erhebt (§ 11 Abs. 5 RVG), muss der Vergütungsanspruch eingeklagt oder im Wege des gerichtlichen Mahnverfahrens geltend gemacht werden.

24 Der bloße Einwand, es bestehe eine Rechtsschutzversicherung, hindert die Festsetzung der Vergütung gegen den eigenen Auftraggeber nicht, da dieser nicht-gebührenrechtliche Einwand offensichtlich unbegründet ist: Der Vergütungsanspruch des Anwalts gegen seinen Mandanten wird durch die Existenz einer Rechtsschutzversicherung nicht beeinflusst (vgl. AG Köln AGS 2008, 35).

Bei Rahmengebühren ist – soweit Streit über die Höhe der Gebühr entsteht – ein **Gutachten** der Rechtsanwaltskammer einzuholen (§ 14 Abs. 2 RVG). Die Überprüfung der vom Mandanten geforderten Rahmengebühr durch das Gericht erfolgt am Maßstab des § 315 Abs. 3 BGB. Die vom Anwalt getroffene Bestimmung zum Gebührensatz ist verbindlich, wenn sie der Billigkeit entspricht. Ansonsten wird die Bestimmung durch Urteil getroffen. Da dem Anwalt jedoch ein gewisser **Ermessensspielraum** bei der Bestimmung der konkreten Gebühr zugebilligt wird, wird diese nur dann korrigiert, wenn sie die nach Ansicht des Gerichts „billige" Gebühr um mehr als 20 % übersteigt (sog. Toleranzgrenze).[25] 60

Hinweis 61

Ist die Toleranzgrenze allerdings überschritten, so wird die angemessene Gebühr nach Ermessen des Gerichts festgesetzt und nicht etwa 120 % der als angemessen erachteten Gebühr.

C. Mandant gegen Schädiger/Versicherer

I. Umfang des Anspruchs

Der Schädiger bzw. dessen Versicherer haften für die im Zuge der Unfallregulierung entstandenen Anwaltskosten aus unerlaubter Handlung (§ 823 BGB), aus Gefährdungshaftung (§ 7 StVG, § 115 Abs. 1 VVG) oder aus vertraglicher Übernahme, beispielsweise im Rahmen einer Abfindungsvereinbarung. 62

Zu den ersatzpflichtigen Aufwendungen des Geschädigten zählen grundsätzlich auch die durch das Schadensereignis verursachten **Rechtsverfolgungskosten**. Nach der ständigen Rechtsprechung des BGH[26] hat der Schädiger allerdings nicht schlechthin alle durch das Schadensereignis adäquat verursachten Rechtsanwaltskosten zu ersetzen, sondern nur solche, die aus Sicht des Geschädigten zur Wahrnehmung seiner Rechte erforderlich und zweckmäßig waren. 63

1. Geltendmachung von Ansprüchen beim Haftpflichtversicherer

Bei der außergerichtlichen Unfallschadensregulierung gegenüber dem Haftpflichtversicherer ist die Beauftragung eines Anwalts eine Maßnahme zweckentsprechender 64

25 AG Aachen JurBüro 2005, 192; AG Kehlheim JurBüro 2005, 195; AG Kempen AGS 2005, 252; AG Brühl NZV 2004, 416; AG Bielefeld AnwBl 2005, 224; *Hansens*, RVGreport 2005, 42, 46; Mayer/Kroiß (*Winkler*), RVG, § 14 Rn 54; Gerold/Schmidt (*Mayer*), RVG, § 14 Rn 12. Bezüglich der teilweise geforderten Ausweitung dieses Toleranzbereichs vgl. hier im Buch § 1 Rdn 116.

26 BGH VersR 2006, 521; BGH VersR 2004, 869 m.w.N.

Rechtsverfolgung und damit Teil des ersatzfähigen Schadens nach **§ 249 BGB**.[27] Die Anwaltskosten fallen in den Schutzbereich von § 823 BGB, § 7 StVG, wenn die Inanspruchnahme eines Rechtsanwalts erforderlich war.

65 Während ansonsten die Kosten für das anwaltliche Aufforderungsschreiben, durch das der Verzug erst ausgelöst wird, nicht zu erstatten sind, ist dies in Verkehrsunfallsachen anders. Hier darf der Geschädigte unter dem Gesichtspunkt der **Waffengleichheit** gegenüber dem als Fachmann geltenden Haftpflichtversicherer sofort einen Anwalt beauftragen.[28]

66 Angesichts der Komplexität heutiger Schadensregulierungen und des vielfach anzutreffenden Widerstands vieler Versicherer gegen eine zügige und vollständige Regulierung benötigen Unfallgeschädigte nämlich fast immer anwaltliche Hilfe, um verlässlich beurteilen zu können, welche Schäden ersatzfähig sind und wie die entsprechenden Ansprüche durchgesetzt werden können.[29] Dies gilt auch dann, wenn es sich bei dem Geschädigten um eine Autovermietung ohne eigene Rechtsabteilung handelt.[30]

67 Lediglich bei ganz einfach gelagerten Sachverhalten, bei Schäden im **Bagatellbereich** (bis ca. 500 EUR)[31] oder wenn der gegnerische Versicherer den Schaden sowohl dem Grunde als auch der Höhe nach voll anerkennt,[32] wird man von der Beauftragung eines Anwalts zunächst absehen können. Dann muss der Geschädigte das erste Schreiben an den Versicherer selbst verfassen.[33] Dies gilt aber nur, wenn der Versicherer daraufhin sofort und ohne Abstriche reguliert.[34] Entscheidend ist, ob ein verständiger, wirtschaftlich vernünftig handelnder Geschädigter auch bei mangelnder geschäftlicher Erfahrung allein tätig werden würde.[35]

68 Der Erstattungsanspruch gegen den Gegner umfasst diejenige Vergütung, die objektiv erforderlich für die anwaltliche Vertretung aufgewandt werden musste. Ob im Erstattungs-

27 BGH NJW 1995, 446; OLG Hamm AGS 2008, 518; *Grüneberg* (*Grüneberg*), BGB, § 249 Rn 56 m.w.N.; *Madert*, zfs 2005, 427; *Greißinger*, zfs 1999, 504.

28 BGH VersR 1960, 1046 und 1076; BGH VersR 1955, 674; *van Bühren/Held*, Unfallregulierung, § 13 Rn 3; Buschbell (*Baschek*), § 33 Rn 48; *Madert*, AGS 1999, 177.

29 *Schneider*, Das verkehrsrechtliche Mandat, Band 2, § 8 Rn 423.

30 AG Magdeburg zfs 2007, 50; AG Coburg AnwBl 1006, 219; *Madert*, zfs 2005, 427, 428 m.w.N.; a.A.: LG Bonn zfs 2008, 18; AG Kassel, Urt. v. 16.8.2013 – 435 C 12/13, juris.

31 Nach AG Kiel (Der Verkehrsanwalt 2012, 77) und LG Ludwigshafen (Der Verkehrsanwalt 2012, 78) ist ein Bereich von 500 bis 700 EUR anzusetzen.

32 Vgl. AG Kassel, Urt. v. 16.8.2013 – 435 C 12/13, juris. Soweit das AG Hannover (zfs 1983, 363) einen Anwalt bei einem Anerkenntnis des Versicherers dem Grunde nach für nicht erforderlich hält, kann dem nicht zugestimmt werden. Denn es können immer noch Einwendungen zur Schadenshöhe erhoben werden, die der Geschädigte nicht zutreffend beurteilen kann.

33 BGH NJW 1995, 446 – allerdings ein in jeder Hinsicht selten klarer Fall.

34 AG Hamburg zfs 2001, 272; AG Seligenstadt zfs 2000, 120; AG Ulm zfs 2000, 120; AG Heidelberg zfs 1998, 307; *Schneider*, Das verkehrsrechtliche Mandat, Band 2, § 8 Rn 431.

35 *Greißinger*, zfs 1999, 504.

prozess gegen den Haftpflichtversicherer ein Gebührengutachten nach § 14 Abs. 2 RVG einzuholen ist, ist umstritten.[36] Der BGH[37] hat die Frage offen gelassen.

Ist die Honorarforderung bereits beglichen, besteht der Anspruch des Geschädigten auf **Zahlung** des jeweiligen Betrages. Steht die Gebührennote noch zum Ausgleich offen, kann der Auftraggeber nur **Freistellung** gemäß § 257 BGB verlangen. Dieser Befreiungsanspruch wandelt sich jedoch auch ohne Fristsetzung gemäß § 250 BGB in einen Zahlungsanspruch um, wenn der Gegner eindeutig zu erkennen gibt, dass er die Erfüllung ablehnt.[38] Gleichwohl versuchen Versicherer bis heute, in einem – nach abgelehnter Regulierung – vom Geschädigten angestrengten Prozess die Zahlung der Anwaltskosten zu bestreiten und diesen auf die Freistellung zu verweisen. Dieser Ansatz ist unzutreffend. Allerdings ist zu bedenken, dass für den Fall, dass ein Rechtsschutzversicherer die Kosten beglichen hat, der Erstattungsanspruch auf diesen übergeht (§ 86 Abs. 1 S. 1 VVG); hier sollte sich der Geschädigte die Ansprüche vor Prozessbeginn rückabtreten oder sich bestätigen lassen, dass er in gewillkürter Prozessstandschaft zur Geltendmachung berechtigt ist. 69

Für die **Selbstregulierung** eines eigenen Unfallschadens entsteht dem Anwalt ein Ersatzanspruch gegen den Schädiger, der sich nach der Höhe desjenigen fiktiven Anspruchs berechnet, der entstanden wäre, wenn ein Geschädigter die Hilfe eines Anwalts in Anspruch genommen hätte.[39] Dieser Anspruch setzt natürlich voraus, dass auch ein Nicht-Anwalt diese Kosten ersetzt bekommen hätte. Er scheidet also aus bei ganz einfach gelagerten Sachverhalten, bei Schäden im Bagatellbereich oder wenn der gegnerische Versicherer den Schaden nach Grund und Höhe sofort voll anerkennt.[40] 70

2. Geltendmachung von Ansprüchen beim Kaskoversicherer

Ist es im Rahmen der Schadensabwicklung aus Sicht des Geschädigten erforderlich, anwaltliche Hilfe in Anspruch zu nehmen, so gilt dies grundsätzlich auch für die Anmeldung des Schadens beim eigenen Kaskoversicherer.[41] Wenn der Geschädigte einen Teil seines Schadens – sei es aus Gründen der teilweisen Mithaftung, sei es zur kurzfristigen Kreditbeschaffung[42] – bei der eigenen Kaskoversicherung geltend macht, dann handelt es sich dabei für den Anwalt um eine **eigene gebührenrechtliche Angelegenheit** 71

36 Vgl. AnwK-RVG (*Onderka/N. Schneider*), § 14 Rn 101 m.w.N.

37 BGH AGS 2008, 539.

38 BGH NJW 2004, 1868; OLG Hamburg AGS 2008, 151.

39 BGH DAR 1995, 67; AG Germersheim zfs 2003, 37; AG Moers zfs 2002, 478; AG Fulda DAR 1999, 270.

40 AG Frankfurt JurBüro 2015, 530.

41 Vgl. zur Kaskoversicherung: OLG Karlsruhe VersR 1991, 1297; OLG Karlsruhe NZV 1990, 431; OLG Hamm zfs 1983, 12; *Böhm*, DAR 1988, 213; *Notthoff*, VersR 1995, 1399.

42 Nach der Rechtsprechung des BGH (zfs 2007, 87) muss der Geschädigte vor einer Inanspruchnahme der Vollkaskoversicherung nicht die Regulierungsbereitschaft des gegnerischen Haftpflichtversicherers abwarten.

(vgl. § 1 Rdn 95 ff.). Die dadurch anfallenden Anwaltskosten können ersatzfähig sein, wenn sie adäquat kausal auf dem Schadensereignis beruhen und die Inanspruchnahme anwaltlicher Hilfe erforderlich war.[43] Eine Erstattung scheidet aber aus, wenn die Kosten nicht erforderlich oder zweckmäßig waren. Dies hat der BGH[44] in einem Fall verneint, in dem der Mandant bei einem einfach gelagerten Sachverhalt seinen Schaden zunächst selbst gegenüber dem gegnerischen Haftpflichtversicherer geltend gemacht hat. Erst nachdem dieser seinem Leistungsverlangen nicht entsprochen hatte, schaltete der Mandant einen Anwalt ein, um den Schaden gegenüber dem eigenen Kaskoversicherer anzumelden, obwohl keine Anhaltspunkte dafür vorlagen, dass der Kaskoversicherer seine Leistungspflicht in Abrede stellen würde.

72 Die bei der Geltendmachung des Kaskoanspruchs entstehenden Anwaltskosten (im Regelfall die Geschäftsgebühr nach Nr. 2300 VV RVG nebst Auslagenpauschale und Umsatzsteuer) sind vom gegnerischen Haftpflichtversicherer als **adäquater Sachfolgeschaden** insoweit zu ersetzen, als sie auch entstanden wären, wenn sich der Geschädigte wegen seines gesamten Schadens ausschließlich an den Haftpflichtversicherer gewandt hätte.[45] Denn der Gegner bzw. sein Versicherer sollen nicht dadurch kostenmäßig entlastet werden, dass der Geschädigte einen Teil des Schadens selbst reguliert.

73 *Beispiel*

Eigentümer E macht nach einem Verkehrsunfall 4.500 EUR Sachschaden beim eigenen Kaskoversicherer und 2.500 EUR Schmerzensgeld beim gegnerischen Haftpflichtversicherer geltend (jeweils durchschnittliche Angelegenheit). Seine Mithaftung an dem Unfall beträgt 25 %, so dass der Haftpflichtversicherer einen Betrag von 1.875 EUR zahlt.

I. Gebühren für Kaskoschaden (Wert: 4.500 EUR)

1. 1,3-Geschäftsgebühr, VV 2300		460,85 EUR
2. Auslagenpauschale, VV 7002		20,00 EUR
Zwischensumme	480,85 EUR	
3. Umsatzsteuer, VV 7008		91,36 EUR
Gesamt		**572,21 EUR**

43 BGH AGS 2006, 256; BGH VersR 2005, 558; LG Mainz AGS 2008, 410; AG Kenzingen AGS 2008, 411.

44 BGH AGS 2012, 595.

45 OLG Hamm zfs 1992, 23; OLG Karlsruhe r+s 1990, 303; OLG Celle AnwBl 1983, 141; AG Kassel, Urt. v. 16.8.2013 – 435 C 12/13, juris; *Madert*, AGS 2000, 1; *J. Chemnitz*, AnwBl 1985, 1188, 120; *N. Schneider*, zfs 2004, 396, 397; *Schneider*, Das verkehrsrechtliche Mandat, Band 2, § 8 Rn 438; *N. Schneider*, DAR 2014, 492.

II. Gebühren für Haftpflichtschaden (Wert: 2.500 EUR)

1. 1,3-Geschäftsgebühr, VV 2300		306,15 EUR
2. Auslagenpauschale, VV 7002		20,00 EUR
Zwischensumme	326,15 EUR	
3. Umsatzsteuer, VV 7008		61,97 EUR
Gesamt		**388,12 EUR**

Der Gesamtbetrag für die getrennte Regulierung beträgt damit 960,33 EUR. Hätte E seinen Gesamtschaden ausschließlich gegenüber dem Haftpflichtversicherer geltend gemacht, so wären aus einem Erledigungswert von 5.250 EUR (Erledigungswert: 75 % von 7.000 EUR = 5.250 EUR) folgende Gebühren angefallen:

1. 1,3-Geschäftsgebühr, VV 2300		538,20 EUR
2. Auslagenpauschale, VV 7002		20,00 EUR
Zwischensumme	558,20 EUR	
3. Umsatzsteuer, VV 7008		106,06 EUR
Gesamt		**664,26 EUR**

Diesen Betrag kann E daher auch bei der getrennten Regulierung ersetzt verlangen. Den Restbetrag muss er gegenüber seinem Anwalt selbst tragen.

Der Haftpflichtversicherer muss die Kosten für die Inanspruchnahme der Kaskoversicherung im Rahmen seiner Eintrittspflicht auch dann ersetzen, wenn er den Geschädigten nach § 26 VVG auf die **vorrangige Inanspruchnahme** seines Kaskoversicherers verwiesen hat.[46] 74

Andererseits können die durch eine Schadensanmeldung bzw. -abwicklung entstandenen Anwaltskosten dem Schädiger dann nicht zugerechnet werden, wenn sie sich auf eine Forderung beziehen, die über die Haftung des Schädigers – dem Grunde oder der Höhe nach – **hinausgeht**. Haftet der Mandant beispielsweise allein für den Unfall, so kann er die Anwaltskosten für die Inanspruchnahme seines Kaskoversicherers weder vom Gegner noch von seinem Rechtsschutzversicherer noch von seinem Kaskoversicherer verlangen. 75

Kommt der gegnerische Haftpflichtversicherer allerdings mit dem geforderten Regulierungsvorschuss in **Verzug** oder verzögert sich die Regulierung aus anderen Gründen, die der Geschädigte nicht zu vertreten hat, kann er die durch die dann erforderliche Inanspruchnahme der Kaskoversicherung entstandenen Anwaltskosten voll verlangen.[47] 76

46 AG Limburg AGS 2006, 267 (noch zu § 158c VVG a.F.).
47 LG Karlsruhe AnwBl 1983, 336; *Madert*, zfs 2005, 482.

3. Geltendmachung von Ansprüchen beim Unfallversicherer

77 Macht der Geschädigte gegenüber seinem **Unfallversicherer** eine Forderung geltend, die zwar nach den Versicherungsbedingungen begründet, vom Schädiger aber nicht zu ersetzen ist, weil es insoweit an einem Schaden fehlt, können die durch die Anmeldung entstandenen Anwaltskosten nicht ohne weiteres dem Schädiger zugerechnet werden.

78 Die **Grenze der Ersatzpflicht** ist dort zu ziehen, wo die Aufwendungen des Geschädigten nicht mehr allein der Wiederherstellung der Gesundheit, dem Ersatz entgangenen Gewinns oder der Befriedigung vermehrter Bedürfnisse dienen. Dies kann beispielsweise der Fall sein, wenn der Geschädigte Kosten aufwendet, um von seinem privaten Unfallversicherer Leistungen zu erhalten, die den von dem Schädiger zu erbringenden Ersatzleistungen weder ganz noch teilweise entsprechen. Ein Ausschluss der Ersatzpflicht ist auch zu erwägen, wenn dem Geschädigten nach den Vertragsbedingungen seiner Unfallversicherung ein Anspruch auf Zahlung einer Invaliditätsentschädigung zusteht, insoweit ein Ersatzanspruch gegen den Schädiger – etwa unter dem Gesichtspunkt des Ausgleichs vermehrter Bedürfnisse – nach Lage des Falles aber nicht besteht.

79 Allerdings wird, selbst wenn es an dieser Entsprechung zwischen Versicherungsleistung und ersatzpflichtigem Schaden fehlt, eine Erstattungsfähigkeit der Anwaltskosten vom BGH in **Ausnahmefällen** bejaht. Dies gilt z.B. dann, wenn der Geschädigte aus Mangel an geschäftlicher Gewandtheit oder sonstigen Gründen (Krankheit, Abwesenheit) nicht in der Lage ist, seinen Schaden bei seinem Versicherer selbst anzumelden.[48]

4. Hebegebühr

80 Die Hebegebühr nach Nr. 1009 VV RVG erhält der Anwalt, wenn er im Auftrag seines Mandanten Gelder vereinnahmt und an ihn oder an einen Abtretungsgläubiger weiterleitet. Der Gegner muss die Hebegebühr im Regelfall **nicht erstatten**. Denn die Einschaltung eines Anwalts zum Inkasso ist nur ausnahmsweise zur zweckentsprechenden Rechtsverfolgung notwendig (§ 91 Abs. 2 ZPO), beispielsweise dann, wenn der Unfallgegner ohne entsprechende Aufforderung an den Anwalt zahlt und dieser deshalb die Gelder weiterleiten muss[49] oder bei einer komplizierten Unfallschadensregulierung, die eine Überwachung der Zahlungsabwicklung durch den Anwalt erforderlich macht.[50] Auch eine Erstattungspflicht des eigenen Rechtsschutzversicherers kommt nur in Ausnahmefällen in Betracht (vgl. dazu Rdn 150).

48 Vgl. BGH AGS 2006, 256; BGH VersR 1995, 183.
49 AG Gronau zfs 1997, 147; AG Steinfurt AGS 1996, 135; Buschbell (*Baschek*), § 33 Rn 32.
50 *Madert*, zfs 2005, 427, 429; zur Geltendmachung vgl. das Formular bei *Tietgens/Nugel*, § 19 Rn 58.

5. Streitgenossen

Probleme kann die Berechnung des Erstattungsanspruchs bei teilweisem Obsiegen von Streitgenossen bereiten. Jeder einzelne Streitgenosse haftet dem Anwalt im **Innenverhältnis** nach § 7 Abs. 2 S. 1 RVG nur für diejenigen Gebühren und Auslagen, die er schulden würde, wenn der Rechtsanwalt nur in seinem Auftrag tätig geworden wäre (vgl. Rdn 10 ff.). Insgesamt kann der Anwalt nicht mehr als die nach § 7 Abs. 1 RVG berechneten Gebühren, also die Gebühren für die gesamte Angelegenheit einschließlich der Erhöhungsbeträge, fordern (§ 7 Abs. 2 S. 2 RVG). 81

Beispiel 82

Gegen Fahrer F, Halter H und Versicherer V wird nach einem Unfall Klage auf Schadensersatz in Höhe von 10.000 EUR erhoben. Die drei beauftragen A mit ihrer Vertretung. Nach Beweisaufnahme wird der Klage gegen H und V stattgegeben. Gegen F wird die Klage abgewiesen. Die außergerichtlichen Kosten des F werden folglich im Urteil dem Gegner auferlegt.

A kann folgende Gebühren aus einem Wert von 10.000 EUR abrechnen:

1. 1,9-Verfahrensgebühr, VV 3100, 1008		1.238,80 EUR
2. 1,2-Terminsgebühr, VV 3104		782,40 EUR
3. Auslagenpauschale, VV 7002		20,00 EUR
Zwischensumme	2.041,20 EUR	
4. Umsatzsteuer, VV 7008		387,83 EUR
Gesamt		**2.429,03 EUR**

Für diesen Vergütungsanspruch haften F, H und V gemäß § 7 Abs. 2 S. 1 RVG jeweils in Höhe von 1.963,50 EUR, nämlich in Höhe desjenigen Betrages, der bei einer Einzelvertretung ohne erhöhte Verfahrensgebühr entstanden wäre. Welche Kosten können nun von F im Kostenfestsetzungsverfahren angemeldet und gegen den Gegner festgesetzt werden?

Da Streitgenossen nicht verpflichtet sind, ihre Ansprüche gemeinsam anzumelden, kann F allein die Festsetzung betreiben. Streitig ist nun, ob der obsiegende Streitgenosse seinen nach § 7 Abs. 2 S. 1 RVG zu berechnenden Anteil zur Festsetzung anmelden kann oder nur denjenigen Bruchteil, der seiner wertmäßigen Belastung im Innenverhältnis entspricht. 83

Eine Meinung[51] billigt dem obsiegenden Streitgenossen einen Anspruch auf Festsetzung der Anwaltskosten **bis zur Haftungsgrenze** nach § 7 Abs. 2 S. 1 RVG zu. Eine Ausgleichspflicht im Innenverhältnis sei weder gesetzlich vorgeschrieben noch für den 84

51 OLG Hamm OLGR 2002, 380; AnwK-RVG (*Volpert*), § 7 Rn 64.

Regelfall anzunehmen. Im konkreten Fall würde das bedeuten, dass F einen Betrag von 1.963,50 EUR zur Festsetzung gegen den unterlegenen Gegner anmelden kann. Der Anwalt müsste bei entsprechender Zahlung durch F dann nur noch den Restbetrag bei V und H einfordern.

85 Nach herrschender Meinung[52] kann der obsiegende Streitgenosse im Kostenfestsetzungsverfahren dagegen nur den **Bruchteil** geltend machen, der seiner wertmäßigen Beteiligung entspricht. Dadurch soll der üblicherweise im Innenverhältnis vorgeschriebene Ausgleich nach § 426 BGB erreicht werden. Im konkreten Fall würde das bedeuten, dass F nur einen Betrag in Höhe von 809,68 EUR zur Festsetzung gegen den unterlegenen Gegner anmelden kann. Dieser Betrag entspricht der anteiligen Haftung im Innenverhältnis (Ausgleich nach Kopfteilen zwischen drei Gesamtschuldnern = 1/3 von 2.429,03 EUR). Etwas anderes gilt nach dieser Meinung nur dann, wenn der Innenausgleich an der Zahlungsunfähigkeit eines ausgleichspflichtigen Streitgenossen scheitert. Dann wird dem obsiegenden Streitgenossen ein weitergehender Erstattungsanspruch bis zur Höhe des Haftungsanteils nach § 7 Abs. 2 S. 1 RVG zugebilligt.

86 Noch weitergehend wird der Erstattungsanspruch von Teilen der Rechtsprechung eingeschränkt, wenn es sich bei einem der unterlegenen Streitgenossen um den **Haftpflichtversicherer** der übrigen handelt. In diesen Fällen könne angenommen werden, dass dieser für die Kosten der gemeinsamen Prozessführung intern allein aufzukommen habe, so dass der obsiegende Streitgenosse insofern überhaupt keine Kosten tragen müsse.[53] Umgekehrt könne der obsiegende Haftpflichtversicherer die Kosten vom Gegner in voller Höhe und nicht nur in Höhe eines Bruchteils verlangen, weil er die Kosten im Innenverhältnis stets auch für die Streitgenossen zu tragen habe.[54] Im konkreten Fall würde das bedeuten, dass F überhaupt keine Anwaltskosten zur Festsetzung anmelden könnte, weil diese im Innenverhältnis der drei Streitgenossen allein von V getragen werden.

87 *Hinweis*

Im Rahmen der Kostenausgleichung für einen obsiegenden Streitgenossen sind daher vom Prozessbevollmächtigten die Umstände darzulegen und glaubhaft zu machen, aus denen sich die Höhe der internen Kostentragungspflicht ergibt.

6. Mehrere Anwälte für Fahrer, Halter, Versicherer

88 Die meisten Mandanten gehen verständlicherweise davon aus, dass sie bei einem obsiegenden Urteil aufgrund der Erstattungspflicht des Gegners keine Gerichts- oder Anwalts-

52 BGH, RVG prof. 2006, 85; BGH MDR 2003, 1142; OLG Koblenz zfs 2004, 130; OLG Koblenz JurBüro 2000, 85; OLG Dresden NJW-RR 1999, 293; OLG München Rpfleger 1995, 519.

53 OLG Koblenz zfs 2004, 130.

54 OLG Schleswig AGS 1999, 62.

kosten tragen müssen. Wird in Verkehrsunfallprozessen neben dem Fahrer bzw. Halter des unfallbeteiligten Fahrzeugs auch der Haftpflichtversicherer in Anspruch genommen, besteht jedoch ein **Kostenrisiko**, das der Anwalt des Beklagten bei der Mandatsübernahme beachten muss.

Nach der Regelung in **E.1.2.4 Muster-AKB 2015**[55] hat der Versicherungsnehmer, wenn 89
es zu einem Rechtsstreit kommt, die Führung des Rechtsstreits dem Versicherer zu überlassen. Er ist darüber hinaus verpflichtet, dem vom Versicherer bestellten Anwalt Vollmacht und jede verlangte Aufklärung zu geben. Für das gerichtliche Verfahren ist damit der Anwaltswahl des Versicherers der Vorrang gegenüber der des Versicherungsnehmers eingeräumt worden. Dies zwingt den Versicherungsnehmer zwar nicht, sich tatsächlich auch vom Anwalt des Versicherers vertreten zu lassen. Er kann sich trotzdem an einen Anwalt seines Vertrauens wenden. Auswirkungen hat diese Regelung jedoch dann, wenn es um die **Erstattung** der Anwaltskosten durch den unterlegenen Unfallgegner geht.

Beispiel 90

Nach einem Verkehrsunfall erwirkt der Kläger einen Mahnbescheid. Dagegen legen Halter und Versicherer – jeweils durch eigene Anwälte – Widerspruch ein. Der Anwalt des Halters nimmt am Verfahren vor dem Amtsgericht teil, obwohl der Versicherer ihm mitteilt, dass er sich gegen die Klage verteidigen und einen Anwalt mit der gemeinsamen Prozessführung beauftragen werde. Nach kostenpflichtiger Abweisung der Klage stellt der Halter Kostenfestsetzungsantrag.

Der BGH hat in seiner Entscheidung vom 20.1.2004[56] ausgeführt, dass die Bestellung ei- 91
nes **eigenen Anwalts** durch den Versicherungsnehmer bei Geltendmachung des Direktanspruchs gegen den Haftpflichtversicherer und des Schadensersatzanspruchs gegen den Halter/Fahrer des versicherten Fahrzeugs in einem gemeinsamen Rechtsstreit dann nicht notwendig ist und die damit verursachten Kosten nicht erstattungsfähig sind, wenn kein besonderer sachlicher Grund für die Einschaltung eines eigenen Anwalts besteht. Der Versicherer, der nach den Vorschriften der AKB die Prozessführung übernehme, sei ein gewerbliches Unternehmen mit (oftmals) eigener Rechtsabteilung. Es sei daher davon auszugehen, dass sachkundige Mitarbeiter den Rechtsstreit in tatsächlicher und rechtlicher Hinsicht vorbereiteten und den Anwalt entsprechend unterrichteten. Soweit der Versicherungsnehmer nicht ersichtlich ein über die Interessen des Versicherers hinausgehendes oder ihnen entgegenstehendes Prozessziel verfolge, sei die Beauftragung eines eigenen Anwalts nicht mehr erforderlich.

55 Abrufbar unter www.gdv.de (Stand: 30.4.2025).

56 BGH NZV 2004, 179; so auch KG JurBüro 2008, 480 (unter Aufgabe der bisherigen Rechtsprechung); OLG München MDR 1995, 263; OLG Brandenburg VersR 1986, 395; LG Berlin Rpfleger 1997, 498.

92 Für das Vorliegen eines besonderen sachlichen Grundes, der eine persönliche zusätzliche Interessenvertretung rechtfertigen könnte, ist der beklagte Fahrer/Halter **darlegungs- und beweispflichtig**.[57] Um nachträgliche Diskussionen mit dem Mandanten bzw. Auseinandersetzungen über die Honorarforderung zu vermeiden, empfiehlt sich bei Mandatserteilung eine Prüfung im Vorfeld:

1. Ist der Haftpflichtversicherer mitverklagt?

(–) → keine Besonderheiten bei der späteren Kostenerstattung

(+) → weiter mit Ziffer 2.

2. Hat der Versicherer von seinem Recht nach E.1.2.4 AKB 2015[58] Gebrauch gemacht oder wird er dies künftig tun?[59]

(–) → der Anwalt kann den Fahrer/Halter allein vertreten

(+) → weiter mit Ziffer 3.

3. Gibt es einen konkreten Interessengegensatz zwischen Fahrer/Halter und Versicherer, der eine Vertretung durch einen eigenen Anwalt erforderlich macht?

(–) → die Kosten des eigenen Anwalts für Fahrer/Halter werden nicht als notwendig angesehen und sind daher vom Gegner nicht zu erstatten. Es empfiehlt sich ein Hinweis an den Mandanten, dass er die Honorarforderung im Innenverhältnis auch dann zu tragen hat, wenn die Klage gegen ihn abgewiesen wird.

(+) → die Kosten des eigenen Anwalts sind notwendig und erstattungsfähig.

93 Die Rechtsprechung ist mit der Bejahung eines **Interessenkonfliktes** sehr zurückhaltend. Der Versicherungsnehmer darf nur dann einen Anwalt seiner Wahl beauftragen, wenn besondere Gründe vorliegen, die eine Vertretung durch den vom Versicherer gestellten Anwalt als unzumutbar erscheinen lassen. Der mögliche Regressanspruch des Versicherers im Innenverhältnis zum Fahrer/Halter, die Frage der Notwendigkeit oder Angemessenheit von Schadensersatzleistungen oder die mögliche Einstufung in eine ungünstigere Schadensfreiheitsklasse reichen dafür regelmäßig nicht aus.[60] Das KG hat eine Interessenkollision verneint, wenn der Haftpflichtversicherer dem mitversicherten Fahrer als Streithelfer beigetreten ist und zwar auch dann, wenn sich der Fahrzeugführer gegen den Verdacht der Unfallmanipulation verteidigen will.[61]

57 OLG Karlsruhe AGS 2000, 99; OLG Köln VersR 1993, 587.

58 Entspricht § 7 Abs. 2 Nr. 5 AKB 1994.

59 Die entsprechende Erklärung des Versicherers muss nicht schon im Zeitpunkt der Mandatierung durch den Fahrer/Halter vorliegen, sondern ist ggf. durch Nachfrage zu ermitteln.

60 BGH NZV 2004, 179; OLG Hamm MDR 1990, 1019; OLG Bremen VersR 1988, 1304.

61 KG RVGreport 2008, 317 = zfs 2008, 527; ebenso OLG Frankfurt VersR 2005, 1550; a.A. OLG Köln VersR 1997, 597.

Dagegen dürfte ein Interessenkonflikt zu bejahen sein, wenn:

- der Fahrer/Halter eine Unfallschilderung abgibt, welche der vom Versicherer beauftragte Anwalt im Prozess nicht zugrunde legen will,
- der vom Versicherer beauftragte Prozessanwalt bereits in einem anderen Verfahren gegen den Versicherungsnehmer tätig war,[62]
- zwischen Versicherungsnehmer und Haftpflichtversicherer Meinungsverschiedenheiten über die Deckungspflicht auftreten,[63]
- innerhalb der Notfrist des § 276 Abs. 1 ZPO keine Weisung des Versicherers vorliegt,[64]
- der beklagte Halter sich nicht nur zusammen mit dem Haftpflichtversicherer gegen Schadensersatzansprüche verteidigt, sondern eigene Ansprüche im Wege der Widerklage geltend macht.[65]

II. Gegenstandswert

Nach herrschender Meinung richtet sich der Gegenstandswert für die Frage der Kostenerstattung allein nach der Höhe des vom Ersatzpflichtigen tatsächlich bezahlten Betrages. Insofern gelten dieselben Grundsätze wie bei der gerichtlichen Geltendmachung eines Anspruchs, wo der Kläger ebenfalls das Risiko des (teilweisen) Unterliegens zu tragen hat, wobei hier ein teilweises Unterliegen nicht über den Gegenstandswert, sondern über die Kostenquote berücksichtigt wird.[66] Die Differenz zum anwaltlichen Gebührenanspruch muss der Mandant oder dessen Rechtsschutzversicherer zahlen. Unterlässt es der Anwalt, diese Differenz vom Mandanten einzufordern, verstößt er gegen § 49b Abs. 1 BRAO. 94

Die Höhe der durch den Unfallgegner zu erstattenden Vergütung für die **außergerichtliche Tätigkeit** seines Anwalts wird nach der berechtigten Schadenshöhe (sog. Erledigungswert) berechnet. Wurde ein zu hoher Schadensbetrag geltend gemacht und/oder besteht eine Mithaftung für den Unfall, so hat dies auch auf die Erstattungsforderung Auswirkungen. 95

> *Beispiel* 96
>
> Eigentümer E beauftragt Anwalt A mit der Geltendmachung seines Unfallschadens in Höhe von 10.000 EUR. Nach längeren Verhandlungen mit dem gegnerischen Versicherer V (überdurchschnittliche Angelegenheit) zahlt dieser 7.500 EUR. E nimmt von der Geltendmachung der Restforderung Abstand.

62 BGH NJW 1981, 1952.
63 OLG Koblenz r+s 1996, 79; OLG Karlsruhe VersR 1979, 944; *van Bühren/Held*, Unfallregulierung, § 3 Rn 17.
64 LG Kleve zfs 1992, 63; LG Göttingen AnwBl 1987, 284.
65 LG Mönchengladbach AGS 2008, 257: Die durch die Widerklage verursachten Kosten sind dann erstattungsfähig.
66 BGH AGS 2008, 107; BGH NJW 1970, 1122; OLG Hamm AGS 2008, 518; AG Koblenz SVR 2014, 476.

Für A sind folgende Gebühren entstanden (Wert: 10.000 EUR):

1. 1,5-Geschäftsgebühr, VV 2300		978,00 EUR
2. Auslagenpauschale, VV 7002		20,00 EUR
Zwischensumme	998,00 EUR	
3. Umsatzsteuer, VV 7008		189,62 EUR
Gesamt		**1.187,62 EUR**

Gegenüber V kann E folgende Gebühren als Teil des Schadensersatzes verlangen (Wert: 7.500 EUR):

1. 1,5-Geschäftsgebühr, VV 2300		799,50 EUR
2. Auslagenpauschale, VV 7002		20,00 EUR
Zwischensumme	819,50 EUR	
3. Umsatzsteuer, VV 7008		155,71 EUR
Gesamt		**975,21 EUR**

97 Im **gerichtlichen Verfahren** ist Gegenstandswert für die Gebührenberechnung die Klageforderung in voller Höhe. Der Erstattungsanspruch gegen den Gegner richtet sich nach der vom Gericht festgelegten Kostenquote.

98 *Beispiel*

Anwalt A klagt für Fahrer F Sachschaden in Höhe von 6.000 EUR und ein Schmerzensgeld in Höhe von 4.000 EUR ein. Der gerichtliche Sachverständige stellt im Rahmen der Beweisaufnahme fest, dass sich die erforderlichen Reparaturkosten nur auf einen Betrag von 4.500 EUR belaufen. Von dem danach verbleibenden Gesamtbetrag von 8.500 EUR spricht die Kammer dem F aufgrund Mitverschuldens am Unfallgeschehen nur die Hälfte zu und weist die Klage im Übrigen ab.

A kann gegenüber F folgende Gebühren aus einem Wert von 10.000 EUR abrechnen:

1. 1,3-Verfahrensgebühr, VV 3100		847,60 EUR
2. 1,2-Terminsgebühr, VV 3104		782,40 EUR
3. Auslagenpauschale, VV 7002		20,00 EUR
Zwischensumme	1.650,00 EUR	
4. Umsatzsteuer, VV 7008		313,50 EUR
Gesamt		**1.963,50 EUR**

Die Erstattungsforderung gegen den Gegner beläuft sich dagegen – entsprechend der Kostenquote im Urteil von 42,5 % zu 57,5 % – nur auf einen Betrag von 834,49 EUR. Den Restbetrag muss F entweder selbst tragen oder bei seinem Rechtsschutzversicherer geltend machen (vgl. dazu Rdn 122 ff.).

III. Geltendmachung

1. Nur außergerichtliche Tätigkeit

Eine Erstattungspflicht des Gegners hinsichtlich der außergerichtlichen Anwaltskosten kann sich mangels analoger Anwendbarkeit von § 91 ZPO nur aus **materiell-rechtlichen Anspruchsgrundlagen** ergeben.[67] Im Bereich der Unfallschadensregulierung kommen gesetzliche oder vertragliche Ansprüche in Betracht. 99

Vertragliche Ansprüche sind etwa denkbar, wenn der Gegner bzw. sein Versicherer die entsprechenden Kosten in einer Regulierungsvereinbarung übernommen haben. Bei fehlender Vereinbarung können die Anwaltskosten als Teil des Sachschadens vom Schädiger bzw. dessen Versicherer aus **Gefährdungshaftung** (§§ 7, 17 StVG) bzw. **Delikt** (§ 823 BGB) verlangt werden. Die Anwaltskosten sind nur dann ersatzfähig, wenn der Geschädigte im einzelnen Schadensfall die Heranziehung eines Rechtsanwalts für erforderlich halten durfte,[68] wovon man jedoch bei der Regulierung eines Verkehrsunfalls im Regelfall ausgehen darf. 100

Unabhängig davon, ob sich die Erstattungspflicht des Gegners bzw. seines Versicherers aus Gesetz oder Vertrag ergibt, müssen die entsprechenden Beträge – soweit keine freiwillige Zahlung erfolgt – im Mahn- oder Klageverfahren gerichtlich geltend gemacht werden. Die entsprechende Klage richtet sich auf Zahlung bzw. auf Freistellung von der Verpflichtung gegenüber dem Anwalt. Im Erstattungsprozess muss bei Streitigkeiten über die Höhe der Gebühr kein Gutachten der Anwaltskammer nach § 14 Abs. 2 RVG eingeholt werden, da diese Regelung nur im Honorarprozess zwischen Anwalt und Auftraggeber gilt.[69] Da sich das Kostenfestsetzungsverfahren gemäß §§ 103, 104 ZPO nur auf „Kosten des Rechtsstreits" bezieht, steht diese einfache Möglichkeit, an einen Vollstreckungstitel zu gelangen, bei einer rein außergerichtlichen Tätigkeit des Anwalts nicht zur Verfügung. 101

2. Auch gerichtliche Tätigkeit

a) Allgemeines

Kommt es im Rahmen der Unfallregulierung auch zu einem gerichtlichen Verfahren, so ist zwischen den zuvor für die außergerichtliche Tätigkeit entstandenen Anwaltskosten und den Anwaltskosten für das gerichtliche Verfahren zu unterscheiden. 102

Die Anwaltskosten für das **gerichtliche Verfahren** (Verfahrensgebühr, Terminsgebühr, ggf. Einigungsgebühr, Auslagenpauschale, Umsatzsteuer) können im Rahmen des Kostenfestsetzungsverfahrens nach §§ 103 ff. ZPO angemeldet werden. Sie werden dann 103

67 *Hauskötter*, RVG prof. 2005, 1, 2; *Stöber*, AGS 2005, 45, 46.
68 BGHZ 127, 350; AG Düren AnwBl 2002, 730.
69 AG Düsseldorf AGS 2004, 191; *N. Schneider*, zfs 2004, 398.

vom Gericht gegen den Gegner festgesetzt und können auf diese Weise vollstreckt werden. Im Kostenfestsetzungsverfahren können diejenigen Anwaltskosten berücksichtigt werden, die zur zweckentsprechenden Rechtsverfolgung bzw. Rechtsverteidigung im gerichtlichen Verfahren notwendig waren (§ 91 Abs. 1 und 2 ZPO). Basis für die Aufteilung der Kosten ist die in der gerichtlichen Entscheidung festgelegte Kostenquote.

104 Diejenigen Anwaltskosten, die **im Vorfeld des Prozesses** (d.h. vor Anhängigkeit) entstanden sind, können dagegen im Regelfall nicht festgesetzt werden.[70] Denn § 91 Abs. 1 ZPO spricht von den „Kosten des Rechtsstreits". Betroffen von dieser Problematik sind die außergerichtliche Geschäftsgebühr (Nr. 2300 VV RVG) sowie eine eventuell entstandene Terminsgebühr für eine außergerichtliche Besprechung (Vorb. 3 Abs. 3 VV RVG):

Die **Geschäftsgebühr** wird nach Vorb. 3 Abs. 4 VV RVG zur Hälfte – maximal mit einem Gebührensatz von 0,75 – auf die Verfahrensgebühr des Rechtsstreits angerechnet. Nach der Regelung in § 15a Abs. 1 RVG entsteht die Geschäftsgebühr jedoch – unabhängig von dieser Anrechnungsregelung – zunächst einmal selbstständig in voller Höhe. Sie wird allerdings (ebenso wenig wie die dazugehörige Auslagenpauschale[71] und die Umsatzsteuer) nicht im Verfahren nach §§ 103, 104 ZPO festgesetzt.

Nimmt der Anwalt nach Erteilung des Prozessauftrages, aber vor Klageerhebung an einem Termin im Sinne von Vorb. 3 Abs. 3 VV RVG teil und kommt es im nachfolgenden Klageverfahren nicht mehr zu einem Termin, ist die **Terminsgebühr** nach Nr. 3104 VV RVG nicht im Klageverfahren, sondern für die außergerichtliche Tätigkeit entstanden.

105 Die Rechtsprechung bejaht zwar die Erstattungs- und Festsetzungsfähigkeit von sog. **Vorbereitungskosten**. Dies sind aber nur diejenigen Kosten, die in Bezug auf einen Rechtsstreit aufgewandt werden und unmittelbar auf die Prozessführung gerichtet sind. Dagegen bezieht sich die Tätigkeit, die der Geschäftsgebühr sowie der Terminsgebühr für eine außergerichtliche Besprechung zugrunde liegt, nicht auf die Vorbereitung, sondern gerade auf die Vermeidung eines Rechtsstreits.[72]

b) Geschäftsgebühr

106 Die **Geschäftsgebühr** muss mangels Festsetzung im Verfahren gesondert durchgesetzt werden.[73] Als Nebenforderung im Hauptsacheverfahren kann sie kostenneutral (§ 43

70 OLG Frankfurt JurBüro 2003, 201; anders wohl OLG Bamberg JurBüro 2003, 144.

71 Die Auslagenpauschale unterliegt mangels gesetzlicher Regelung nicht der Anrechnung.

72 BGH BB 2005, 516; OLG Koblenz AGS 2005, 516; OLG Frankfurt JurBüro 2003, 201; OLG München MDR 2002, 237; OLG Rostock JurBüro 1998, 199.

73 OLG Koblenz JurBüro 2005, 313; LG Berlin JurBüro 2005, 427; AG Stuttgart RVG-Berater 2005, 54; *Enders*, JurBüro 2004, 57; *N. Schneider*, AGS 2004, 277. Vgl. ausführlich zur Geltendmachung der Geschäftsgebühr unter Berücksichtigung der Rechtsprechung des BGH: *Nugel*, zfs 2007, 491.

Abs. 1 GKG, § 4 Abs. 1 ZPO) eingeklagt bzw. im Mahnantrag[74] geltend gemacht werden.[75] Erfolgt dies nicht, sondern eine Geltendmachung durch eigene Klage, so droht der Einwand des Schädigers, gegen die Schadensminderungspflicht verstoßen zu haben.[76] Hat der Mandant die Vergütung noch nicht bezahlt, besteht nur ein Anspruch auf Freistellung von der Verbindlichkeit gegenüber seinem Anwalt. Scheidet die Geltendmachung als Nebenforderung aus, müssen die betreffenden Gebühren selbstständig – als Hauptsacheforderung – eingeklagt werden. Der BGH vertritt in diesen Fällen die Auffassung, dass die als Hauptsache eingeklagte Geschäftsgebühr auf die Verfahrensgebühr angerechnet wird, wenn die Geschäftsgebühr den alleinigen Gegenstand des gerichtlichen Verfahrens bildet. Dies kann im Ergebnis dazu führen, dass die Verfahrensgebühr vollständig aufgezehrt wird.[77] Dies ist kritikwürdig: Die vom BGH konstruierte „wirtschaftliche“ Identität der Gegenstände kann kein Argument sein, im Rahmen unterschiedlicher Angelegenheiten – außergerichtlich bildet die Hauptforderung eine andere Angelegenheit als die zur Hauptforderung „erstarkte“ Nebenforderung – eine Anrechnung zu begründen.

Wird die Geschäftsgebühr im Hauptsacheverfahren als Nebenforderung geltend gemacht 107
und entsprechend tituliert, ist im nachfolgenden Kostenfestsetzungsverfahren **§ 15a Abs. 2 RVG** zu beachten: Meldet der Anwalt die volle 1,3-Verfahrensgebühr (Nr. 3100 VV RVG) zur Festsetzung an[78] und beruft sich der Gegner bzw. sein Versicherer auf die bereits erfolgte Titulierung der außergerichtlichen Kosten, wird die Geschäftsgebühr nach Vorb. 3 Abs. 4 VV RVG angerechnet und die Verfahrensgebühr nur in entsprechend reduziertem Umfang festgesetzt. Die Rechtskraft des Titels ist dafür nicht erforderlich.[79]

Eine Anwendung von § 15a Abs. 2 RVG scheidet aber nach dem Wortlaut der Vorschrift 108
aus, wenn außergerichtlich keine Geschäftsgebühr nach Teil 2 VV RVG entstanden ist, sondern die Partei mit ihrem Anwalt ein Pauschal- oder Stundenhonorar vereinbart hat. Denn in einem solchen Fall greift die Anrechnung nach Vorb. 3 Abs. 4 VV RVG nicht ein. Gleiches gilt, wenn vor Beginn der gerichtlichen Auseinandersetzung ein Anwalts-

74 Vgl. zur Geltendmachung im Mahnverfahren unter Berücksichtigung der Regelung in § 15a RVG: *Hansens*, RVGreport 2009, 323.

75 BGH RVG prof. 2005, 68; OLG Oldenburg RVGreport 2005, 433; OLG Koblenz RVG prof. 2005, 134; OLG Zweibrücken RVG prof. 2005, 139; AG Hagen JurBüro 2005, 472; *Volpert*, RVG prof. 2004, 185, 187; *Schneider*, Das verkehrsrechtliche Mandat, Band 2, § 8 Rn 503.

76 KG JurBüro 2002, 36. Um dies auch angesichts der Rechtsprechung des BGH zur Anrechnung zu vermeiden, ist ggf. in laufenden Verfahren der bisher eingeklagte „anrechnungsfreie Teil“ auf die volle Geschäftsgebühr zu erhöhen – vgl. dazu ausführlich *Nugel*, zfs 2007, 491.

77 Vgl. BGH AGS 2024, 22.

78 Zur Nachfestsetzung des Anrechnungsbetrages bzw. zur Erinnerung gegen die Anrechnung in Altfällen vgl. *Hansens*, RVGreport 2009, 375 und 417.

79 *Hansens*, RVGreport 2009, 201, 205.

wechsel stattgefunden hat, da die Anrechnung die Tätigkeit desselben Anwalts im außergerichtlichen und gerichtlichen Bereich voraussetzt.

109 Es bleibt allerdings abzuwarten, ob die Rechtsprechung in solchen Fällen tatsächlich trotz der Titulierung der außergerichtlich entstandenen Anwaltskosten die volle Verfahrensgebühr festsetzt oder ob – beispielsweise aus dem Gesichtspunkt der Schadensminderungspflicht – nicht dennoch eine Anrechnung vorgenommen wird. Zumindest für den Fall eines sachlich begründeten **Anwaltswechsels**[80] dürfte dies abzulehnen sein, da hier der Partei nicht der Vorwurf gemacht werden kann, vermeidbare Mehrkosten produziert zu haben.

110 Problematischer ist dagegen der Fall eines **vereinbarten Honorars** für die außergerichtliche Tätigkeit: Der BGH hat zwar entschieden, dass eine solche vereinbarte Vergütung nicht der Anrechnung unterliegt.[81] Diese Entscheidung betraf allerdings einen Fall, in dem im Kostenfestsetzungsverfahren lediglich die Verfahrensgebühr nach Nr. 3100 VV RVG geltend gemacht wurde, ohne dass bereits eine Titulierung der außergerichtlichen Anwaltskosten erfolgt war. Für den Fall, dass eine solche Titulierung vorliegt, ist Folgendes zu bedenken: Es gilt der Grundsatz, dass eine vereinbarte Vergütung als solche nicht erstattungsfähig ist.[82] Im Falle des Obsiegens ist der Gegner vielmehr lediglich verpflichtet, die vereinbarte Vergütung bis zur Höhe der fiktiven gesetzlichen Gebühren zu erstatten, die der Anwalt hätte beanspruchen können. Andernfalls würde durch die Vergütungsvereinbarung als unzulässigem Vertrag zu Lasten Dritter eine Zahlungspflicht des Gegners begründet, welche die gesetzlichen Gebühren überstiege. Ohne Vergütungsvereinbarung hätten die gesetzlichen Gebühren für die außergerichtliche und die gerichtliche Tätigkeit des Anwalts jedoch nach § 15a Abs. 2 RVG aufgrund der bereits erfolgten Titulierung nur in Höhe des nach Anrechnung verbleibenden Betrages geltend gemacht werden können. Insofern wird die Rechtsprechung sich damit zu befassen haben, ob in solchen Fällen nicht insgesamt maximal derjenige Betrag festgesetzt werden darf, der sich ohne Vergütungsvereinbarung ergeben hätte, da nur in dieser Höhe von notwendigen Kosten der Rechtsverfolgung im Sinne von § 91 ZPO gesprochen werden kann.[83]

80 Z.B. bei erheblichen Meinungsverschiedenheiten zwischen Anwalt und Mandant, einer nicht vorhersehbaren Verhinderung des Anwalts durch Erkrankung oder einem unverschuldeten Erlöschen der Anwaltszulassung.

81 BGH AGS 2009, 523.

82 Aus diesem Grunde hat der Gesetzgeber in § 3a Abs. 1 S. 3 RVG eine entsprechende Hinweispflicht des Anwalts vorgesehen.

83 Diese Berechnung belastet das Kostenfestsetzungsverfahren auch nicht unzulässigerweise mit materiellrechtlichen Erstattungsfragen. Denn da ein vereinbartes Honorar maximal in Höhe der gesetzlichen Gebühren erstattungsfähig ist, muss sich schon das Gericht im Hauptsachverfahren mit der Frage befassen, welche konkrete Geschäftsgebühr dem Anwalt ohne Vergütungsvereinbarung zugestanden hätte, um über die Nebenforderung entscheiden zu können.

c) Terminsgebühr

Hinsichtlich der **Terminsgebühr** für eine außergerichtliche Besprechung hat sich die Rechtsprechung geändert. Während früher die Einbeziehung außergerichtlich entstandener Gebühren in das Kostenfestsetzungsverfahren abgelehnt wurde, weil sich die für die Entstehung maßgeblichen Tatsachen nicht aus den Verfahrensakten ergeben würden und die Festsetzung damit ihren Charakter als Mittel zum zügigen Ausgleich von Kosten verliere,[84] beurteilt der BGH dies inzwischen anders. Eine Festsetzung der Terminsgebühr im Verfahren nach §§ 103, 104 ZPO kann erfolgen, wenn die tatbestandlichen Voraussetzungen für den Anfall der Gebühr unstreitig sind,[85] wenn sie nach § 138 Abs. 3 ZPO als zugestanden gelten[86] und sogar dann, wenn die Parteien über die tatsächlichen Voraussetzungen für den Anfall der Gebühr streiten, diese aber hinreichend glaubhaft gemacht sind.[87] 111

IV. Auswirkung von Vergütungsvereinbarungen

Haben Anwalt und Mandant eine Vergütungsvereinbarung getroffen, gilt diese zunächst nur im **Innenverhältnis**. Der erstattungspflichtige Gegner, der am Abschluss dieser Vereinbarung nicht beteiligt ist, ist nur zur Erstattung der gesetzlichen Gebühren verpflichtet. Eventuell verbleibende Restbeträge hat der Mandant im Verhältnis zu seinem Anwalt selbst zu tragen bzw. bei seinem Rechtsschutzversicherer geltend zu machen. Im Einzelnen gilt Folgendes: 112

1. Überschreiten der gesetzlichen Gebühren

Hat der Anwalt mit seinem Auftraggeber eine Vergütung vereinbart, die die gesetzlichen Gebühren übersteigt, so besteht die Erstattungspflicht des Gegners nur in Höhe der **(fiktiven) gesetzlichen Gebühren**. Die Vergütungsvereinbarung würde sonst als Vertrag zu Lasten Dritter einen Erstattungsanspruch begründen, den das Gesetz nicht vorsieht. Der Auftraggeber kann die entsprechenden Kosten vom Schädiger weder im Rahmen der prozessualen Kostenausgleichung noch als materiellrechtlichen Schadensersatz verlangen. Denn er verstößt gegen seine Schadensminderungspflicht aus § 254 BGB, wenn er eine höhere als die gesetzliche Vergütung vereinbart. Auch der eigene Rechtsschutzversicherer trägt nur die Anwaltskosten bis zur Höhe der (fiktiven) gesetzlichen Vergütung (vgl. dazu Rdn 138). 113

84 Vgl. BGH NJW 2002, 3713; BGH BB 2005, 516; OLG Koblenz AGS 2005, 516; OLG Frankfurt JurBüro 2003, 201; OLG München MDR 2002, 237; OLG Rostock JurBüro 1998, 199.

85 BGH AGS 2007, 115.

86 BGH, Beschl. v. 11.6.2008 – XII ZB 11/06, AGS 2008, 408; BGH zfs 2007, 285.

87 BGH AGS 2007, 549; BGH AGS 2007, 322; a.A. LG Lübeck AGS 2008, 319.

114 *Hinweis*

Sieht sich der Anwalt nicht in der Lage, die Unfallregulierung zu den gesetzlichen Gebühren zu übernehmen, so sollte er den Mandanten vorab darauf hinweisen, dass auch im Fall des vollständigen Obsiegens ein Teil der Vergütung von diesem selbst getragen werden muss, und ihm die Gründe darlegen, die ein Überschreiten der gesetzlichen Vergütung erforderlich machen.

2. Unterschreiten der gesetzlichen Gebühren

115 In außergerichtlichen Angelegenheiten kann nach § 4 Abs. 1 RVG eine Vergütung vereinbart werden, die niedriger ist als die gesetzlichen Gebühren. Für sonstige Tätigkeiten des Anwalts – insbesondere für die gerichtliche Tätigkeit – wird dies durch § 49b Abs. 1 S. 1 BRAO untersagt. Wird der Anwalt auf Grundlage einer solchen Vergütungsvereinbarung tätig, so kann der Auftraggeber vom erstattungspflichtigen Gegner die **entstandene Vergütung** bis maximal zur Höhe der (fiktiven) gesetzlichen Gebühren verlangen. Insofern entfaltet die Vergütungsvereinbarung im Innenverhältnis auch Auswirkungen auf das Erstattungsverhältnis zwischen Mandant und Schädiger. Denn wenn der Mandant dem Anwalt nur eine geringere als die gesetzliche Vergütung schuldet, darf er auch nur Zahlung dieses Betrages verlangen.

116 *Beispiel*

Eigentümer E beauftragt Anwalt A mit der außergerichtlichen Regulierung eines Verkehrsunfalls (Sachschaden in Höhe von 6.000 EUR, durchschnittlich umfangreich und schwierig). E und A vereinbaren ein Pauschalhonorar von 600,00 EUR brutto. Gegner G zahlt auf die Mahnung des A hin freiwillig.

Die gesetzlichen Gebühren für die Tätigkeit des A würden sich auf einen Betrag von 664,26 EUR (1,3-Geschäftsgebühr nach Nr. 2300 VV RVG aus 6.000 EUR, Auslagenpauschale und Umsatzsteuer) belaufen. Aufgrund der Honorarabrede kann E jedoch von G nur einen Betrag von 600,00 EUR verlangen, da ihm selbst höhere Kosten nicht entstanden sind.

3. Gebührenvereinbarung nach § 34 RVG

117 Bei einer **Beratung** sieht § 34 Abs. 1 RVG vor, dass der Anwalt auf eine Gebührenvereinbarung hinwirken soll. Kommt eine solche nicht zustande, richtet sich die Vergütung nach den Vorschriften des BGB und ist bei Verbrauchern auf maximal 190 EUR (Erstberatung) bzw. maximal 250 EUR (Beratung) begrenzt. Wie wirkt sich nun eine solche Gebührenvereinbarung auf die Erstattungspflicht des Gegners aus?

Beispiel 118

Fahrer F lässt sich nach einem Verkehrsunfall von Anwalt A über seine möglichen Ersatzansprüche (Höhe: 6.000 EUR, insgesamt durchschnittliche Angelegenheit) beraten. Vereinbarungsgemäß zahlt er dafür eine pauschale Vergütung in Höhe von 300 EUR zzgl. Umsatzsteuer. Die weitere Regulierung des Unfalls übernimmt F selbst.

Bei einer vereinbarten Vergütung wird die **Erstattungspflicht** des Gegners auf die Höhe derjenigen (fiktiven) gesetzlichen Gebühren beschränkt, die der Anwalt ohne eine Vergütungsvereinbarung hätte abrechnen können, da Anwalt und Auftraggeber nicht durch eine interne Vereinbarung die Erstattungspflicht eines Dritten modifizieren können. Da es für die Beratung jedoch keine gesetzlichen Gebühren mehr gibt, fehlt der konkret zu berechnende Betrag als Vergleichsgröße. 119

Zur Lösung dieses Problems bieten sich mehrere Möglichkeiten an: 120

(1) Die Erstattungspflicht des Gegners wird auf die **Kappungsgrenze** von 190 bis 250 EUR begrenzt. Dagegen spricht, dass der Gesetzgeber diese Grenzen nur bei Fehlen einer Vergütungsvereinbarung eingreifen lassen wollte und überdies auch nur bei Verbrauchern. Warum soll der Schädiger in den Genuss einer Verbraucherschutzregelung kommen, wenn er einem Gewerbetreibenden als Geschädigtem gegenübersteht?

(2) Alternativ könnte man den Willen des Gesetzgebers in den Vordergrund rücken, der eine Gebührenverhandlung mit einvernehmlicher Festlegung wollte. Damit wäre stets die **vereinbarte Gebühr** zu ersetzen. Als Korrektiv bliebe dem Schädiger nur noch der Einwand aus § 254 BGB, der wiederum bei der Frage enden würde, was eine Beratung „objektiv erforderlich" kosten darf.

(3) Vorzugswürdig scheint ein Vergleich mit der **Geschäftsgebühr**. Nach dem allgemeinen Grundgedanken des Schadensersatzrechts ist der Schädiger zur Erstattung derjenigen Anwaltskosten verpflichtet, die zur zweckentsprechenden Rechtsverfolgung notwendig waren. Da der Geschädigte jedenfalls berechtigt gewesen wäre, sich bei der Regulierung des Schadens durch einen Anwalt vertreten zu lassen, wird der Schädiger die Kosten der Beratung bis zur Höhe eines Betrages übernehmen müssen, der einer Geschäftsgebühr im konkreten Fall entsprochen hätte.[88]

Im obigen Beispiel wären damit die Kosten der Beratung voll zu erstatten, da eine 1,3-Geschäftsgebühr schon bei 507,00 EUR (netto) liegt. Hätte A dagegen auch die Regulierung des Unfalls übernommen und – was nach § 34 Abs. 2 RVG zulässig ist – die Anrechnung der Beratungsgebühr auf die später entstehende Geschäftsgebühr ausgeschlossen, wären 121

88 In ähnlicher Weise hat das LG Berlin (AGS 2008, 515) die Kosten für eine prozessbegleitende Beratung in Höhe der gesetzlichen Gebühren für die Prozessvertretung als erstattungsfähig angesehen.

die Kosten der Beratung nicht neben denen für die Vertretung erstattungsfähig gewesen. Denn es entspricht der Schadensminderungspflicht des Geschädigten sowie dem gesetzlichen Leitbild des § 34 RVG, dass Kosten für eine Beratung nicht neben Kosten für eine Vertretung hinsichtlich desselben Gegenstands erstattungsfähig sind.

D. Mandant gegen eigenen Versicherer

122 Kann der Mandant die ihm entstandenen Anwaltskosten nicht in voller Höhe beim Gegner bzw. dessen Haftpflichtversicherer liquidieren, so ist zu prüfen, ob andere Erstattungsmöglichkeiten bestehen. In Betracht kommen hier insbesondere die eigenen Versicherer.

I. Anspruch gegen den Rechtsschutzversicherer

1. Versicherungsschutz

123 Die **Leistungen** der Rechtsschutzversicherer in Verkehrssachen sind in den aktuellen Muster-ARB 2021[89] des GDV unter Ziffer 2.1.1 dargestellt.

2. Anspruchsumfang

124 Der Verkehrsrechtsschutz schützt den **Versicherungsnehmer** in seiner Eigenschaft als Eigentümer, Halter, Erwerber, Leasingnehmer/Mieter oder Fahrer von Motorfahrzeugen oder Anhängern (2.1.1 ARB 2021). **Mitversichert** sind auch die berechtigten Fahrer und berechtigten Mitfahrer dieser Fahrzeuge.

125 Der Schadensersatz-Rechtsschutz deckt die gesamte Unfallregulierung einschließlich der Geltendmachung von Sachschäden, Personenschäden und Unterhaltsschäden, also alle gesetzlichen Schadensersatzansprüche gemäß § 823 BGB und § 17 StVG. Die Rechtsschutzversicherung bietet allerdings nur Versicherungsschutz für die **aktive Geltendmachung** von gesetzlichen Schadensersatzansprüchen gegen Dritte 3.2.3 Muster-ARB 2021). Versicherungsschutz für die Abwehr von Schadensersatzansprüchen, für die eigentlich der jeweilige Haftpflichtversicherer zuständig ist, kommt nur beim Vertragsrechtsschutz in Betracht, soweit im Rahmen eines Vertragsverhältnisses Ansprüche gegen den Versicherungsnehmer erhoben werden.

126 Im Bereich der außergerichtlichen und gerichtlichen Regulierung ersetzt die Rechtsschutzversicherung die Vergütung eines für den Versicherungsnehmer tätigen Rechtsanwalts bis zur Höhe der gesetzlichen Vergütung, Gerichtskosten, Sachverständigenkosten etc. (Ziffer

89 Die GDV-Musterbedingungen der ARB finden sich – in der jeweils aktuellen Fassung – unter https://www.gdv.de/gdv/service/musterbedingungen.

2.3.1.2 Muster-ARB 2021). Begrenzt wird die Erstattungspflicht jeweils durch die **Erfolgsaussichten** der Rechtsverfolgung bzw. die **fehlende Mutwilligkeit** (Ziffer 3.4 Muster-ARB 2021). Vertritt sich ein rechtsschutzversicherter Anwalt selbst, steht ihm gegen seinen Versicherer kein Anspruch auf Zahlung der gesetzlichen Vergütung zu.[90]

Kein Versicherungsschutz besteht dagegen bei **Vorsatztaten** (Ziffer 3.2.21 Muster-ARB 2021). 127

Beispiel 128

Fahrer F lässt durch Anwalt A Klage gegen den Unfallgegner und dessen Haftpflichtversicherer auf Ersatz von Unfallschäden erheben. Es stellt sich heraus, dass F den Unfall nur vorgetäuscht hat und die Beschädigungen an seinem Auto von einem anderen, selbstverschuldeten Unfall stammen.

Aufgrund des Vorliegens eines versuchten Betruges (§§ 263, 22, 23 StGB) ist der Rechtsschutzversicherer für dieses Verfahren leistungsfrei. Eventuell gezahlte Beträge kann er von F zurückfordern.

Soweit die dem Versicherungsvertrag des Mandanten zugrunde liegenden ARB eine entsprechende Regelung enthalten, wird die Vergütung für eine Beratung – angelehnt an die Ziffer 2.3.1.2 der Muster-ARB 2021 – vom Rechtsschutzversicherer ggf. nur eingeschränkt ersetzt. Einige Unternehmen haben die erstattungsfähige Vergütung für eine Beratung auf die gesetzliche Kappungsgrenze beschränkt.[91] 129

Hinweis 130

Soweit der Mandant bei einem Unternehmen rechtschutzversichert ist, das eine solche Beschränkung in seine ARB aufgenommen hat, sollte der Anwalt bei Übernahme des Mandates darauf hinweisen, dass ggf. ein Teil der Vergütung vom Mandanten selbst getragen werden muss. Er erspart sich damit Diskussionen nach Abschluss der Angelegenheit, wenn der Mandant im Rahmen der Abrechnung erfährt, dass sein Versicherer eben nicht – wovon gemeinhin ausgegangen wird – sämtliche Kosten übernimmt.

Ob der Rechtsschutzversicherer auch die zur gesetzlichen Vergütung des Anwalts gehörende **Umsatzsteuer** zu übernehmen hat, hängt vom Mandanten ab. Ist dieser vorsteuerabzugsberechtigt und war die Einschaltung des Anwalts betrieblich veranlasst, kann er die Umsatzsteuer als Vorsteuer in Abzug bringen (§ 15 Abs. 1 Nr. 1 UStG). Dazu ist er gegenüber dem Versicherer im Rahmen seiner Schadensminderungspflicht verpflichtet, womit der Freistellungsanspruch in Höhe des Steuerbetrages nicht geltend gemacht werden kann. 131

90 OLG Stuttgart AGS 2008, 478; AG München AGS 2008, 480.
91 Z.B. die Rechtsschutzunternehmen D.A.S., Rechtsschutz Union und Advocard.

132 Grundsätzlich hat der Versicherungsnehmer einen Anspruch auf **Befreiung** von seiner gegenüber dem Anwalt bestehenden Verpflichtung. Soweit er bereits mit dieser Leistung durch Zahlung an den Anwalt in Vorlage getreten ist, steht ihm gegen den Versicherer ein **Zahlungsanspruch** zu.[92] Im Deckungsprozess zwischen Rechtschutzversicherer und Mandant (Versicherungsnehmer), in dem die Höhe der Rahmengebühr des Anwalts nur Vorfrage ist, muss kein Gebührengutachten nach § 14 Abs. 2 RVG eingeholt werden.[93]

3. Einzelfälle

133 In der Praxis ist der Erstattungsanspruch gegen den Rechtsschutzversicherer insbesondere in denjenigen Fällen von Bedeutung, in denen gegenüber dem gegnerischen Fahrer, Halter oder Versicherer die eigenen Anwaltskosten nicht oder nicht vollständig durchgesetzt werden konnten. Dies kann unterschiedliche Gründe haben:

a) Anspruch nur teilweise begründet

134 Haften die Gegner nicht für sämtliche Schäden des Unfalls bzw. aufgrund Mithaftung des Mandanten nur nach einer Quote, so verbleibt ein Differenzbetrag an Anwaltskosten, der nicht vom Erstattungsanspruch erfasst wird.

135 *Beispiel 1*

Eigentümer E macht Schadensersatz in Höhe von 10.000 EUR geltend. Der gegnerische Versicherer V wendet ein Mitverschulden am Unfall ein und reguliert nur 7.500 EUR.

Dann kann E die ihm entstandenen Anwaltsgebühren nur aus einem Erledigungswert von 7.500 EUR gegen V geltend machen. Er schuldet seinem Anwalt jedoch Gebühren aus einem Gegenstandswert von 10.000 EUR.

136 *Beispiel 2*

E klagt Reparaturkosten nach Kostenvoranschlag in Höhe von 10.000 EUR ein. Der gerichtliche Sachverständige kommt in seinem Gutachten zu dem Ergebnis, dass nur 8.000 EUR für die Reparatur erforderlich sind. Das Gericht weist bei einer Kostenverteilung von 4/5 zu 1/5 die Klage teilweise ab, womit E 1/5 der ihm entstandenen Anwaltskosten nicht vom Gegner erstattet erhält.

137 Für die verbleibenden Kosten kann der Rechtsschutzversicherer in Anspruch genommen werden, wenn die ursprünglich weitergehende Geltendmachung von Schadensersatzansprüchen **sachlich gerechtfertigt** war.[94] Für diese Prüfung ist auf den Erkenntnisstand

92 BGH VersR 1999, 706; OLG Köln zfs 1998, 68.
93 OLG Düsseldorf JurBüro 2009, 139.
94 AG Limburg r+s 1992, 378.

im Zeitpunkt der Geltendmachung der Ansprüche abzustellen. Um die spätere Zahlung des Rechtsschutzversicherers sicher zu stellen, empfiehlt sich unbedingt die Einholung einer **Kostendeckungszusage** für die in Aussicht genommene Rechtsverfolgung.

b) Vergütungsvereinbarung

Beruht die nicht erstattungsfähige Differenz der Anwaltskosten darauf, dass der Mandant mit seinem Anwalt eine Vergütungsvereinbarung getroffen hat und die gesetzlichen Gebühren **überschritten** werden, so kommt eine Inanspruchnahme des Rechtsschutzversicherers nicht in Betracht. Denn dieser trägt nach Ziffer 2.3.1.2 der Muster-ARB 2021 die Anwaltskosten nur bis zur Höhe der gesetzlichen Vergütung. Eine Erstattungspflicht für Kosten, die der Versicherungsnehmer ohne Rechtspflicht übernommen hat – und darum handelt es sich bei einer Vergütungsvereinbarung – ist ausgeschlossen. Der Mandant muss daher die Mehrkosten selbst tragen. 138

c) Abrechnungsgrundsätze

Für die Leistungspflicht des Rechtsschutzversicherers ist ohne Belang, ob der Anwalt des Versicherungsnehmers gegenüber dem gegnerischen Haftpflichtversicherer nach den sog. Abrechnungsgrundsätzen liquidiert. Die Leistungsumfang nach Ziffer 2.3 der Muster-ARB 2021 berechnet sich nur nach den gesetzlichen Gebühren. Solange diese nicht überschritten werden, erhält der Mandant auch Differenzansprüche erstattet, die sein Anwalt von ihm nach Liquidation beim gegnerischen Haftpflichtversicherer einfordert. Solche Differenzansprüche kommen insbesondere vor, wenn der Versicherer die vom Mandanten geltend gemachte Forderung nur teilweise reguliert.[95] 139

Beispiel 140

E beauftragt zur Geltendmachung seines Sachschadens (7.500 EUR, überdurchschnittlich umfangreiche Angelegenheit) Anwalt A. Der gegnerische Versicherer V wendet ein hälftiges Mitverschulden des E ein und zahlt nur 3.750 EUR.

Folgende Gebühren sind für A entstanden (Wert: 7.500 EUR):

1. 1,5-Geschäftsgebühr, VV 2300		799,50 EUR
2. Auslagenpauschale, VV 7002		20,00 EUR
Zwischensumme	819,50 EUR	
3. Umsatzsteuer, VV 7008		155,71 EUR
Gesamt		**975,21 EUR**

95 Dagegen stehen dem Anwalt keine Differenzansprüche zu, wenn die Gebührensätze nach den Abrechnungsgrundsätzen hinter den gesetzlichen Gebührensätzen zurückbleiben; vgl. hinsichtlich der Einzelheiten die Ausführungen in diesem Kapitel Rdn 16.

Gegenüber dem Versicherer kann A abrechnen (Wert: 3.750 EUR):

1. 1,5-Geschäftsgebühr (Abrechnungsgrds.), VV 2300		442,50 EUR
2. Auslagenpauschale, VV 7002		20,00 EUR
Zwischensumme	462,50 EUR	
3. Umsatzsteuer, VV 7008		87,88 EUR
Gesamt		**550,38 EUR**

141 Den Differenzbetrag von 424,83 EUR kann A von E verlangen und dieser kann ihn wiederum bei seinem Rechtsschutzversicherer einfordern. Voraussetzung ist allerdings, dass die Geltendmachung des höheren Anspruchs ursprünglich gerechtfertigt war. Hat der Mandant dagegen seinen Anwalt mit der Durchsetzung unvertretbar hoher Ansprüche beauftragt, kann der Versicherer die Übernahme der Differenzgebühr mangels hinreichender Erfolgsaussicht (Ziffer 3.4 Muster-ARB 2021) ablehnen.

d) Inanspruchnahme der Kaskoversicherung

142 Nimmt der Mandant die eigene Kaskoversicherung in Anspruch – etwa, weil er den Unfall ganz oder teilweise mitverursacht hat –, so werden die dabei entstandenen Anwaltskosten (soweit sie nicht vom gegnerischen Haftpflichtversicherer zu erstatten sind – vgl. dazu Rdn 71 ff.) nur unter bestimmten Umständen vom Rechtsschutzversicherer getragen.[96] Dieser ist nämlich erst dann eintrittspflichtig, wenn ein **Versicherungsfall** eingetreten ist. Bei der Inanspruchnahme der eigenen Fahrzeugversicherung handelt es sich jedoch um die Geltendmachung von vertraglichen Ansprüchen und nicht von Schadensersatzansprüchen. Nach Ziffer 2.4.3 der Muster-ARB 2021 besteht der Anspruch auf Rechtsschutz von dem Zeitpunkt an, in dem der Versicherungsnehmer oder ein anderer einen Verstoß gegen Rechtspflichten oder Rechtsvorschriften begangen hat oder begangen haben soll. Der Versicherungsfall tritt somit erst dann ein, wenn der Kaskoversicherer sich in Verzug befindet oder vertragswidrig die Schadensregulierung verweigert.

143 *Hinweis*

Soll ausschließlich der Kaskoversicherer in Anspruch genommen werden, so sollte der Mandant das verzugsbegründende Schreiben selbst formulieren und erst danach den Anwalt beauftragen.

144 Nimmt der Mandant allerdings die eigene Kaskoversicherung aus Zwecken der **Vorfinanzierung** der Reparaturkosten in Anspruch, ohne dass er für den Unfall mithaftet, so sind die dafür entstandenen Anwaltskosten vom gegnerischen Haftpflichtversicherer

96 *Van Bühren*, Das verkehrsrechtliche Mandat, Band 4, § 13 Rn 409 ff.

zu zahlen. Denn diese Kosten sind insoweit adäquater Sachfolgeschaden, als sie auch entstanden wären, wenn sich der Geschädigte ausschließlich an den Haftpflichtversicherer gewandt hätte.[97] In diesem Fall ist eine Inanspruchnahme des Rechtsschutzversicherers also nicht erforderlich.

e) Einigungsgebühr

Die Gebühr für eine gerichtliche oder außergerichtliche Einigung wird im Rahmen eines bestehenden Verkehrsrechtsschutzes grundsätzlich vom Rechtsschutzversicherer übernommen. Hier ist allerdings eine **Einschränkung** durch die ARB zu beachten, die in der Praxis nicht unerhebliche Auswirkungen hat: Nach Ziffer 3.3.2 der Muster-ARB 2021, der für gerichtliche und außergerichtliche Einigungen gilt,[98] trägt der Versicherer die Kosten einer einverständlichen Einigung nur insoweit, als sie dem Verhältnis des vom Versicherungsnehmer angestrebten Ergebnisses zum erzielten Ergebnis entsprechen. Maßgeblich ist dabei allein das mathematische Wertverhältnis von Obsiegen und Unterliegen, nicht der hypothetische Prozessausgang oder der Umfang von in den Vergleich einbezogenen sonstigen Ansprüchen.[99] 145

Beispiel 146

Eigentümer E macht nach einem Verkehrsunfall Sachschaden in Höhe von 5.000 EUR sowie Schmerzensgeld in Höhe von 2.000 EUR außergerichtlich geltend. Der gegnerische Haftpflichtversicherer wendet ein Mitverschulden des E von 50 % ein. Schließlich einigt man sich darauf, dass E einen Betrag von 4.900 EUR erhält und die Hälfte der Kosten übernimmt.

Der Anwalt des E kann folgende Gebühren aus einem Gegenstandswert von 7.000 EUR in Rechnung stellen:

1. 1,3-Geschäftsgebühr, VV 2300		615,55 EUR
2. 1,5-Einigungsgebühr, VV 1000		710,25 EUR
3. Auslagenpauschale, VV 7002		20,00 EUR
Zwischensumme	1.345,80 EUR	
4. Umsatzsteuer, VV 7008		255,70 EUR
Gesamt		**1.601,50 EUR**

97 OLG Hamm zfs 1992, 23; OLG Karlsruhe r+s 1990, 303; OLG Celle AnwBl 1983, 141; AG Karlsruhe AGS 2008, 372; *Madert*, AGS 2000, 1; *J. Chemnitz*, AnwBl 1985, 1188, 120; *N. Schneider*, zfs 2004, 396, 397.

98 BGH NJW 2011, 2054; LG Karlsruhe zfs 2012, 520.

99 AG Köln zfs 1998, 272; AG Freiburg r+s 1995, 263; AG Hannover zfs 1988, 12.

Diese Anwaltskosten kann E in Höhe von 800,75 EUR (50 %) vom Gegner verlangen. Von seinem Rechtsschutzversicherer erhält E jedoch nicht die zweite Hälfte der Kosten, sondern nur einen Betrag von 480,45 EUR (30 %) erstattet. Denn das erzielte Ergebnis (4.900 EUR) steht zum angestrebten Ergebnis (7.000 EUR) im Verhältnis 70 % zu 30 %, so dass auch die Kosten entsprechend hätten aufgeteilt werden müssen.

147 Eine Ausnahme gilt nur dann, wenn eine abweichende Kostenverteilung gesetzlich vorgeschrieben oder vom Rechtsschutzversicherer abgesegnet worden ist. Berücksichtigt der Anwalt diese Vorgabe der ARB nicht, macht er sich dem Mandanten gegenüber schadensersatzpflichtig.[100]

148 Im Hinblick auf diese Regelung, die verhindern soll, dass der rechtsschutzversicherte Mandant zu Lasten seines Versicherers eine Einigung abschließt, bei der er im Hinblick auf die Kosten mehr als erforderlich nachgibt, empfiehlt es sich, den Vergleich nur unter **Widerrufsvorbehalt** abzuschließen und ihn dann vom Rechtsschutzversicherer genehmigen zu lassen. Diesem muss dann dargelegt werden, welche Gründe für ein übermäßiges Nachgeben bei den Kosten bestehen. Bei gerichtlichen Vergleichen reicht oft schon der im Verhandlungsprotokoll aufgenommene Hinweis des Gerichts aus, dass ein Vergleichsschluss dieses Inhalts nahe gelegt wird.

149 Alternativ bietet sich im gerichtlichen Verfahren die Möglichkeit, eine Einigung nur in der Hauptsache zu treffen und dem Gericht durch eine **übereinstimmende Erledigungserklärung** in der Hauptsache die Entscheidung über die Kosten gemäß § 91a ZPO zu überlassen. An diese Entscheidung ist der Rechtsschutzversicherer gebunden, auch wenn sie nicht dem Verhältnis von Obsiegen und Unterliegen entspricht.[101] Denn diese Kosten sind nicht im Zusammenhang mit der Einigung der Parteien, sondern im Zusammenhang mit der gerichtlichen Entscheidung nach § 91a ZPO entstanden. Allerdings entfällt bei dieser Vorgehensweise die Reduzierung der Gerichtskosten von der dreifachen auf die einfache Gebühr im erstinstanzlichen Verfahren (Nr. 1211 Nr. 3 und 4 KV GKG) bzw. von der vierfachen auf die zweifache Gebühr im Berufungsverfahren (Nr. 1222 Nr. 3 und 4 KV GKG), sofern die Parteien nicht vorab auf eine Begründung und auf Rechtsmittel gegen den Kostenbeschluss verzichten.[102]

f) Hebegebühr

150 Die Hebegebühr nach Nr. 1009 VV RVG (vgl. dazu § 1 Rdn 193 ff.) ist nach herrschender Meinung nicht vom Rechtsschutzversicherer zu erstatten, da es sich um vermeidbare Kosten handele. Für die Entgegennahme von Schadensersatzleistungen sei anwaltliche Hilfe nicht erforderlich, so dass der Versicherungsnehmer eine **Obliegenheitsver-**

100 AnwK-RVG (*Schafhausen/N. Schneider/Thiel*), VV 1000 Rn 235 ff.
101 OLG Hamm r+s 2005, 246; OLG Karlsruhe zfs 1984, 335.
102 OLG München AGS 2004, 33; LG Bonn AGS 2004, 80.

letzung begehe, wenn er Zahlungen über den Anwalt abwickle.[103] Eine Ausnahme gilt allerdings, wenn:

- der Gegner eigenmächtig ohne Veranlassung an den Anwalt des Versicherten zahlt,
- eine komplizierte Unfallschadensregulierung vorliegt, die eine Überwachung der Zahlungsabwicklung durch den Anwalt erforderlich macht oder
- der Mandant aufgrund besonderer Umstände (Krankheit, Aufenthalt im Ausland, fehlende Kontoverbindung) keine Zahlungsabwicklung vornehmen kann.[104]

In diesen Fällen kann der Mandant die Hebegebühr von seinem Rechtsschutzversicherer erstattet verlangen.

g) Beratung

Folgt der Beratung des Mandanten eine Geltendmachung von Schadensersatzansprüchen gegenüber dem Schädiger, so besteht für die Beratungstätigkeit nur dann ein eigener Gebührenanspruch, wenn die Anrechnung nach § 34 Abs. 2 RVG ausgeschlossen wurde (vgl. dazu § 1 Rdn 29). Bei Ausschluss der Anrechnung dürfte die Erstattung der Beratungsvergütung problematisch sein, da der – vom gesetzlichen Grundfall abweichende – Ausschluss der Anrechnung vom Mandanten ohne Rechtspflicht vereinbart wurde und keine Kostenübernahmepflicht besteht. 151

Hinweis 152

Im Hinblick auf eine mögliche Kulanzleistung des Versicherers sollten die entsprechenden Kosten gleichwohl geltend gemacht werden.

4. Folgen der Zahlung

Soweit der Rechtsschutzversicherer Zahlungen geleistet hat, geht der Anspruch des Versicherungsnehmers auf Erstattung der gezahlten Beträge auf ihn über (§ 86 Abs. 1 VVG bzw. Ziffer 4.1.8 Muster-ARB 2021). Soweit Erstattungsbeträge an den beauftragten Anwalt geleistet worden sind, hat der Rechtsschutzversicherer einen unmittelbaren Anspruch aus übergegangenem Recht. Eine **Aufrechnung** mit einer Forderung gegen den Mandanten ist unzulässig.[105] Der Forderungsübergang darf sich gemäß § 86 Abs. 1 S. 2 VVG nicht zum Nachteil des Versicherungsnehmers auswirken. Ebenso wie in der Kaskoversicherung gilt daher das **Quotenvorrecht**: Bei einem Selbstbehalt geht in dieser Höhe der Erstattungsanspruch nicht auf den Rechtsschutzversicherer über, so dass bei Kostenerstattung durch die Gegenseite zunächst der Selbstbehalt an den Mandanten auszuzahlen ist. 153

103 Differenzierend: AnwK-RVG (*N. Schneider*), VV 1009 Rn 84 f. m.w.N.

104 LG Detmold AGS 2003, 129 m. Anm. *N. Schneider*.

105 LG Braunschweig zfs 2002, 151; AG Erfurt zfs 2003, 93.

154 *Hinweis*

Erstattungsbeträge sind Fremdgeld und müssen daher unverzüglich weitergeleitet werden. Es empfiehlt sich ein besonderer Hinweis in der Akte, dass bei Erstattungsbeträgen zunächst der Selbstbehalt des Mandanten einzubehalten bzw. an diesen auszukehren ist, bevor Zahlungen an den Rechtsschutzversicherer erfolgen.

II. Anspruch gegen den Kaskoversicherer

155 Anwaltskosten sind nicht Gegenstand der Fahrzeugversicherung. Vielmehr ist die Leistungspflicht des Kaskoversicherers nach der Regelung in A.2.1.1 der Muster-AKB 2015[106] auf den **Fahrzeugschaden** begrenzt. Eine Kostenerstattung kommt daher nur nach den allgemeinen Grundsätzen des Schadensersatzrechts in Betracht:[107] Befindet sich der Kaskoversicherer mit seiner vertraglichen Zahlungspflicht in **Verzug** oder begeht er durch unsachgemäße Schadensregulierung eine **positive Vertragsverletzung**, muss er auch die dadurch verursachten Anwaltskosten zahlen.[108] Alle diese Voraussetzungen können typischerweise erst vorliegen, wenn der Mandant bereits selbst – erfolglos – seine Ansprüche bei der Vollkaskoversicherung geltend gemacht hat. Die Kosten der den Verzug begründenden Erstmahnung sind kein ersatzfähiger Schaden.

156 *Hinweis*

Dem Mandaten sollte daher empfohlen werden, das verzugsbegründende Schreiben selbst zu formulieren und erst danach den Anwalt zu beauftragen.

157 Etwas anderes gilt, wenn neben dem Kaskoversicherer oder anschließend **auch** der gegnerische Haftpflichtversicherer in Anspruch genommen werden soll. Hier erscheint es vertretbar, die anwaltliche Tätigkeit unmittelbar beginnen zu lassen, weil letztlich der gegnerische Haftpflichtversicherer die Anwaltskosten in voller Höhe bzw. bei Mithaftung in quotenmäßiger Höhe übernimmt.

158 *Beispiel*

Eigentümer E macht nach einem Verkehrsunfall durch Anwalt A 4.500 EUR Sachschaden beim eigenen Kaskoversicherer und 2.500 EUR Schmerzensgeld beim gegnerischen Haftpflichtversicherer geltend. Seine Mithaftung an dem Unfall beträgt 25 %, so dass der Haftpflichtversicherer einen Betrag von 1.875 EUR zahlt.

106 Abrufbar unter www.gdv.de (Stand 30.4.2025).

107 OLG Hamm NZV 1991, 314; AG Karlsruhe r+s 1997, 48; AG Recklinghausen r+s 1996, 471; AG Düsseldorf r+s 1996, 448.

108 *Greißinger*, zfs 1999, 504, 505.

I. Gebühren für Kaskoschaden (Wert: 4.500 EUR)		
1. 1,3-Geschäftsgebühr, VV 2300		460,85 EUR
2. Auslagenpauschale, VV 7002		20,00 EUR
Zwischensumme	480,85 EUR	
3. Umsatzsteuer, VV 7008		91,36 EUR
Gesamt		**572,21 EUR**
II. Gebühren für Haftpflichtschaden (Wert: 2.500 EUR)		
1. 1,3-Geschäftsgebühr, VV 2300		306,15 EUR
2. Auslagenpauschale, VV 7002		20,00 EUR
Zwischensumme	326,15 EUR	
3. Umsatzsteuer, VV 7008		61,97 EUR
Gesamt		**388,12 EUR**

Hätte E seinen Gesamtschaden ausschließlich gegenüber dem Haftpflichtversicherer geltend gemacht, so wären folgende Gebühren angefallen (Erledigungswert: 75 % von 7.000 EUR = 5.250 EUR):

1. 1,3-Geschäftsgebühr, VV 2300		538,20 EUR
2. Auslagenpauschale, VV 7002		20,00 EUR
Zwischensumme	558,20 EUR	
3. Umsatzsteuer, VV 7008		106,06 EUR
Gesamt		**664,26 EUR**

Diesen Betrag kann E daher auch bei der getrennten Regulierung vom gegnerischen Haftpflichtversicherer ersetzt verlangen.

III. Anspruch gegen den Haftpflichtversicherer

159 Der Haftpflichtversicherer ist verpflichtet, den Versicherungsnehmer im Schadensfall von der persönlichen Inanspruchnahme freizustellen. Diese Verpflichtung erfüllt er, indem er die begründeten Schadensersatzansprüche Dritter **befriedigt** und unbegründete Schadensersatzansprüche **abwehrt**, soweit diese Ansprüche aufgrund gesetzlicher Haftpflichtbestimmungen privatrechtlichen Inhalts gegen den Versicherungsnehmer erhoben werden (§ 100 VVG).

160 Die Ersatzpflicht des eigenen Haftpflichtversicherers umfasst auch die gerichtlichen und außergerichtlichen Kosten bei der Abwehr geltend gemachter Ansprüche. In **Passivpro-**

zessen übernimmt damit der Haftpflichtversicherer die Rechtsschutzfunktion.[109] Die durch Erfüllung der Abwehrverpflichtung entstandenen Kosten sind gemäß. § 101 VVG neben den für die Befriedigung begründeter Ansprüche aufzuwendenden Beträgen zu bezahlen.

161 Halten sich die Haftpflichtansprüche im Rahmen der Höchstgrenze der **Versicherungssumme**, so hat der Versicherer die gesamten Kosten eines Rechtsstreits zu tragen, und zwar auch dann, wenn die Kosten mit den Ansprüchen zusammen die Höchstsumme überschreiten (§ 101 Abs. 2 VVG).

162 Als **Prozesskosten** sind alle Kosten anzusehen, die im Sinne des Kostenfestsetzungsrechts erstattungsfähig sind – unabhängig davon, ob sie tatsächlich festgesetzt wurden.

163 Die Kostenregelung betrifft lediglich das **Innenverhältnis** zwischen Versicherer und Versicherungsnehmer. Der Versicherungsnehmer haftet dem von ihm bestellten Anwalt aus dem Anwaltsvertrag in voller Höhe auf die Vergütung.

109 *Van Bühren*, Das verkehrsrechtliche Mandat, Band 4, § 9 Rn 62.

§ 4 Verkehrsverwaltungsrecht

A. Allgemeines

Die Abrechnung anwaltlicher Tätigkeiten im Verkehrsverwaltungsrecht, also auch im Fahrerlaubnisrecht, ist mit der verkehrszivilrechtlichen Abrechnung vergleichbar. Insoweit kann insbesondere auf die Ausführungen unter § 1 verwiesen werden. Der für eine gesetzliche Abrechnung nach RVG maßgebliche **Gegenstandswert** bzw. **Streitwert** richtet sich allerdings, im außergerichtlichen wie im gerichtlichen Bereich, nach dem vom Bundesverwaltungsgericht herausgegebenen **Streitwertkatalog.**[1] Dieser sieht unter Nrn. 46 ff. konkrete Streitwerte für verkehrsrechtliche Sachverhalte vor. 1

B. Vergütungsvereinbarung

Auch im Verkehrsverwaltungsrecht ist es mehr und mehr üblich, wegen der Komplexität der Materie (z.B. EU-Fahrerlaubnisfragen, Rechtmäßigkeit der Anordnung medizinisch-psychologischer Untersuchungen u.a.) und der zum Teil gravierenden Auswirkungen fahrerlaubnisrechtlicher Maßnahmen auf die hiervon Betroffenen, die anwaltliche Tätigkeit nach einem **Zeit- oder Pauschalhonorar** abzurechnen. Grundlage hierfür ist wiederum eine **Vergütungsvereinbarung**. Im außergerichtlichen Bereich (Verwaltungsverfahren und Widerspruchsverfahren) können die gesetzlichen Gebühren im Rahmen einer Vergütungsvereinbarung über- oder unterschritten werden. Aus diesem Grund müssen rechtsschutzversicherte Mandanten auch hier zwingend darauf hingewiesen werden, dass der Mandant Gebühren, welche über den gesetzlichen Rahmen hinausgehen, vom Rechtsschutzversicherer nicht erstattet bekommt. 2

Im Bereich der gerichtlichen Vertretung ist die Unterschreitung der gesetzlichen Gebühren unzulässig. Hier bietet es sich an, in die Vergütungsvereinbarung eine Regelung aufzunehmen, dass die Tätigkeit nach den Bestimmungen der Vergütungsvereinbarung, mindestens aber mit den gesetzlichen Gebühren nach RVG zu honorieren ist.

Zudem muss der Mandant darauf hingewiesen werden, dass sich eine etwaige **Erstattungspflicht** des Gegners (§ 162 VwGO), wie auch nach der ZPO, auf die notwendigen Kosten der Rechtsverfolgung beschränkt: Kosten, die über die gesetzlichen Gebühren hinausgehen, sind daher auch im Verwaltungsrecht nicht erstattungsfähig.[2]

1 Streitwertkatalog für die Verwaltungsgerichtsbarkeit 2013, abrufbar unter www.bverwg.de/rechtsprechung/streitwertkatalog.

2 Grundlegend VG Berlin AGS 2015, 200.

C. Abrechnung nach RVG

3 Entscheidet sich der Anwalt für eine gesetzliche Abrechnung, so ist – wie auch im Zivilrecht – nach Verfahrensabschnitten zu gliedern.

I. Verwaltungsverfahren (bis zum Erlass eines Bescheides)

4 Der erste Abschnitt der verwaltungsrechtlichen Tätigkeiten des Anwaltes ist das Stadium des **Verwaltungsverfahrens**. Dieses endet mit dem Erlass eines Verwaltungsaktes oder der Verfahrenseinstellung durch die Behörde. Im Verkehrsverwaltungsrecht stellt etwa die Versagung der Erteilung einer Fahrerlaubnis oder deren Entziehung einen solchen Verwaltungsakt dar.

Im Bereich der **Fahreignungsbegutachtung** herrscht die Besonderheit vor, dass die Begutachtungsanordnung selbst keine Verwaltungsaktqualität aufweist, d.h. der Erlass einer ärztlichen oder medizinisch-psychologischen Begutachtungsanordnung schließt das Verwaltungsverfahren noch nicht ab, sondern ist lediglich als sog. „vorbereitendes Verwaltungshandeln" im Sinne des § 44a VwGO zu werten.[3] Das Verwaltungsverfahren endet typischer Weise erst, wenn aufgrund der Nichtvorlage eines Gutachtens oder aufgrund dessen Inhaltes ein Verwaltungsakt erlassen wird (z.B. Entziehung der Fahrerlaubnis). Ebenfalls abgeschlossen wird das Verwaltungsverfahren dadurch, dass die Behörde – nach Vorlage eines Gutachtens, welches die Eignungszweifel ausgeräumt hat – von weiteren Maßnahmen absieht.

5 *Beispiel*

Mandant M, der Inhaber der Fahrerlaubnis Klasse B ist, sucht Anwalt A auf, weil die zuständige Fahrerlaubnisbehörde Zweifel an seiner Fahreignung geltend gemacht hat. Grund hierfür soll der gelegentliche Genuss von Cannabis sein, den A im Rahmen einer polizeilichen Verkehrskontrolle eingeräumt haben soll. Die Behörde fordert A daher zur Vorlage eines medizinisch-psychologischen Gutachtens zur Fahreignung auf.

A nimmt Akteneinsicht, wobei sich ergibt, dass A zu keinem Zeitpunkt unter Cannabiseinfluss am Straßenverkehr teilgenommen hat. Die Äußerung des Mandanten gegenüber der Polizei bezog sich eindeutig auf gelegentlichen Konsum ohne Zusammenhang zum Straßenverkehr.

A gibt für seinen Mandanten eine entsprechende Stellungnahme ab und führt aus, dass gelegentlicher Konsum von Cannabis ohne Zusammenhang zum Straßenverkehr keine

3 VGH München BeckRS 2017, 113691.

Eignungszweifel begründe und daher auch kein Anlass für eine MPU-Begutachtung sei. Die Behörde nimmt von der Begutachtungsanordnung Abstand.

A kann gegenüber dem Mandanten folgende Gebühren abrechnen:

1. 1,3-Geschäftsgebühr, VV 2300		
aus 5.000 EUR		460,85 EUR
2. Auslagenpauschale, VV 7002		20,00 EUR
Zwischensumme	480,85 EUR	
3. Umsatzsteuer, VV 7008		91,36 EUR
Gesamt		**572,21 EUR**

Nach Ziffer 46.3 des Streitwertkataloges des Bundesverwaltungsgerichts beträgt der Gegenstandswert einer Fahrerlaubnis der Klasse B 5.000 EUR. Dass es im konkreten Fall (noch) nicht um eine Entziehung, sondern um eine Begutachtungsanordnung ging, spielt keine Rolle. Denn die Nichtbefolgung einer Begutachtungsanordnung führt im Regelfall zur Entziehung (§ 11 Abs. 8 FeV), das für die Berechnung der Anwaltsgebühren maßgebliche Interesse ist somit identisch.[4] A kann zudem seine Gebühren aus dem Gebührenrahmen der Nr. 2300 VV RVG nach billigem Ermessen bestimmen; es kann hierbei nicht oft genug betont werden, dass besondere Fachkenntnisse des Anwaltes, die ihm eine routinierte und ggf. zügige Fallbearbeitung gestatten, nicht zu einer Verringerung der Gebühren führen können – der Erwerb von Zusatzkenntnissen und Fachanwaltstiteln wäre andernfalls weit weniger attraktiv. Ansätzen von Rechtsschutzversicherern, die Gegenteiliges vertreten, sollte daher entschieden entgegengetreten werden. 6

Eine **Erstattung** der anwaltlichen Gebühren des Verwaltungsverfahrens findet nicht statt, das Verwaltungsverfahrensrecht des Bundes (§ 80 VwVfG) und der Länder (z.B. Art. 80 BayVwVfG) sehen insoweit keine Erstattungsvorschriften vor. 7

Nicht immer hat das fahrerlaubnisrechtliche Verwaltungsverfahren eine vom Anwalt zu prüfende bzw. abzuwendende Fahreignungsbegutachtung zum Gegenstand. Die Fahrerlaubnisverordnung (FeV) sieht vielmehr vor, dass in Fällen, in denen die fehlende Eignung zur Überzeugung der Behörde bereits feststeht, unmittelbar die Fahrerlaubnis zu entziehen ist. Auch hier rechnet der Anwalt zunächst die Gebühren nach Teil 2 des Vergütungsverzeichnisses zum RVG ab. 8

Beispiel 9

Mandant M, der Inhaber einer Fahrerlaubnis Klasse B ist, wird in einer Diskothek von der Polizei kontrolliert. Die Beamten finden in seiner Hosentasche 0,5g Kokain. M räumt im Rahmen seiner Befragung ein, gelegentlich Kokain zu konsumieren. Die

4 Vgl. *Pießkalla*, VRR 2013, 90 f.

Polizei meldet den Vorfall kurze Zeit später der Fahrerlaubnisbehörde, welche M ankündigt, die Fahrerlaubnis wegen dieses Konsums zu entziehen. M erhält Gelegenheit zur Stellungnahme und zum Verzicht auf die Fahrerlaubnis.

M sucht seinen Rechtsanwalt A auf. A berät ihn ausführlich zur Rechtslage und beantragt Akteneinsicht bei der Behörde. M möchte entgegen dem Rat seines Anwaltes keinen Verzicht erklären. Die Behörde entzieht daraufhin die Fahrerlaubnis.

A kann gegenüber dem Mandanten folgende Gebühren abrechnen:

1. 1,3-Geschäftsgebühr, VV 2300		
aus 5.000 EUR		460,85 EUR
2. Auslagenpauschale, VV 7002		20,00 EUR
Zwischensumme	480,85 EUR	
3. Umsatzsteuer, VV 7008		91,36 EUR
Gesamt		**572,21 EUR**

II. Widerspruchsverfahren

10 Das Bundesrecht normiert in §§ 68 ff. VwGO, dass vor Einreichung einer Klage gegen einen Verwaltungsakt dieser im Rahmen eines Widerspruchsverfahrens zu überprüfen ist. Zweck des Widerspruchsverfahrens ist eine vor das Gerichtsverfahren gezogene Selbstkontrolle der Verwaltung. Allerdings sieht das Recht der Bundesländer seit Jahren in zahlreichen Rechtsbereichen die Abschaffung des Vorverfahrens oder aber dessen **fakultative Durchführung** vor. Im letztgenannten Fall hat der Rechtssuchende ein Wahlrecht, ob er zunächst ein Widerspruchsverfahren durchführt oder den direkten Weg zum Verwaltungsgericht beschreitet. Die Entscheidung wird – gerade im Fahrerlaubnisrecht – oftmals nach taktischen Gesichtspunkten getroffen, weil sich durch das Widerspruchsverfahren der für die rechtliche Beurteilung maßgebliche Zeitpunkt der letzten Behördenentscheidung hinauszögern lässt. Wird ein Widerspruchsverfahren durchgeführt, entstehen weitere Gebühren nach Nr. 2300 VV RVG.

11 *Beispiel*

Mandant M (Inhaber einer Fahrerlaubnis Klasse B) mit Wohnsitz in München sucht seinen Anwalt A auf, nachdem er von der zuständigen Fahrerlaubnisbehörde zur Beibringung eines ärztlichen Gutachtens zur Frage des Drogenkonsums aufgefordert wurde. Hintergrund war, dass M im Rahmen einer Polizeikontrolle mit Kokain aufgegriffen und deswegen mit einem Strafbefehl wegen unerlaubten Besitzes von Betäubungsmitteln geahndet wurde. Zu seinem Konsum machte er im Strafverfahren keine Angaben.

M will das Gutachten nicht erstellen lassen. A gibt eine Stellungnahme ab, die Fahrerlaubnis wird dennoch entzogen. M entscheidet sich, mit Hilfe seines Anwaltes das nach bayerischem Recht (Art. 1 Abs. 1 S. 1 Nr. 6 AGVwGO) fakultative Widerspruchsverfahren durchzuführen, um Zeit für ein Drogenscreening zu gewinnen. Der Widerspruch bleibt letztlich erfolglos.

A kann die Gebühr Nr. 2300 VV RVG für seine Tätigkeit im Widerspruchsverfahren abrechnen. Soweit er bereits im Verwaltungsverfahren tätig war (d.h. vor Erlass des Entziehungsbescheides), ist nach Vorb. 2.3. Abs. 4 VV RVG die Geschäftsgebühr des Verwaltungsverfahrens hälftig, höchstens mit einem Satz von 0,75, auf die weitere Geschäftsgebühr im Widerspruchsverfahren Vorverfahrens anzurechnen.

Ist das Widerspruchsverfahren erfolgreich, kommt die Erstattung der notwendigen Rechtsverfolgungskosten in Betracht (z.B. Art. 80 BayVwVfG). Es ist von Vorteil, bereits in der Widerspruchsbegründung kurz darzustellen, warum eine Erstattungsfähigkeit zu bejahen ist. Auch hier findet eine Erstattung jener Gebühren, die über das gesetzliche Maß hinausgehen, allerdings nicht statt. 12

III. Gerichtliche Tätigkeit

Der Gegenstandswert zur Berechnung der Gebühren für die gerichtliche Tätigkeit des Anwalts bestimmt sich nach den für die Gerichtsgebühren geltenden Vorschriften, wobei wiederum auf den Streitwertkatalog des Bundesverwaltungsgerichts abzustellen ist. Im Eilverfahren (§ 80 Abs. 5 VwGO, § 123 VwGO) wird der Streitwert in aller Regel mit 50 % der Hauptsache beziffert, auch dies beruht auf dem Streitwertkatalog des Bundesverwaltungsgerichts (Nr. 1.5).[5] 13

Bei der Berechnung der konkret anfallenden Gebühren für das Gerichtsverfahren kann auf die Ausführungen im Verkehrszivilrecht verwiesen werden (§ 1 Rdn 196 ff.). Es bestehen insoweit keine Unterschiede. Dies soll ein Beispiel verdeutlichen:

Beispiel 14

Anwalt A vertritt seinen Mandanten zunächst außergerichtlich mit dem Ziel, eine von der Fahrerlaubnisbehörde angekündigte Fahrerlaubnisentziehung (Grund: vermeintlicher Konsum von Amphetamin) abzuwenden. M ist Inhaber der Fahrerlaubnis Klasse B. Die Behörde erlässt einen Entziehungsbescheid, A ficht diesen vor dem Verwaltungsgericht mit der Anfechtungsklage an. Die Klage ist erfolgreich.

5 Streitwertkatalog für die Verwaltungsgerichtsbarkeit 2013, abrufbar unter www.bverwg.de/rechtsprechung/streitwertkatalog.

Die Gebühren des A berechnen sich nach dem RVG wie folgt:

I. Außergerichtliche Tätigkeit (Wert: 5.000 EUR)		
1. 1,3-Geschäftsgebühr, VV 2300		460,85 EUR
2. Auslagen, VV 7002		20,00 EUR
Zwischensumme	480,85 EUR	
3. Umsatzsteuer, VV 7008		91,36 EUR
Gesamt		**572,21 EUR**
II. Gerichtsverfahren Hauptsache (Wert: 5.000 EUR)		
1. 1,3-Verfahrensgebühr, VV 3100		460,85 EUR
2. 1,2-Terminsgebühr, VV 3104		425,40 EUR
3. Auslagenpauschale, VV 7002		20,00 EUR
./. hälftige Geschäftsgebühr VV 2300 aus 5.000 EUR		– 230,43 EUR
Zwischensumme	675,82 EUR	
4. Umsatzsteuer, VV 7008		128,41 EUR
Gesamt		**804,23 EUR**

15 Wird neben dem Hauptsacheverfahren zusätzlich ein **Eilverfahren** (einstweiliger Rechtsschutz) betrieben (§§ 80 Abs. 5, 123 VwGO), insbesondere mit dem Ziel, die – für Betroffene regelmäßig sehr schmerzhafte – vorläufige Vollziehbarkeit von Bescheiden bis zur Entscheidung über die Hauptsache zu beseitigen, entstehen die Gebühren nach Nrn. 3100 ff. VV RVG nochmals, ohne dass es zu einer Anrechnung beim Hauptsacheverfahren kommt. Wie eben erläutert, wird der Streitwert jedoch auf 50 % der Hauptsache reduziert.[6] Er ergibt sich folgende Abrechnung:

III. Gerichtsverfahren Eilverfahren (Wert: 2.500 EUR)		
1. 1,3-Verfahrensgebühr, VV 3100		306,15 EUR
2. Auslagenpauschale, VV 7002		20,00 EUR
Zwischensumme	326,15 EUR	
3. Umsatzsteuer, VV 7008		61,97 EUR
Gesamt		**388,12 EUR**

16 Zu bedenken ist, dass die Terminsgebühr nach Nr. 3104 VV RVG im einstweiligen Rechtsschutz in der Regel nicht anfallen wird, weil Eilverfahren – jedenfalls im Fahrerlaubnisrecht – zumeist ohne mündliche Verhandlung durchgeführt werden; im Ein-

6 Vgl. VGH München, Beschl. v. 5.2.2021 – 11 CS 20.2160, BeckRS 2021, 1655.

zelfall kann etwas anderes gelten. Der Anfall einer Terminsgebühr über eine außergerichtliche Besprechung zwischen Behörde und Anwalt, die auf eine Erledigung des Eilverfahrens abzielt, bleibt jedoch denkbar.

Die Rechtsmittel im verwaltungsgerichtlichen Verfahren werden nach Nrn. 3200 bis 3203 VV RVG (Berufung) bzw. Nrn. 3206 ff. VV RVG (Revision) abgerechnet. Eine Besonderheit ist, dass das Rechtsmittel der Berufung, anders als im Zivilrecht, nicht ohne weiteres eingelegt werden kann, sondern – sollte das Verwaltungsgericht die Berufung nicht zugelassen haben – zunächst die Zulassung der Berufung beantragt werden muss (§ 124 Abs. 1 VwGO). Die Gebühren entsprechen denen des Berufungsverfahrens (Vorb. 3.2 Abs. 1 VV), wobei die Verfahrensgebühr im Zulassungsverfahren und im nachfolgenden Berufungsverfahren nur einmal entsteht, da es sich um dieselbe Angelegenheit handelt (§ 16 Nr. 11 RVG). 17

Beispiel 18

Anwalt A wird beauftragt, Berufung gegen ein verwaltungsgerichtliches Urteil, in dem die Entziehung der Fahrerlaubnis Klasse B bestätigt und die Klage abgewiesen wurde, einzulegen. A prüft das Urteil und stellt fest, dass das VG die Berufung nicht zugelassen hat. Er stellt Antrag auf Zulassung der Berufung (§ 124a VwGO), das Oberverwaltungsgericht lässt die Berufung zu. Im nachfolgenden Berufungsverfahren wird ein Verhandlungstermin durchgeführt, die Berufung ist erfolgreich.

Die Gebühren des A berechnen sich nach dem RVG wie folgt:

Berufungsverfahren (Wert: 5.000 EUR)

1. 1,6-Verfahrensgebühr, VV 3200		567,20 EUR
2. 1,2-Terminsgebühr, VV 3202		425,40 EUR
3. Auslagenpauschale, VV 7002		20,00 EUR
Zwischensumme	1.012,60 EUR	
4. Umsatzsteuer, VV 7008		192,39 EUR
Gesamt		**1.204,99 EUR**

Trotz Durchführung des Verfahrens auf Zulassung der Berufung und dem nachfolgenden Berufungsverfahren fällt die Verfahrensgebühr (Nr. 3200 VV RVG) nur **einmal** an. Es handelt sich insoweit auch nicht um eine Anrechnung. 19

§ 5 Verkehrsstraf- und Ordnungswidrigkeitenrecht

A. Allgemeines

Das nachfolgende Kapitel zur anwaltlichen Vergütung in Verkehrsstraf- und Ordnungswidrigkeitenverfahren dient vorrangig dazu, dem Neuling oder schwerpunktmäßig im Verkehrszivil- oder Verwaltungsrecht tätigen Praktiker, der mit Strafsachen und Ordnungswidrigkeiten nur selten in Berührung kommt, einen ersten Überblick über Besonderheiten der Abrechnung zu vermitteln. Die Ausführungen erheben daher ausdrücklich keinen Anspruch auf Vollständigkeit, sondern wollen als Versuch der Abrundung der Gesamtdarstellung verstanden werden. 1

Der größte Unterschied zur zivilrechtlichen bzw. zur verwaltungsrechtlichen Tätigkeit ist, dass das Rechtsanwaltsvergütungsgesetz im Straf- oder Ordnungswidrigkeitenrecht keine Satzrahmengebühren, sondern **Betragsrahmengebühren** vorsieht. Auch hier wurde durch das KostBRÄG 2025 eine Erhöhung von durchschnittlich 9 % vorgenommen.[1] Der Anwalt bestimmt seine Gebühr, soweit eine Vergütungsvereinbarung (z.B. Zeit- oder Pauschalhonorar) nicht geschlossen wurde, unter Ausübung billigen Ermessens nach den Kriterien des § 14 RVG aus einer betragsmäßig festgelegten Betragsunter- sowie einer Betragsobergrenze. Für die Bestimmung des Honorars sind auch hier die Gesamtumstände des Falles, insbesondere die Bedeutung und dem Umfang der Sache, der Schwierigkeit der Tätigkeit und die Vermögens- und Einkommensverhältnisse des Auftraggebers zu berücksichtigen. Auch ein besonderes Haftungsrisiko kann mit einbezogen werden.

B. Verkehrsstrafrecht

I. Vergütungsvereinbarung

Auch im Rahmen der strafrechtlichen Mandatierung haben Mandant und Anwalt die Möglichkeit, eine Vergütungsvereinbarung zu treffen, was heute sehr weit verbreitet ist. Es kommen also insbesondere **Zeithonorare** und **Pauschalhonorare** in Betracht. Greift man auf Pauschalhonorare zurück, so bietet es sich an, diese nach Verfahrensabschnitten zu gliedern, z.B. der Tätigkeit im staatsanwaltschaftlichen Ermittlungsverfahren, im erstinstanzlichen Verfahren sowie im Rahmen etwaiger eingelegter Rechtsmittel. Da mündliche Verhandlungen vor Strafgerichten mitunter sehr lange dauern kön- 2

1 Gesetz zur Neuregelung der Vormünder- und Betreuervergütung und zur Entlastung von Betreuungsgerichten und Betreuern sowie zur Änderung des Rechtsanwaltsvergütungsgesetzes und des Justizkostenrechts (Kosten- und Betreuervergütungsrechtsänderungsgesetz 2025 – KostBRÄG 2025), BGBl 2025 I Nr. 109 vom 10.4.2025.

nen, wäre es zudem denkbar und im Interesse des Anwalts, sich jeden Verhandlungstag vor Gericht gesondert honorieren zu lassen.

Der Phantasie der Beteiligten sind letztlich kaum Grenzen gesetzt, wenn auch die Vorgaben an die **Transparenz der Vergütungsvereinbarung** (AGB-Recht) einzuhalten sind und kein Verstoß gegen die **guten Sitten** vorliegen darf.[2] Auch im Strafrecht dürften daher pauschale Auslagenerstattungsregelungen, die letztlich zu einer prozentualen Erhöhung der Vergütung führen, kritisch zu sehen sein.[3] Gerade im Strafrecht kann sich – in Anbetracht der bei Mandanten, die mit freiheitsentziehenden Maßnahmen konfrontiert sind, häufig vorherrschenden Drucksituation – auch die bereits im Verkehrszivilrecht angesprochene Frage der **sittenwidrigen Drohung** stellen. Allerdings muss auch hier klar betont werden, dass ein Anwalt nicht gezwungen werden kann, zu einem bestimmten, dem Mandanten angemessen erscheinenden Gebührensatz zu arbeiten. Die Absicherung des Mandanten ergibt sich hier bereits dadurch, dass in Fällen der notwendigen Verteidigung (§ 140 StPO) ein Pflichtverteidiger bestellt werden muss.

3 Wiederum müssen Mandanten mit einer (Verkehrs-)**Rechtsschutzversicherung** – darauf hingewiesen werden, dass der Versicherer Gebühren, welche über den gesetzlichen Rahmen hinausgehen, nach den ARB nicht erstattet. Zudem ist der Mandant darüber zu informieren, dass die **Erstattungspflicht** sich auch im Strafrecht auf die **notwendigen Kosten** der Rechtsverfolgung beschränkt: Kosten, die über die gesetzlichen Gebühren hinausgehen, sind daher von der Staatskasse auch bei einem Freispruch nicht zu erstatten. Zudem wird eine Erstattung bei rechtskräftiger Verurteilung wegen einer Vorsatztat in aller Regel ausscheiden; der Mandant muss dann mit einer Rückforderung durch seine Rechtsschutzversicherung rechnen.

II. Abrechnung nach RVG

4 Die Abrechnung strafrechtlicher Mandate nach Maßgabe des Rechtsanwaltsvergütungsgesetzes erfolgt nach Teil 4 des Vergütungsverzeichnisses.

1. Grundgebühr (Nr. 4100 VV RVG)

5 Für die erstmalige Einarbeitung in die Angelegenheit erhält der Anwalt, unabhängig davon, in welchem Verfahrensabschnitt er mandatiert wird, eine **Grundgebühr** Nr. 4100 VV RVG. Sie fällt stets nur einmal an und liegt beim **Wahlanwalt** zwischen 48,00 EUR und 432,00 EUR, woraus sich eine Mittelgebühr für durchschnittliche Fälle von 240,00 EUR ergibt.

2 BGH AnwBl 2005, 582; BGH NJW-RR 2017, 377.
3 Vgl. BGH NJW 2024, 3364.

Befindet sich der Mandant nicht auf freiem Fuß (Vorb. 4 Abs. 4 zu Teil 4 VV), fällt die Gebühr mit **Zuschlag** nach Nr. 4101 VV RVG an, d.h. sie kann einem Rahmen von 48,00 EUR bis 540,00 EUR (Mittelgebühr: 294,00 EUR) entnommen werden. Soweit der Anwalt sich im Rahmen eines Ordnungswidrigkeitenverfahrens bereits einmal in die Angelegenheit eingearbeitet hatte (Nr. 5100 VV RVG), wird die dort angefallene Gebühr auf die Gebühr nach Nr. 4100 VV RVG angerechnet; dies verdeutlicht die Intention des Gesetzgebers, wirklich nur die **erstmalige Einarbeitung** zu honorieren, ganz unabhängig davon, welches Schicksal das Verfahren im weiteren Verlauf nimmt.

2. Vorbereitendes Verfahren (Nrn. 4104 f. VV RVG)

Wird der Anwalt während des vorbereitenden Verfahrens (das ist der Abschnitt zwischen Einleitung eines Ermittlungsverfahrens bis zum Erlass einer abschließenden Verfügung) tätig, erhält er eine Verfahrensgebühr nach Nr. 4104 VV RVG. Ein Zuschlag nach Nr. 4105 VV RVG ist bei Mandanten, welche sich nicht auf freiem Fuß befinden, möglich. Werden im Rahmen des Ermittlungsverfahrens 6

- richterliche Vernehmungen und Augenscheinseinnahmen,
- Vernehmungen durch die Staatsanwaltschaft oder eine andere Strafverfolgungsbehörde,
- Termine außerhalb der Hauptverhandlung, in denen über die Anordnung oder Fortdauer der Untersuchungshaft oder der einstweiligen Unterbringung verhandelt wird,
- Verhandlungen im Rahmen des Täter-Opfer-Ausgleichs oder
- Sühnetermine nach § 380 StPO

abgehalten, fällt eine Gebühr nach Nr. 4102 VV RVG an.

Besondere Bedeutung hat die Gebühr Nr. 4141 VV RVG: Denn wird das Ermittlungsverfahren nicht nur vorläufig eingestellt, wird der Anwalt, wenn er an dieser Einstellung durch seine Tätigkeit mitgewirkt hat, zusätzlich mit einer Erledigungsgebühr vergütet, die einer mittleren Verfahrensgebühr entspricht. Es handelt sich hierbei um eine **Festgebühr**. Der Grad der Mitwirkung ist unerheblich, entscheidend ist, dass der Anwalt eine auf die Einstellung gerichtete Tätigkeit entfaltet hat.[4] Irgendeine Form der Mitursächlichkeit der anwaltlichen Tätigkeit in Bezug auf die Einstellung ist nicht erforderlich; auch muss die Tätigkeit nicht aus den Verfahrensakten hervorgehen. 7

Beispiel 8

Mandant M – ein Berufskraftfahrer – sucht seinen Anwalt A auf, weil die Staatsanwaltschaft gegen ihn ermittelt. Er soll mit seinem Lkw einen Unfall verursacht und sich dann unerlaubt vom Unfallort entfernt haben (§ 142 StGB). A bespricht sich mit M, beantragt Einsicht in die Ermittlungsakte (Kosten: 12,00 EUR) und prüft den Sachverhalt. Es han-

4 KG JurBüro 2012, 466; BGH RVGreport 2008, 431.

delt sich um eine durchschnittliche Tätigkeit, in Anbetracht der drohenden Fahrerlaubnisentziehung ist die Sache für M von existenzieller Bedeutung.

Es stellt sich anhand der Aufzeichnungen des Arbeitgebers des M heraus, dass M sich mit seinem Lkw zum angeblichen Tatzeitpunkt im Ausland aufgehalten hatte, als Täter somit ausscheidet. Dies trägt A im Rahmen einer Verteidigungsschrift vor. Das Verfahren wird eingestellt.

A kann gegenüber dem Mandanten folgende Gebühren abrechnen:

1. Grundgebühr, VV 4100		260,00 EUR
2. Verfahrensgebühr, VV 4104		220,00 EUR
3. Erledigungsgebühr, VV 4141		198,00 EUR
4. Kosten Akteneinsicht		12,00 EUR
5. Auslagenpauschale, VV 7002		20,00 EUR
Zwischensumme	710,00 EUR	
6. Umsatzsteuer, VV 7008		134,90 EUR
Gesamt		**844,90 EUR**

In Anbetracht der besonderen Bedeutung der Angelegenheit für den Mandanten M ist eine Anhebung der Grundgebühr und der Verfahrensgebühr über den Mittelsatz hinaus gerechtfertigt. Die Erledigungsgebühr entsteht, wie oben ausgeführt, als Festgebühr in Höhe der Rahmenmitte. Die Akteneinsicht ist, obwohl nicht im VV RVG geregelt, erstattungsfähig (und, wie die Gebühren, umsatzsteuerpflichtig[5]).

9 Eine **Erstattung** der im vorbereitenden Verfahren entstandenen Anwaltskosten findet, auch bei Einstellung des Verfahrens, nicht statt. Die Strafprozessordnung sieht hier keine Erstattungsregelungen vor.

3. Gerichtliche Tätigkeit in 1. Instanz (Nrn. 4106 f. VV RVG)

10 Für die Vertretung im gerichtlichen Verfahren der ersten Instanz ergibt sich die Abrechnung aus den Gebührenziffern Nrn. 4106 ff. VV RVG. Dieses Stadium beginnt mit dem Eingang der Anklageschrift, des Antrags auf Erlass eines Strafbefehls bei Gericht oder im beschleunigten Verfahren mit dem Vortrag der Anklage, wenn diese nur mündlich erhoben wird (vgl. Nr. 4104 VV RVG). Auch hier soll eine typische Abrechnung anhand eines Beispiels verdeutlicht werden:

5 Vgl. *Schneider*, DStR 2008, 759; BayVGH NJW 2007, 1483.

Beispiel 11

Mandant M sucht seinen Rechtsanwalt A auf, nachdem er vom zuständigen Amtsgericht eine Anklageschrift zugestellt bekommen hat. Er wird beschuldigt, mit seinem Pkw unter Alkoholeinfluss am Straßenverkehr teilgenommen zu haben. A nimmt die Vertretung des M wahr. Er beantragt Akteneinsicht und vertritt M in der Hauptverhandlung. M wird wegen fahrlässiger Trunkenheit im Verkehr (§ 316 StGB) zu einer Geldstrafe von 60 Tagessätzen à 30 EUR verurteilt, die Fahrerlaubnis wird entzogen. Der Fall erweist sich als durchschnittlich.

A kann gegenüber dem Mandanten folgende Gebühren abrechnen:

1. Grundgebühr, VV 4100		240,00 EUR
2. Verfahrensgebühr, VV 4106		198,00 EUR
3. Terminsgebühr, VV 4108		330,00 EUR
4. Kosten Akteneinsicht		12,00 EUR
5. Auslagenpauschale, VV 7002		20,00 EUR
Zwischensumme	800,00 EUR	
6. Umsatzsteuer, VV 7008		152,00 EUR
Gesamt		**952,00 EUR**

Anwalt A belässt es in diesem Fall bei den Mittelgebühren. Wiederum ist die Akteneinsicht, obwohl nicht ausdrücklich im VV RVG geregelt, erstattungsfähig. Im Falle eines Freispruchs gehören die Kosten der Akteneinsicht übrigens zu den notwendigen Kosten der Rechtsverfolgung.[6]

Im Falle eines **Freispruches** trägt die Staatskasse die Kosten des Verfahrens und die **notwendigen Auslagen** des Angeklagten (§ 467 StPO). Wiederum ist die Erstattung auf die notwendigen Kosten nach RVG beschränkt, darüber hinausgehende Kosten aus einer Vergütungsvereinbarung sind nicht erstattungsfähig. Kostenfestsetzungsanträge von Verteidigern werden einer Prüfung durch die sog. **Bezirksrevisoren** unterzogen. 12

4. Rechtsmittelinstanzen

Die anwaltliche Tätigkeit im **Berufungsverfahren** (Nrn. 4124 ff. VV RVG) und im Rahmen der **Revision** (Nrn. 4130 ff. VV RVG) folgt der Systematik des erstinstanzlichen Verfahrens. Auch hier fallen Verfahrensgebühren und Terminsgebühren an, der erstmals mandatierte Anwalt kann zudem die Grundgebühr in Ansatz bringen. Im Übrigen soll auf die umfassende Spezialliteratur zur Abrechnung in strafrechtlichen Angelegenheiten verwiesen werden.[7] 13

6 AG Hannover, Urt. v. 9.1.2015 – 556 C 12061/14.

7 Z.B. *Burhoff/Volpert*, RVG Straf- und Bußgeldsachen; *Schneider*, Fälle und Lösungen zum RVG.

C. Verkehrsordnungswidrigkeiten

I. Vergütungsvereinbarung

14 Im Recht der Verkehrsordnungswidrigkeiten, das letztlich zum Massengeschäft vieler Anwälte gehört, dürfte der Abschluss von Vergütungsvereinbarungen bis heute nicht der Regelfall, sondern eher eine Ausnahme bilden. Ein Großteil der Mandanten verfügt über eine Rechtsschutzversicherung, d.h. hier werden Gebühren oberhalb des gesetzlichen Rahmens nicht erstattet. Die Effektivität der Mandatsbearbeitung wird hier eher durch eine möglichst straffe Bearbeitung in der Kanzlei gesteigert. Das zeigt sich etwa daran, dass auf diesen Bereich spezialisierte Kanzleien mitunter den elektronischen „Upload" aller relevanten Unterlagen (Bußgeldbescheid usw.) ermöglichen. Soweit man eine solche Struktur anbietet, sollte man allerdings das Fernabsatzrecht beachten: Nach aktueller Rechtsprechung des BGH steht dem Mandanten in solchen Fällen ein gesetzliches Widerrufsrecht zu, über das er zu belehren ist.[8] Entscheidend ist, ob im Einzelfall ein für den Fernabsatz organisiertes Vertriebs- und Dienstleistungssystems vorliegt, welches bei entsprechenden Upload-Möglichkeiten mit hoher Wahrscheinlichkeit zu bejahen sein wird. Hinzu kommt, dass ein Anwalt, der einen Vertrag mit einem Verbraucher unter ausschließlicher Verwendung von Fernkommunikationsmitteln abgeschlossen hat, **darlegen und beweisen muss**, dass seine Vertragsschlüsse nicht im Rahmen eines für den Fernabsatz organisierten Vertriebs- oder Dienstleistungssystems erfolgen. Es gilt somit eine gesetzliche Vermutung, dass ein Fernabsatz-Vertriebssystem vorliegt.[9]

15 Nicht selten kommt es – gerade im Rahmen von Kooperationsvereinbarungen mit Rechtsschutzversicherern – zu Abrechnungen, die unterhalb der gesetzlichen Gebühren liegen. Die Wirtschaftlichkeit solcher Vereinbarungen sollte, wie auch im Zivilrecht, stets einer kritischen Würdigung unterzogen werden.

16 Sollte eine Vergütungsvereinbarung geschlossen werden, die eine oberhalb der RVG-Gebühren angesiedelte Vergütung beinhaltet, muss der Mandant darauf hingewiesen werden, dass eine vorhandene Rechtsschutzversicherung Gebühren, welche über den gesetzlichen Rahmen hinausgehen, nicht erstattet. Zudem muss der Mandant darauf hingewiesen werden, dass die **Erstattungspflicht** der Staatskasse sich auf die notwendigen Kosten der Rechtsverfolgung beschränkt. Dies ist für die meisten Mandanten schon deshalb von ausschlaggebender Bedeutung, weil die Gebühren für die Vertretung in Ordnungswidrigkeitenverfahren sehr leicht ein Vielfaches des angefochtenen Bußgeldes ausmachen können.

8 BGH NJW 2021, 304.
9 BGH NJW 2021, 304.

II. Abrechnung nach RVG

Die Abrechnung strafrechtlicher Mandate nach RVG wird nach Teil 5 des Vergütungsverzeichnisses zum Rechtsanwaltsvergütungsgesetz vorgenommen. Die Systematik der Betragsrahmengebühren entspricht jener aus dem Strafrecht (VV Teil 4). 17

1. Grundgebühr (Nr. 5100 VV RVG)

Für die erstmalige Einarbeitung in die Angelegenheit erhält der Anwalt, unabhängig davon, in welchem Verfahrensabschnitt er mandatiert wird, auch im Ordnungswidrigkeitenverfahren eine **Grundgebühr** Nr. 5100 VV RVG. Sie fällt einmal an und liegt zwischen 36,00 EUR und 204,00 EUR, woraus sich eine Mittelgebühr für durchschnittliche Fälle von 120,00 EUR ergibt. 18

Soweit in derselben Angelegenheit bereits eine strafrechtliche Grundgebühr nach Nr. 4100 VV RVG angefallen ist, entsteht die Gebühr nach Nr. 5100 VV RVG nicht. Zur Anrechnung der Gebühr nach Nr. 5100 VV RVG auf eine später anfallende Gebühr nach Nr. 4100 VV RVG vgl. Rdn 5.

2. Verfahren vor der Verwaltungsbehörde (Nrn. 5101 ff. VV RVG)

Wird der Anwalt während des Verfahrens vor der Verwaltungsbehörde bzw. Bußgeldstelle hinzugezogen, erhält er eine Verfahrensgebühr nach Nrn. 5101 ff. VV RVG. Deren Betragsrahmen hängt von der Höhe des Bußgeldes ab (vgl. Nrn. 5101, 5103, 5105 VV RVG). Werden im Rahmen des Verfahrens Termine abgehalten (z.B. polizeiliche Vernehmungen), fällt eine Terminsgebühr an – auch deren Rahmen richtet sich nach dem Bußgeld (vgl. Nrn. 5102, 5104 und 5106 VV RVG). 19

Besondere Bedeutung hat die Gebühr Nr. 5115 VV RVG: Wird das Bußgeldverfahren eingestellt, wird der Anwalt, wenn er an dieser Einstellung durch seine Tätigkeit mitgewirkt hat, zusätzlich mit einer Erledigungsgebühr vergütet, die einer mittleren Verfahrensgebühr entspricht. Wie auch im Strafrecht handelt es sich nach herrschender Auffassung um eine **Festgebühr**. 20

> *Beispiel* 21
>
> Mandant M ist Halter eines Fahrzeugs, mit dem eine Geschwindigkeitsüberschreitung begangen wurde (Regelbußgeld: 100,00 EUR). Er erhält einen Anhörungsbogen als Betroffener, auf dem abgebildeten Foto ist M deutlich erkennbar. Anwalt A beantragt Akteneinsicht, wobei sich herausstellt, dass das eingesetzte Geschwindigkeitsmessgerät nicht ordnungsgemäß geeicht war, auch der Geräteaufbau am Messpunkt entsprach nicht den Herstellervorgaben.

A gibt eine Stellungnahme ab, das Bußgeldverfahren wird eingestellt. Die Tätigkeit war hinsichtlich Umfang und Schwierigkeit durchschnittlich.

A kann gegenüber dem Mandanten folgende Gebühren abrechnen:

1. Grundgebühr, VV 5100		120,00 EUR
2. Verfahrensgebühr, VV 5103		192,00 EUR
3. Erledigungsgebühr, VV 5115		192,00 EUR
4. Kosten Akteneinsicht		12,00 EUR
5. Auslagenpauschale, VV 7002		20,00 EUR
Zwischensumme	536,00 EUR	
6. Umsatzsteuer, VV 7008		101,84 EUR
Gesamt		**637,84 EUR**

22 Nach der hier vertretenen Ansicht, die von Teilen der Rechtsprechung und insbesondere der – kritikwürdigen – Praxis vieler Rechtsschutzversicherer abweicht, ist bei der Abrechnung einer Verkehrsordnungswidrigkeit keineswegs „per se" von einer unterdurchschnittlichen Angelegenheit auszugehen. Der Ansatz, im Vergleich zu anderen Bußgeldverfahren seien Verkehrssachen eher Massenverfahren und damit unterhalb des Mittelsatzes zu vergüten, verdient keine Zustimmung.[10] Auch das LG Duisburg verlangt daher zutreffend eine Gesamtabwägung, wenn es auch den Gebührenansatz im unteren Drittels des Betragsrahmens in einfach gelagerten Fällen für angemessen erachtet. Dennoch zähle die Gesamtabwägung: Wenn eine durch den Anwalt vorgenommene Bestimmung der Gebühren in Höhe der jeweiligen Mittelgebühr sich im Hinblick auf die Kriterien des § 14 Abs. 1 S. 1 RVG noch innerhalb der zuzubilligenden Toleranzgrenze von 20 % bewegt, ist sie nicht nur für den Mandanten, sondern auch gegenüber der erstattungspflichtigen Staatskasse verbindlich.[11]

23 Eine **Erstattung** der im Verfahren vor der Bußgeldstelle vor Erlass eines Bescheides entstandenen Anwaltskosten findet bei Einstellung des Verfahrens nicht statt.

3. Gerichtliche Tätigkeit in 1. Instanz (Nrn. 5107 ff. VV RVG)

24 Für die Vertretung im gerichtlichen Verfahren der ersten Instanz ergibt sich die Abrechnung auf den Gebührenziffern Nrn. 5107 ff. VV RVG. Auch hier soll eine typische Abrechnung anhand eines Beispiels verdeutlicht werden:

10 AG Viechtach VRR 2006, 349; AG Viechtach, Beschl. v. 4.4.2007 – 6 II OWi 00467/07; AG Fürstenwalde, Beschl. v. 24.10.2006 – 3 Jug OWi 291 Js-OWi 40513/05 (26/05); relativierend jedoch AG Viechtach BeckRS 2024, 38834.

11 LG Duisburg AGS 2025, 158.

Beispiel 25

Mandant M sucht seinen Rechtsanwalt A auf, nachdem er einen Bußgeldbescheid mit einmonatigem Fahrverbot zugestellt erhielt (Bußgeld: 200,00). Er wird beschuldigt, mit seinem Kraftfahrzeug fahrlässig die zulässige Höchstgeschwindigkeit außerhalb geschlossener Ortschaften überschritten zu haben. A nimmt die Vertretung des M wahr und legt Einspruch ein. Er beantragt Akteneinsicht und vertritt M in der Hauptverhandlung. M wird freigesprochen, da ein Tatnachweis nicht zu führen ist. Der Fall erweist sich als durchschnittlich.

A kann gegenüber dem Mandanten folgende Gebühren abrechnen:

1. Grundgebühr, VV 5100		120,00 EUR
2. Verfahrensgebühr, VV 5109		192,00 EUR
3. Terminsgebühr, VV 5110		306,00 EUR
4. Kosten Akteneinsicht		12,00 EUR
5. Auslagenpauschale, VV 7002		20,00 EUR
Zwischensumme	650,00 EUR	
6. Umsatzsteuer, VV 7008		123,50 EUR
Gesamt		**773,50 EUR**

Anwalt A belässt es wiederum bei den Mittelgebühren. Wiederum ist die Akteneinsicht, obwohl nicht ausdrücklich im VV geregelt, erstattungsfähig.

Im Falle eines **Freispruches** trägt die Staatskasse die Kosten des Verfahrens und die **notwendigen Auslagen** des Angeklagten. Die Erstattung ist auf die angemessenen Kosten nach RVG beschränkt, darüber hinausgehende Kosten aus einer Vergütungsvereinbarung sind nicht erstattungsfähig. 26

4. Rechtsbeschwerde

Die anwaltliche Tätigkeit im Beschwerdeverfahren (Nrn. 5113, 5114 VV RVG) folgt wiederum der Systematik des erstinstanzlichen Verfahrens. Auch hier fallen Verfahrensgebühren und Terminsgebühren an, der erstmals mandatierte Anwalt kann zudem die Grundgebühr in Ansatz bringen. Im Übrigen soll auf die umfassende Spezialliteratur zur Abrechnung in Ordnungswidrigkeitenverfahren verwiesen werden.[12] 27

12 Z.B. *Burhoff/Volpert*, RVG Straf- und Bußgeldsachen; *Schneider*, Fälle und Lösungen zum RVG.

§ 6 Vergütungsvereinbarungen

A. Allgemeines

In vielen Fällen wird die Vergütung nach dem RVG der Tätigkeit des Anwalts bzw. den Interessen des Mandanten nicht gerecht. Ist die gesetzliche Vergütung z.B. im Hinblick auf Umfang, Schwierigkeit und Risiko der Angelegenheit für den Anwalt nicht kostendeckend, hat dieser folglich ein legitimes Interesse, mit dem Mandanten ein **höheres Honorar** zu vereinbaren. Handelt es sich bei den Aufträgen um eine gleichförmige Routineangelegenheit, kann auch eine **geringere Vergütung** vereinbart werden. Der weite Rahmen der Geschäftsgebühr (Nr. 2300 VV RVG) sowie der Schwellenwert von 1,3 in der Anm. zu Nr. 2300 VV RVG für durchschnittlich umfangreiche bzw. schwierige Angelegenheiten tun ein Übriges, um die Vergütungsvereinbarung zunehmend an Bedeutung gewinnen zu lassen. Die Regelung in § 4a RVG bietet dem Anwalt seit dem 1.7.2008 auch die Möglichkeit, ein **Erfolgshonorar** zu vereinbaren. 1

Zum 1.10.2021[1] hat der Gesetzgeber konkrete Fallgestaltungen zulässiger Erfolgshonorare normiert. Zunächst soll Personen mit geringem Einkommen der Zugang zu Rechtsdienstleistungen dadurch erleichtert werden, dass Erfolgshonorare bei Geldforderungen von bis zu 2.000 EUR generell zulässig sind (§ 4a Abs. 1 S. 1 Nr. 1 RVG). Auch im Bereich der Inkassodienstleistungen können Erfolgshonorare vereinbart werden, um Rechtsanwälten die Tätigkeit auf derselben Grundlage zu ermöglichen, wie es bei Inkassodienstleistern der Fall ist (§ 4a Abs. 1 S. 1 Nr. 2 RVG). Zudem sieht § 4a RVG in leicht modifizierter Fassung weiterhin vor, dass ein Erfolgshonorar – unabhängig vom Gegenstandswert – auch dann vereinbart werden darf, wenn der Auftraggeber im Einzelfall bei verständiger Betrachtung ohne die Vereinbarung eines Erfolgshonorars von der Rechtsverfolgung abgehalten würde (§ 4 Abs. 1 S. 1 Nr. 3 RVG).

Insbesondere durch die Neufassung des **§ 34 Abs. 1 RVG** zum 1.7.2006 und den Wegfall der Gebührentatbestände für Beratung, Gutachtenerstattung und Mediation besteht nunmehr seit Jahren ein erhöhtes praktisches Bedürfnis für den Abschluss von Vergütungsvereinbarungen. Ohne eine solche Vereinbarung riskiert der Anwalt, bei Tätigkeiten für einen Verbraucher lediglich die Höchstbeträge nach § 34 Abs. 1 RVG – 190 EUR für eine Erstberatung bzw. 250 EUR für eine Beratung – abrechnen zu können. Darüber hinaus wird eine Berechnung des Honorars nach den Vorschriften des Bürgerlichen Gesetzbuches notwendigerweise pauschalierend bleiben und den Besonderheiten des Einzelfalls kaum gerecht werden können. 2

1 BGBl I 2021, 3415.

3 Universell anwendbare Vergütungsvereinbarungen gibt es nicht – alle bringen ihre individuellen Vor- und Nachteile mit sich. Die folgenden Ausführungen sollen daher die Grundsätze darstellen und Anregungen für die eigene Gestaltung in der Praxis bieten.

B. Überschreiten der gesetzlichen Vergütung

I. Zulässigkeit

4 Sowohl für die gerichtliche als auch für die außergerichtliche Tätigkeit in der Unfallschadensregulierung kann der Anwalt eine Vergütung vereinbaren, die höher liegt als nach dem RVG.

Ist der Anwalt allerdings im Wege der **Prozesskostenhilfe** beigeordnet, ist eine solche Vergütungsvereinbarung ausgeschlossen. Denn nach § 3a Abs. 4 S. 1 RVG ist eine Vereinbarung, nach der ein im Wege der Prozesskostenhilfe beigeordneter Anwalt für die von der Beiordnung erfasste Tätigkeit eine höhere als die gesetzliche Vergütung erhalten soll, nichtig.

Im Bereich der **Beratungshilfe** ist eine nachträgliche Anpassung des Honorars über eine Vergütungsvereinbarung hingegen – anders als vor dem 1.1.2014 – möglich. Dies allerdings nur, wenn (nach § 6a Abs. 2 BerHG) die Aufhebung der Bewilligung beantragt wird und noch keine Beratungshilfevergütung nach § 44 S. 1 RVG beantragt wurde. Solange die Bewilligung besteht, kann der Anwalt das Honorar nur aus der Staatskasse verlangen (§ 44 S. 1 RVG).

II. Berechnung

5 In den meisten Fällen ist Inhalt der Vergütungsvereinbarung entweder ein Pauschal- oder ein Zeithonorar. Ein **Pauschalhonorar** vergütet die gesamte Tätigkeit bis zum Abschluss der betreffenden Angelegenheit mit einer festen Summe, ohne dass der konkrete Arbeitsaufwand eine Rolle spielt. Bei einer solchen Pauschalvergütung muss der Auftrag möglichst exakt umrissen werden. Ansonsten läuft der Anwalt Gefahr, Mehrarbeit leisten zu müssen, die in seiner ursprünglichen Kalkulation nicht enthalten war.[2]

6 *Hinweis*

Ein Pauschalhonorar kann Probleme mit sich bringen, wenn die Angelegenheit vorzeitig endet. Insofern empfiehlt es sich, in der Vereinbarung bestimmte Tätigkeiten mit einem pauschalen Teilbetrag anzusetzen oder eine Abrechnungsregelung für den Fall der vorzeitigen Beendigung zu treffen.

2 *N. Schneider*, NJW 2006, 1905; *Vaagt*, AnwBl 2006, 571.

7 Dagegen wird bei einem **Zeithonorar** der tatsächliche Aufwand nach einem festgelegten Stundensatz vergütet. Es ist freilich unbedingt ratsam, die Vergütung nach kürzeren Zeitabschnitten als einer vollen Stunde zu berechnen. Nach Ansicht des OLG München und des OLG Düsseldorf[3] verstößt eine **formularmäßige** 15-Minuten-Zeittaktklausel nämlich wegen Benachteiligung des Mandanten gegen § 307 BGB.[4] Diese Entscheidung ist vom OLG Schleswig[5] kritisiert worden: Die Klausel als solche sei nicht zu beanstanden, vielmehr müsse ein eventueller Missbrauch der dadurch eröffneten Abrechnungsmöglichkeit im Einzelfall geprüft werden (sog. Ausübungskontrolle). Während der BGH[6] die revisionsrechtliche Überprüfung einer solchen Klausel bislang mit der Begründung abgelehnt hatte, dass es sich um eine Einzelfallentscheidung handele, die keine rechtsgrundsätzliche Bedeutung habe, hat er mit Urt. v. 13.2.2020[7] entschieden, dass jedenfalls gegenüber Verbrauchern eine formularmäßige Klausel wegen Verstoßes gegen den Grundsatz von Treu und Glauben unwirksam ist, welche den Rechtsanwalt berechtigt, für angefangene 15 Minuten jeweils ein Viertel des Stundensatzes zu berechnen.[8] Zu beachten ist, dass die Zeittaktklausel als Preisnebenabrede im Grundsatz der AGB-rechtlichen Kontrolle zugänglich ist, was bei Vereinbarungen über die Höhe der Vergütung im Regelfall gerade nicht der Fall ist. Der Anwalt muss daher darauf achten, dass die Klausel transparent formuliert ist und den Mandanten nicht unangemessen benachteiligt.[9] Zu empfehlen ist daher eine minutengenaue Abrechnung.[10]

8 Nach neuester BGH-Rechtsprechung ist eine formularmäßig getroffene anwaltliche Zeithonorarabrede auch im Rechtsverkehr mit Verbrauchern nicht allein deshalb unwirksam, weil der Rechtsanwalt weder dem Mandanten vor Vertragsschluss zur Abschätzung der Größenordnung der Gesamtvergütung geeignete Informationen erteilt noch sich dazu verpflichtet hat, ihm während des laufenden Mandats in angemessenen Zeitabständen Zwischenrechnungen zu erteilen oder Aufstellungen zu übermitteln, welche die bis dahin aufgewandte Bearbeitungszeit ausweisen.[11] Bedenklich sei jedoch eine Regelung, die eine Erhöhung des Zeithonorars abhängig vom Gegenstandswert vorsieht, *„weil sie zu*

3 OLG München AGS 2019, 379; OLG Düsseldorf AGS 2010, 109; OLG Düsseldorf AGS 2006, 530 – die Abrechnung jeder einzelnen Handlung nach einem Viertelstundentakt führt nach Ansicht des Senats zu einer „eigensüchtigen Aufblähung des Zeitaufwands“ ohne Rücksicht auf das Wirtschaftlichkeitsgebot.
4 Vgl. AnwK-RVG (*Onderka/N. Schneider*), § 3a Rn 66.
5 OLG Schleswig AGS 2009, 209.
6 BGH AGS 2009, 209.
7 IX ZR 140/19.
8 BGH NJW 2020, 1811.
9 Vgl. auch *Deckenbrock*, NJW 2020, 1776.
10 *Hansens*, RVGreport 2009, 164.
11 BGH NJW 2024, 3364.

Stundensätzen führen kann, die mit dem Grundsatz der Gleichwertigkeit von Leistung und Gegenleistung nicht in Einklang zu bringen sind.“[12]

9 Auch die **Kombination von Zeithonorar und gesetzlichen Gebühren** – etwa die Abrechenbarkeit einer Einigungsgebühr zusätzlich zu einer Vergütung nach Stunden – sieht der BGH kritisch, weil bei einem Zeithonorar kein Bedarf für den Ansatz einer Einigungsgebühr bestehe.[13] Während sie im gesetzlichen Gebührensystem dazu dient, den Wegfall von Gebühren zu kompensieren, würde sie in Kombination zu einem Zeithonorar allein zu einer Optimierung des Gebührenaufkommens führen. Auch diese Bewertung ist kritisch zu sehen, weil auch (und gerade) bei einem Zeithonorar gebührenpflichtige Anwaltstätigkeiten entfallen, wenn der Anwalt frühzeitig nach einer Einigung für den Mandanten strebt. Die Situation ist somit letztlich dieselbe wie bei einer Vergütung nach dem RVG: Der Anwalt soll eine Einigung anstreben, anstatt – im Gebühreninteresse – einen Rechtsstreit zu beginnen. Worin genau der Unterschied zur reinen RVG-Abrechnung liegen soll, erschließt sich damit nicht.

10 Der Aufwand sollte während des laufenden Mandates möglichst genau dokumentiert werden, da die Rechtsprechung verhältnismäßig strenge Anforderungen an die Substantiierung stellt. Der Anwalt muss in der späteren Abrechnung sowohl den zeitlichen Umfang als auch den konkreten Inhalt der Tätigkeit detailliert wiedergeben können.[14] Dabei unterliegt seine Arbeitsdokumentation als Privaturkunde (§ 416 ZPO) der freien Beweiswürdigung.[15]

11 *Hinweis*

Um dem Mandanten eine gewissen „Abrechnungssicherheit“ zu geben, kann vereinbart werden, dass der Anwalt zunächst bis zu einer bestimmten Honorargrenze arbeitet und sodann eine weitere Zustimmung des Mandanten einholt.

12 Neben den bisher angesprochenen Formen der Vergütungsvereinbarungen sind **weitere Gestaltungsmöglichkeiten** gegeben. In Betracht kommt hier die Vereinbarung:

- eines Vielfachen der gesetzlichen Gebühren bzw. des mehrfachen Entstehens einer Gebühr (z.B. für jede Besprechung),
- einer Zusatzgebühr (z.B. eine Terminsgebühr auch ohne Verfahrensauftrag),
- eines zusätzlichen Festbetrags zu den gesetzlichen Gebühren,[16]
- eines Festbetrags zuzüglich eines Zeithonorars für bestimmte (arbeitsaufwendige) Sondertätigkeiten,

12 BGH NJW 2024, 3364.
13 BGH NJW 2024, 3364.
14 BGH AnwBl 2010, 362; OLG Düsseldorf AGS 2006, 530; OLG Karlsruhe AGS 2001, 148; OLG Koblenz NJW-RR 2001, 164; OLG Hamburg MDR 2000, 115; AnwK-RVG (*Onderka/N. Schneider*), § 3a Rn 69 ff.
15 OLG Hamm AGS 2007, 550.
16 BGH NJW 1980, 1851.

- eines höheren Gegenstandswerts,[17]
- des „alten“ Gebührenrechts,
- einer Abrechnung nach der Obergrenze einer Rahmengebühr unabhängig von Umfang und Schwierigkeit der Angelegenheit,
- die Abbedingung des Schwellenwertes.

Während bis zu der durch das Urteil des BVerfG[18] bewirkten Neuregelung des § 49b BRAO ein Erfolgshonorar unzulässig war, konnte der Anwalt schon damals eine Vereinbarung treffen, wonach im Falle des Obsiegens nach erhöhten Gebührensätzen abgerechnet werden konnte (§ 49b Abs. 2 S. 2 BRAO a.F.); hier lag nach dem Willen des Gesetzgebers kein Erfolgshonorar vor. Das gilt heute nur, wenn sich die gesetzlichen Gebühren **ohne weitere Bedingungen** (also insbesondere nicht in Abhängigkeit vom Ausgang eines Rechtsstreits) erhöhen. 13

Seit der zum 1.7.2008 in Kraft getretenen Gesetzesänderung ist auch die Vereinbarung eines **Erfolgshonorars** nach Maßgabe des § 4a RVG zulässig. 14

Auch bei der Frage der Erstattung von **Auslagen** besteht im Grundsatz Vertragsfreiheit. 15 Es kann beispielsweise die pauschale Abgeltung aller Auslagen, die Abrechnung der tatsächlich angefallenen Auslagen anhand konkreter Nachweise oder auch die prozentuale Berechnung auf Basis des Honorars vereinbart werden. Allerdings sieht das LG Köln eine Auslagenerstattungsklausel, die sich nach Prozent der Vergütung berechnet und nach oben nicht gedeckelt ist, als unwirksam an.[19] Der BGH hat dies für eine Klausel, die gegenüber Verbrauchern verwendet wird und eine **Pauschale von 5 %** der Nettovergütung vorsieht, nun ausdrücklich bestätigt.[20] Die Regelung, dass die Auslagenpauschale 5 % der Nettogebühren betrage, knüpfe die Höhe des Aufwendungsersatzes (§ 675 Abs. 1 i.V.m. § 670 BGB) an diejenige des Zeithonorars. Sie erhöhe den vereinbarten Stundensatz pauschal um 5 %, ohne dass erkennbar sei, dass mit jeder Arbeitsstunde durchschnittlich entsprechende Auslagen verbunden wären. Diese Rechtsprechung, welche wenig überzeugend unterstellt, dass der durchschnittliche Vertragspartner die Wirkung der Regelung zur Auslagenpauschale nicht erkennt, ist zwar als unangemessener Eingriff in die Vertragsfreiheit kritikwürdig. Der Anwalt sollte jedoch die o.g. Urteile bei Verbraucherverträgen zwingend beachten. Im schlimmsten Fall droht er, die **gesamte Vergütungsvereinbarung zu gefährden** und auf die gesetzliche Gebühr zurückzufallen – denn im AGB-Recht ist eine „geltungserhaltende Reduktion“ nicht vorgesehen.

Ist hinsichtlich der Auslagen keine Regelung getroffen, so ist im Zweifel davon auszugehen, dass diese bereits mit dem Honorar abgegolten sind. Gleiches gilt für die **Umsatz-** 16

17 OLG Hamm AnwBl 1986, 452; LG Düsseldorf JurBüro 1991, 530.
18 BVerfG NJW 2007, 979.
19 LG Köln RVGreport 2017, 214.
20 BGH NJW 2024, 3364.

steuer, denn im Zweifel ist von einem Bruttohonorar auszugehen. Da dies oftmals nicht gewollt ist, sollte der Anwalt auf eine entsprechende Zusatzvereinbarung achten.

III. Form

17 Nach § 3a Abs. 1 RVG bedarf eine Vergütungsvereinbarung der Textform (§ 126b BGB),[21] muss als „Vergütungsvereinbarung" oder in vergleichbarer Weise bezeichnet werden, von anderen Vereinbarungen – mit Ausnahme der Auftragserteilung – deutlich abgesetzt sein und darf nicht in der Vollmacht enthalten sein. Zweck der formellen Erfordernisse sind Schutz und Warnung des Mandanten.[22]

18 Die Vereinbarung über die Vergütung muss von anderen zwischen Anwalt und Mandant getroffenen Vereinbarungen (z.B. Auftragsumfang, Gerichtsstand, Haftungsklausel, Zahlungsmodalitäten) – mit Ausnahme der Auftragserteilung – deutlich abgesetzt werden und darf nicht in der Vollmacht enthalten sein (§ 3a Abs. 1 S. 2 RVG). **Deutlich abgesetzt** bedeutet eine Zäsur zwischen den Texten, die entweder räumlich (Absatz) oder drucktechnisch (unterschiedliche Schriftarten und -größen, Fettdruck, Rahmungen etc.) vorgenommen werden kann. Das Verbot einer Verbindung der Vergütungsvereinbarung mit der **Vollmacht** rührt aus der Erfahrung des Gesetzgebers, dass Dokumente wie eine Vollmacht vom Auftraggeber vielfach nicht oder nicht mit der gebotenen Sorgfalt gelesen werden.

19 *Hinweis*

Dieser Schutzzweck ist nicht nur dann einschlägig, wenn die Vollmacht als Formular vorliegt, sondern auch dann, wenn sie für den Einzelfall – ggf. sogar handschriftlich – formuliert worden ist.

20 Die durch § 3a Abs. 1 S. 1 RVG eingeführte Zulässigkeit der **Textform** (§ 126b BGB) hat gegenüber der nach § 4 Abs. 1 S. 1 RVG a.F. notwendigen Schriftform (§ 126 BGB) den Formzwang gelockert. Nunmehr können die Erklärungen der Vertragsparteien in einer Urkunde oder auf andere zur dauerhaften Wiedergabe in Schriftzeichen geeigneten Weise abgegeben werden. Möglich ist damit der Abschluss einer Vergütungsvereinbarung auch per Fax, Computerfax, E-Mail, SMS oder weitere Formen der elektronischen Kommunikation (z.B. per Whatsapp) – eine eigenhändige Unterschrift oder eine elektronische Signatur ist nicht erforderlich.

21 Die Vereinbarung muss weiter einen **Hinweis** enthalten, dass der Gegner im Falle des Unterliegens regelmäßig nicht mehr als die gesetzliche Vergütung erstatten muss (§ 3a

21 LG Koblenz, Urt. v. 18.12.2024 – 15 O 97/24, BeckRS 2024, 37234.
22 AnwK-RVG (*Onderka/N. Schneider*), § 3a Rn 32ff.

Abs. 1 S. 3 RVG). Der Anwalt ist allerdings nicht verpflichtet, dem Mandanten unaufgefordert die ggf. erstattungsfähigen gesetzlichen Gebühren auszurechnen, damit dieser die Höhe der Differenz zur vereinbarten Vergütung kennt.

IV. Rechtsfolgen der Formmängel

Wird die Vergütungsvereinbarung den Anforderungen des § 3a Abs. 1 S. 1 und 2 RVG 22
nicht gerecht, so kann der Anwalt gemäß § 4b S. 1 RVG **höchstens die gesetzliche Vergütung** verlangen. Die den Vorgaben des § 3a RVG nicht genügende Vergütungsvereinbarung bleibt – entgegen der früheren Rechtsprechung – wirksam. Liegt die nach der Vergütungsvereinbarung zu zahlende Vergütung unterhalb der gesetzlichen Gebühr, ist die Abrechnung hierauf beschränkt; liegt sie höher, kann nur die gesetzliche Gebühr verlangt werden.[23]

Während nach altem Recht (§ 4 Abs. 1 S. 3 RVG a.F.) die Formmängel dadurch geheilt 23
werden konnten, dass der Auftraggeber die Vergütung freiwillig und ohne Vorbehalt leistete, gilt dieser Ausschluss der Kondizierbarkeit jetzt nicht mehr.[24] Der Mandant kann die bereits entrichtete Vergütung nach § 4b S. 2 RVG i.V.m. § 812 BGB zurückfordern. Eine über § 4b S. 2 RVG mögliche Einwendung des Rechtsanwalts nach § 814 BGB setzt die positive Kenntnis des Mandanten darüber voraus, dass er **nach der Rechtslage** kein höheres Honorar als das gesetzliche schuldet. In beiden Fällen erfordert dieses Wissen eine ausreichende Informationsgrundlage des Mandanten. Die Darlegungs- und Beweislast für die Kenntnis des Mandanten trägt der Rechtsanwalt.[25]

Hinsichtlich der Rückforderung der vertraglichen Vergütung hat der BGH entschieden, dass die für den Verjährungsbeginn nach § 199 Abs. 1 Nr. 2 BGB (drei Jahre) erforderliche Kenntnis oder grob fahrlässige Unkenntnis von den anspruchsbegründenden Umständen und der Person des Schuldners grundsätzlich keine zutreffende rechtliche Würdigung voraussetzt.[26]

> *Hinweis* 24
>
> Die Regelung in § 4b RVG ist abschließend, so dass Verstöße gegen dort nicht genannte Vorschriften (z.B. § 3a Abs. 3 und 4, § 4, § 4a Abs. 2 RVG) bzw. Formfehler in Vereinbarungen gemäß § 34 RVG nicht von der Nichtigkeitsfolge erfasst werden.

23 AGS 2014, 319.
24 Vgl. AnwK-RVG (*Onderka/N. Schneider*), § 4b Rn 12 ff.; *Schons*, AnwBl 2008, 172.
25 OLG Düsseldorf AGS 2019, 162.
26 BGH AGS 2008, 321 m. Anm. *Schons*.

V. Materielle Voraussetzungen

25 Die Vergütungsvereinbarung darf nicht wegen Täuschung oder Drohung wirksam angefochten und damit nichtig sein. Die Fälle der **rechtswidrigen Drohung** (§ 123 BGB) sind u.a. dann zu problematisieren, wenn der Anwalt die Übernahme oder Fortführung des Mandates davon abhängig macht, dass der Auftraggeber mit ihm eine entsprechende Vergütungsvereinbarung trifft. Die herrschende Rechtsprechung sieht allerdings allein die Weigerung des Anwalts, ein Mandat ohne Vergütungsvereinbarung zu übernehmen oder fortzuführen, nicht als Anfechtungsgrund an.[27] Denn grundsätzlich ist der Anwalt frei in seiner Entscheidung, welche Aufträge er zu welchen konkreten Konditionen annehmen oder weiterführen will. Eine Ausnahme kann jedoch dann gelten, wenn die Ablehnung oder Kündigung des Auftrags zur Unzeit, also z.B. unmittelbar vor einem Fristablauf erfolgt: Auch hier wird aber eine Einzelfallbetrachtung nötig sein, schließlich ist der mit einem Mandat noch nicht betraute Anwalt auch kurz vor Ende einer maßgeblichen Frist nicht verpflichtet, das Mandat zu den vom Mandanten gewünschten Bedingungen anzunehmen. Eine rechtswidrige Drohsituation wird aber insbesondere dann in Betracht kommen, wenn der Anwalt „auf Zeit spielt" und damit eine Zwangslage des Mandanten hervorruft. Das kann der Fall sein, wenn er die rechtzeitige Bitte eines Rechtssuchenden, ein fristgebundenes Rechtsmittel durchzuführen, unangemessen lange nicht beantwortet und die Übernahme – kurz vor Ablauf der Rechtsmittelfrist – von der Unterzeichnung einer Honorarvereinbarung abhängig macht, welche eine Vergütung oberhalb der gesetzlichen Vergütung vorsieht.

26 Nach § 3a Abs. 3 RVG ist eine Vereinbarung, die ein **unangemessen hohes Honorar** enthält, nicht automatisch nichtig,[28] sondern kann im Rechtsstreit auf den angemessenen Betrag bis zur Höhe der gesetzlichen Vergütung herabgesetzt werden. Eine allgemeingültige Grenze, ab der eine vereinbarte Vergütung im Verhältnis zur gesetzlichen Vergütung unangemessen hoch oder wegen Wuchers nichtig ist, gibt es nicht. Eine pauschale Betrachtungsweise – etwa die Ermittlung des Quotienten zwischen der vereinbarten und der gesetzlichen Vergütung oder eine allgemein verbindliche Honorargrenze – ist abzulehnen. Im Hinblick auf die Vertragsfreiheit sowie die freie Möglichkeit der Anwaltswahl ist die Rechtsprechung mit Recht sehr zurückhaltend bei der Feststellung der Unangemessenheit. Diese wurde beispielsweise verneint bei:

- einem Stundensatz von 200 EUR, auch wenn das Honorar im Ergebnis das 16-fache der gesetzlichen Gebühren übersteigt,[29]

27 Vgl. BGH MDR 2002, 1182.

28 Dies ist erst der Fall, wenn Wucher im Sinne von § 138 BGB vorliegt. In diesen Fällen steht dem Anwalt über § 612 Abs. 2 BGB nur eine Vergütung in Höhe der gesetzlichen Gebühren zu, so dass ein gerichtliches Verfahren zur Herabsetzung nicht erforderlich ist.

29 AG Hamburg AGS 2000, 81.

- einem Zeithonorar, das im Ergebnis über dem dreifachen der gesetzlichen Gebühren liegt,[30]
- einem Stundensatz von 300 EUR, wenn der Anwalt auf das betreffende Fachgebiet spezialisiert ist und die Angelegenheit besondere Bedeutung hat,[31]
- einem Stundensatz von 250 EUR,[32]
- einem Honorar, das das Fünffache der gesetzlichen Gebühren übersteigt.[33]

Der BGH hatte hinsichtlich des letzten Punktes (ein die gesetzlichen Gebühren um mehr als das Fünffache übersteigendes Honorar) zunächst vertreten,[34] dass in solchen Fällen eine tatsächliche Vermutung für die Unangemessenheit spreche, die nur in ganz ungewöhnlichen und extremen Ausnahmefällen widerlegt werden könne. Nachdem das BVerfG[35] diese Rechtsprechung als verfassungswidrig eingestuft hat, vertritt der BGH in einer weiteren Entscheidung[36] einen abgemilderten Prüfungsmaßstab: Die Vermutung der Unangemessenheit könne schon dann entkräftet werden, wenn der Anwalt darlege, dass die Vergütung unter Berücksichtigung der Einzelfallumstände angemessen war. Das OLG Düsseldorf stellte etwa jüngst fest, dass es bei der Beurteilung der Sittenwidrigkeit eines anwaltlichen Zeithonorars, welches um das Sechsfache im Vergleich zur gesetzlichen Vergütung erhöht ist, einen maßgeblichen Gesichtspunkt darstelle, ob die Erhöhung auf der Höhe des Stundensatzes oder auf den angefallenen Tätigkeitsstunden beruht. Wenn die Höhe des Honorars auf den hohen Zeitaufwand zurückzuführen sei, spreche dies gegen eine Sittenwidrigkeit, sofern keine Anhaltspunkte für ein unangemessenes Aufblähen der Arbeitszeit vorlägen.[37] 27

Zudem hat der BGH eine formularmäßige Klausel beim Einsatz gegenüber Verbrauchern für unwirksam erklärt, nach der der Rechtsanwalt eine Vergütung des Dreifachen der gesetzlichen Vergütung erhält, wenn das Mandat die Kündigung des Arbeitsverhältnisses des Mandanten betrifft und die Vergütungsvereinbarung zusätzlich eine Erhöhung des Gegenstandswerts um die Abfindung vorsieht.[38]

30 AG Lüdenscheid AGS 2000, 91.
31 LG Köln AGS 1999, 179.
32 OLG Düsseldorf AnwBl 2019, 492.
33 BGH AnwBl 2005, 582; OLG Frankfurt AnwBl 2006, 215; vgl. auch den Beschluss der 51. Tagung der Gebührenreferenten am 24.9.2005: „Eine Vergütung, die beinhaltet, dass das Fünf- bis Sechsfache der gesetzlichen Höchstgebühr nicht überschritten wird, ist nicht unangemessen."
34 BGH AGS 2009, 262; BGH AGS 2005, 378.
35 BVerfG AGS 2009, 423; vorher schon sehr kritisch zur Rechtsprechung des BGH: OLG Hamm AGS 2007, 550.
36 BGH AnwBl 2010, 362.
37 OLG Düsseldorf AnwBl 2019, 492.
38 Vgl. BGH NJW 2020, 1811.

28 Eine vereinbarte Zeitvergütung ist dann angemessen, wenn der Stundensatz angemessen ist und der Zeitaufwand nachvollziehbar dargelegt wird.[39]

Betrifft die Vergütungsvereinbarung die außergerichtliche Vertretung des Mandanten, so sollte auch die **Anrechnung** dieser Vergütung auf spätere (gerichtliche) Gebühren ausgeschlossen werden. Dieser Ausschluss erfolgt allerdings nur vorsorglich. Denn eigentlich bezieht sich die Anrechnungsvorschrift der Vorb. 3 Abs. 4 VV RVG auf die Geschäftsgebühren nach Teil 2 VV RVG und nicht auf Honoraransprüche aus Vergütungsvereinbarungen.

VI. Widerrufsbelehrung im Fernabsatz

29 Auch Anwälte nutzen vermehrt bzw. – je nach Rechtsgebiet auch standardmäßig – Fernkommunikationsmittel zur Akquise und zum Abschluss von Mandatsverträgen. Auch im Straßenverkehrsrecht ist dies häufig der Fall. Auch hier gibt es bei **Fernabsatzverträgen mit Verbrauchern** – das gilt auch bei gesetzlicher Abrechnung – einiges zu beachten, um die Gebühren nicht zu gefährden. Zwar regelt das Gesetz, dass das Fernabsatzrecht nur anwendbar ist, wenn der Anwalt ein **auf den Fernabsatz ausgerichtetes Vertriebssystem** unterhält (§ 312c Abs. 1 BGB).[40] Allerdings muss ein Anwalt, der einen Vertrag mit einem Verbraucher unter ausschließlicher Verwendung von Fernkommunikationsmitteln abgeschlossen hat, **darlegen und beweisen**, dass seine Vertragsschlüsse nicht im Rahmen eines für den Fernabsatz organisierten Vertriebs- oder Dienstleistungssystems erfolgen. Es gilt somit eine gesetzliche Vermutung, dass ein Fernabsatz-Vertriebssystem vorliegt.

30 Im Streitfall hatte ein auf ein begrenztes Rechtsgebiet spezialisierter und deutschlandweit tätiger Rechtsanwalt Mandanten aus allen Bundesländern vertreten und monatlich bis zu 200 Neuanfragen für Mandate aus ganz Deutschland erhalten. Ferner betrieb er eine Homepage, mit der er bundesweit um Mandate warb. Dies könne – so der BGH[41] – im Zusammenhang mit dem Inhalt seines Internetauftritts für ein für den Fernabsatz organisiertes Vertriebs- und Dienstleistungssystem sprechen. Zwar wird es in vielen Fällen an dem letztgenannten Kriterium fehlen, etwa wenn sich eine Kanzlei auf die Darstellung der eigenen Dienstleistungen auf einer Webseite und das Bereithalten aller Telekommunikationsmöglichkeiten beschränkt.[42] Bereits die – heute beinahe alltägliche – Nutzung von (ausschließlich) Fernkommunikationsmitteln zur Mandatsanbahnung kann jedoch nach

39 Vgl. den Beschluss der 51. Tagung der Gebührenreferenten am 24.9.2005; *Ebert*, BRAK-Mitt. 2005, 271; *von Seltmann*, RVGreport 2005, 406.

40 BGH NJW 2021, 304.

41 BGH NJW 2021, 304.

42 Vgl. AG Hildesheim BeckRS 2015, 17420.

höchstrichterlicher Rechtsprechung für die Annahme eines Fernabsatzvertrages genügen.[43] Angesichts der Beweislastumkehr bleiben zudem **erhebliche Unsicherheiten** zurück. Dies mit gravierenden Folgen: Widerruft ein nicht ordnungsgemäß belehrter Mandant den Vertrag nachträglich, kann er in der Regel das gesamte Honorar zurückfordern.[44] Der Wegfall der Vergütungspflicht wird damit letztlich zur Sanktion für die nicht (ordnungsgemäß) erfolgte Widerrufsbelehrung.

Rechtsanwälte sollten daher mittels einer rechtskonformen **Widerrufsbelehrung** auf das 31
gesetzliche (2-wöchige) Widerrufsrecht nach §§ 312c, 357 BGB hinweisen und zusätzlich die Einwilligung des Mandanten einholen, wenn sie vor dessen Ablauf tätig werden sollen.

Der notwendige Inhalt einer Widerrufsbelehrung ergibt sich aus § 312d BGB i.V.m. 32
Art. 246a Abs. 2 S. 1 EGBGB. Nach Art. 246a Abs. 2 S. 2 EGBGB kann der Unternehmer – hier also der Anwalt – seiner Informationspflicht durch Verwendung des in Anlage 1 zu Artikel 246a § 1 Abs. 2 S. 2 EGBGB enthaltenen Muster-Widerrufsformulars genügen.[45] Wer diese nutzt, profitiert von der Vermutung der Gesetzmäßigkeit.

Bei Nutzung der Muster-Widerrufsbelehrung muss vor eigenen Abänderungen der ge- 33
setzlich vorgegebenen Formulierung **dringend gewarnt** werden: Denn die Schutzwirkung der Gesetzlichkeitsfiktion gemäß Art. 246a § 1 Abs. 2 S. 2 EGBGB kommt nur dem Unternehmer zugute, der die Muster-Widerrufsbelehrung unverändert verwendet und – in Bezug auf die jeweils betroffene Vertragsart – richtig ausfüllt.[46] Bereits kleinste Modifikationen in der Formulierung beinhalten somit die Gefahr, dass die **Gesetzmäßigkeitsvermutung wegfällt** und sich die Widerrufsbelehrung dann in allen Einzelheiten am strengen Maßstab des Gesetzes messen lassen muss. **Auch die zum Teil enthaltenen sprachlichen Fehler in der Musterbelehrung sollten daher unverändert übernommen werden!**

> *Praxistipp* 34
>
> Wer die Gefahren des Widerrufsrechts ausschalten will, sollte sich die Vertragsunterlagen durch den Mandanten im Rahmen eines persönlichen Gesprächs in der Kanzlei unterschreiben lassen. Dann liegt – zweifellos – kein Fernabsatz-Widerrufsrecht und auch kein Haustürgeschäft vor.

43 A.A. mit überzeugender Begründung AG Berlin-Charlottenburg AnwBl 2015, 975 f.
44 Vgl. EUGH NJW 2023, 2171.
45 https://www.gesetze-im-internet.de/bgbeg/art_253anlage_1.html.
46 Vgl. BGH NJW 2023, 1964.

C. Unterschreiten der gesetzlichen Vergütung

I. Zulässigkeit

35 Nach § 49b Abs. 1 S. 1 BRAO darf der Anwalt Gebühren, welche die gesetzliche Vergütung unterschreiten, weder vereinbaren noch nach Abschluss des Mandates in Rechnung stellen. Da es sich um ein **standesrechtliches Verbot** handelt, haben Verstöße allerdings keine Auswirkungen auf die Wirksamkeit der Vergütungsvereinbarung.

36 Das Verbot der Gebührenunterschreitung gilt allerdings nur, soweit das RVG nichts anderes bestimmt. Eine solche anderweitige Bestimmung ist § 4 Abs. 1 RVG, wonach in außergerichtlichen Angelegenheiten eine **niedrigere Vergütung** vereinbart werden kann. Da der Oberbegriff „Vergütung" verwendet wird, können nicht nur untertarifliche Gebühren, sondern auch untertarifliche Auslagen vereinbart werden.

Es müssen die folgenden Voraussetzungen erfüllt sein:

- Außergerichtliche Tätigkeit, also nicht gegenüber einem Gericht oder mit Bezug auf ein gerichtliches Verfahren – da der Bereich der Beratung, Mediation und Gutachtenerstattung in § 34 RVG mangels gesetzlich normierter Gebühren dem § 49b Abs. 1 BRAO nicht unterfällt, bleibt als Anwendungsbereich die außergerichtliche Vertretung.
- Bestimmtheit bzw. Bestimmbarkeit der Vergütung.
- Die Vergütung muss in einem angemessenen Verhältnis zur Leistung, Verantwortung und zum Risiko des Anwalts stehen.

II. Form

37 Eine Vereinbarung nach § 4 Abs. 1 RVG bedarf nach § 3a Abs. 1 RVG der Textform. Während nach § 4 Abs. 1 S. 1 RVG a.F. das Formerfordernis für die Vereinbarung nur dann bestand, wenn eine höhere als die gesetzliche Vergütung vereinbart wurde, ist der Anwendungsbereich nun weiter und erfasst alle Vergütungsvereinbarungen. Das generelle Textformerfordernis soll nach dem Willen des Gesetzgebers Abgrenzungs- und Beweisprobleme vermeiden.[47]

38 Die früher fehlende Formvorschrift war nämlich nicht ohne **Risiko**: Bei Übernahme eines Mandates ist es für den Anwalt in vielen Fällen kaum feststellbar, ob die mit dem Mandanten vereinbarte Vergütung die gesetzlichen Gebühren übersteigt oder hinter ihnen zurückbleibt. Ein Vergleich zwischen den vereinbarten und den gesetzlichen Gebühren kann auf verlässlicher Basis erst nach Abschluss der Angelegenheit gezogen werden.[48]

47 BT-Drucks 16/8384, 12.
48 Vgl. auch BGH AGS 2004, 338.

Insofern wurde schon nach alter Rechtslage geraten, vorsorglich diejenige Form einzuhalten, die für übertarifliche Vergütungsvereinbarungen vorgeschrieben war. Diese vorsorgliche Verhaltensweise ist nunmehr Gesetz geworden.

III. Inhalt

Für den Mandanten muss sich aus der Vergütungsvereinbarung bestimmt bzw. bestimmbar ergeben, welche **Vergütung** er zu zahlen hat. Soweit der Anwalt neben dem Pauschal- oder Zeithonorar die anfallenden **Auslagen** erstattet haben will, muss er auch für diese eine entsprechende Vereinbarung treffen. Denn im Zweifel sind diese – ebenso wie die Umsatzsteuer – von der Pauschale abgegolten, da von einer Bruttovergütung ausgegangen wird. Darüber hinaus sollte auch die Anrechnung auf die gesetzliche Vergütung für eine anschließende gerichtliche Tätigkeit ausgeschlossen werden. 39

> *Formulierungsbeispiel* 40
>
> „Alle Auslagen, wie Reisekosten, Tagesgelder, Abwesenheitsgelder, Schreibauslagen und dergleichen sowie die Umsatzsteuer werden neben der Pauschale erstattet. Soweit eine nachfolgende Tätigkeit mit der durch die Pauschale abgegoltenen Tätigkeit in Zusammenhang steht, findet eine Anrechnung in Abweichung von (…) (*gesetzliche Anrechnungsvorschrift des konkreten Einzelfalls*) nicht statt."

D. Gebührenvereinbarung nach § 34 Abs. 1 RVG

I. Zulässigkeit

Führt der Anwalt eine Beratung des Mandanten durch, so soll er nach § 34 Abs. 1 RVG auf eine Gebührenvereinbarung hinwirken. Ohne Vereinbarung erhält der Anwalt eine Vergütung nach den Vorschriften des Bürgerlichen Rechts. Ist der Mandant Verbraucher, so führt die fehlende Gebührenvereinbarung darüber hinaus dazu, dass für die Beratung höchstens 250 EUR berechnet werden können. Für die **Erstberatung** eines Verbrauchers bleibt es weiterhin bei der Kappungsgrenze von 190 EUR. Um Gebührenverluste[49] zu vermeiden, ist der Abschluss einer Gebührenvereinbarung daher dringend zu empfehlen. Eine solche Vereinbarung kann sowohl mit einem Verbraucher als auch mit sonstigen Mandanten geschlossen werden. 41

49 Die gesetzliche Maximalgebühr entspricht letztlich weniger als einer 1,5-Geschäftsgebühr (netto) bei einem Streitwert von 1.500 EUR. Bei jeder Beratung eines Verbrauchers, die einen höheren Streitwert aufweist, muss der Anwalt also eine finanzielle Einbuße hinnehmen, wenn er keine Gebührenvereinbarung abgeschlossen hat.

II. Form

42 Die Formvorschrift des § 3a Abs. 1 RVG ist nach der ausdrücklichen Regelung in § 3a Abs. 1 S. 4 RVG auf eine Gebührenvereinbarung nach § 34 Abs. 1 RVG **nicht anwendbar**.

43 Die Gebührenvereinbarung unterliegt daher nicht der Textform, muss nicht als Vergütungsvereinbarung bezeichnet werden und kann auch zusammen mit anderen Vereinbarungen niedergeschrieben bzw. mit der Vollmacht verbunden werden.

44 Auch die Angemessenheitsklausel des § 4 Abs. 1 S. 2 RVG findet auf die Gebührenvereinbarung keine Anwendung, da es an gesetzlichen Gebühren fehlt, mit denen die vereinbarten Gebühren verglichen werden könnten. Denn ohne Abschluss einer Gebührenvereinbarung richtet sich die Vergütung nach den Vorschriften des Bürgerlichen Rechts. Die entsprechenden Vorschriften (§§ 612 Abs. 2, 632 Abs. 2 BGB) sehen zwar für eine entgeltliche Geschäftsbesorgung wie den Anwaltsvertrag eine Vergütungspflicht, nicht jedoch eine feste Vergütungshöhe vor. Gleichermaßen existiert bei der Beratung eines **Verbrauchers** keine vom Gesetz vorgegebene Vergütung mehr, die durch eine Vereinbarung überschritten werden könnte. Denn die Kappungsgrenze von 190 EUR bzw. 250 EUR ist keine gesetzliche Vergütung, sondern greift erst bei Fehlen einer Gebührenvereinbarung als Höchstgrenze ein.

45 Schon aus **Beweisgründen** sollte jedoch auch für eine Gebührenvereinbarung immer die Textform eingehalten werden, um Diskussionen mit dem Mandanten nach Mandatsabschluss zu vermeiden.[50] Eine besondere Urkunde muss zu diesem Zwecke nicht aufgesetzt werden. Vielmehr reicht auch ein Bestätigungsschreiben nach Übernahme des Mandates aus, wenn der Auftraggeber dies widerspruchslos akzeptiert.

46 *Formulierungsbeispiel*

„(...) komme ich zurück auf unsere heutige Besprechung. (...). Wir hatten vereinbart, dass für die Beratung ein Pauschalhonorar von (...) EUR zzgl. gesetzlicher Umsatzsteuer zu zahlen ist. Weitere Kosten für Auslagen etc. werden daneben nach konkretem Nachweis in Rechnung gestellt.“

III. Inhalt

47 Um die Regulierung von Verkehrsunfallschäden, die in der täglichen Praxis ein Massengeschäft darstellt, von Bürokratie zu entlasten, sollte eine Form der Gebührenvereinbarung getroffen werden, die in der Abrechnung möglichst einfach zu handhaben ist.

50 So auch *Streck*, AnwBl 2006, 149, 150.

Die früher geltende Abrechnung nach **Gegenstandswerten** unter Anwendung der Gebühr aus dem Rahmen von 0,1 bis 1,0 hat den psychologischen Vorteil, dass man den Mandanten auf die frühere Gesetzeslage hinweisen kann. Sie ist in der Durchführung allerdings unter Umständen aufwendig, da nach Abschluss des Mandates die Bestimmung der konkreten Gebühr nach § 14 Abs. 1 RVG begründet werden muss. Alternativ bietet sich – bei aufwandsmäßig überschaubaren Mandaten – die Vereinbarung einer Pauschalgebühr bzw. in sonstigen Fällen die Vereinbarung eines **Stundensatzes** an. 48

Die Vergütung für eine Beratung ist auf diejenige Vergütung anzurechnen, die der Anwalt für eine mit der Beratung zusammenhängende Tätigkeit erhält (§ 34 Abs. 2 RVG). Das Gesetz lässt für die **Anrechnung** einen Zusammenhang zwischen der Beratung und der sonstigen Tätigkeit genügen. Dies bedeutet, dass der Gegenstand der sonstigen Tätigkeit mit dem der Beratung innerlich verknüpft sein muss und die beiden Angelegenheiten zeitlich aufeinander folgen müssen. 49

Beispiel 50

Anwalt A berät den Fahrer F über dessen Ansprüche aus einem Verkehrsunfall. F bittet ihn sodann, die Ansprüche gerichtlich durchzusetzen. In einem solchen Fall wird die Vergütung für die Beratung auf die Verfahrensgebühr nach Nr. 3100 VV RVG angerechnet.

Soweit die nachfolgende Tätigkeit einen **niedrigeren Gegenstandswert** hat, erfolgt die Anrechnung der Beratungsgebühr nur in dieser reduzierten Höhe. 51

Beispiel 52

Der Anwalt berät über Schadensersatzansprüche aus einem Verkehrsunfall, wobei er mit seinem Mandanten die Abrechnung einer 1,0-Gebühr aus dem Wert der Schadenspositionen (20.000 EUR) vereinbart hat. Die Beratung kommt zu dem Ergebnis, dass aufgrund Mithaftung des Mandanten für den Unfall nur ein Teilbetrag von 10.000 EUR gerichtlich geltend gemacht werden soll.

Auf die Verfahrensgebühr 1,3 nach Nr. 3100 VV RVG aus 10.000 EUR ist eine Beratungsgebühr von 1,0 aus 10.000 EUR anzurechnen, denn nur insoweit besteht ein Zusammenhang der Beratung mit der Prozessführung. Der darüber hinausgehende Teil der Beratungsgebühr ist von der Anrechnung ausgeschlossen. Der Anwalt erhält also eine Beratungsgebühr von 1,0 aus 20.000 EUR sowie eine Verfahrensgebühr von 1,3 nach Nr. 3100 VV RVG aus 10.000 EUR unter Anrechnung der Beratungsgebühr von 1,0 aus 10.000 EUR.

Nach § 34 Abs. 2 RVG kann in einer Gebührenvereinbarung jedoch auch festgelegt werden, dass die Beratungsgebühr nicht der Anrechnung unterliegt. Dieser **Ausschluss der Anrechnung** bedarf gemäß § 3a Abs. 1 S. 4 RVG nicht der Form des § 3a Abs. 1 S. 1 53 und 2 RVG, wobei sich die Einhaltung der Textform aus Gründen der einfacheren Beweisführung natürlich empfiehlt.

54 *Hinweis*

Die Vergütungsvereinbarung ist dann um folgende Formulierung zu ergänzen: „Die Vergütung für die Beratung wird nicht gemäß § 34 Abs. 2 RVG auf eine Gebühr für eine sonstige, mit der Beratung zusammenhängende Tätigkeit angerechnet.“

55 Der Anrechnungsausschluss ist schon deshalb zu empfehlen, weil dadurch das Problem umgangen wird, wie vereinbarte Zeit- oder Pauschalhonorare auf Geschäfts- oder Verfahrensgebühren bei unterschiedlichen Gegenstandswerten anzurechnen sind.

§ 7 Muster

A. Gebührenvereinbarung für Beratung

I. Pauschalhonorar

▼ 1

Muster 7.1: Gebührenvereinbarung für Beratung – Pauschalhonorar

Gebührenvereinbarung

Zwischen (*Name und Anschrift des Auftraggebers*)

und

Rechtsanwalt (*Name und Anschrift der Kanzlei*)

wird folgende Vereinbarung getroffen:

1. Für die Beratung in der Verkehrsunfallsache/Fahrerlaubnissache/Verkehrs-OWi-Sache/Verkehrsstrafsache (*genaue Bezeichnung*) wird ein Pauschalhonorar in Höhe von EUR zzgl. der gesetzlichen Umsatzsteuer, d.h. EUR brutto vereinbart.

2. Die bei Bearbeitung des Mandates anfallenden Auslagen (Porto- und Telefonkosten, Fahrtkosten etc.) gemäß Nrn. 7000 ff. VV RVG werden neben diesem Pauschalhonorar erstattet.

3. Soweit sich an die Beratung eine weitere anwaltliche Tätigkeit in derselben Angelegenheit anschließt, wird die Vergütung für die Beratung in Abweichung von § 34 Abs. 2 RVG nicht auf die später entstehenden Gebühren angerechnet.

4. Der Auftraggeber wurde darauf hingewiesen, dass die vereinbarte Vergütung möglicherweise nicht in vollem Umfang von seiner Rechtsschutzversicherung übernommen wird.

, den

Ort	*Datum*	*Unterschrift des Auftraggebers*

▲

II. Zeithonorar

2

Muster 7.2: Gebührenvereinbarung für Beratung – Zeithonorar

Gebührenvereinbarung

Zwischen (*Name und Anschrift des Auftraggebers*)

und

Rechtsanwalt (*Name und Anschrift der Kanzlei*)

wird folgende Vereinbarung getroffen:

1. Für die Beratung in der Verkehrsunfallsache/Fahrerlaubnissache/Verkehrs-OWi-Sache/Verkehrsstrafsache (*genaue Bezeichnung*) wird ein Zeithonorar in Höhe von EUR pro Stunde zzgl. der gesetzlichen Umsatzsteuer, d.h. EUR brutto, vereinbart.

2. Die Abrechnung erfolgt nach Abschluss der Beratung, wobei die geleistete Tätigkeit nach Zeitpunkt, Umfang und Inhalt genau dargelegt wird. Die Abrechnung erfolgt minutengenau.

3. Die bei Bearbeitung des Mandates anfallenden Auslagen (Porto- und Telefonkosten, Fahrtkosten etc.) gemäß Nrn. 7000 ff. VV RVG werden neben diesem Zeithonorar erstattet.

4. Soweit sich an die Beratung eine weitere anwaltliche Tätigkeit in derselben Angelegenheit anschließt, wird die Vergütung für die Beratung in Abweichung von § 34 Abs. 2 RVG nicht auf die später entstehenden Gebühren angerechnet.

5. Der Auftraggeber wurde darauf hingewiesen, dass die vereinbarte Vergütung möglicherweise nicht in vollem Umfang von seiner Rechtsschutzversicherung übernommen wird.

, den		
Ort	*Datum*	*Unterschrift des Auftraggebers*

III. Vereinbarung der früheren gesetzlichen Gebühren

▼ 3

Muster 7.3: Gebührenvereinbarung für Beratung in Verkehrszivil- und Verkehrsverwaltungssachen – Vereinbarung der früheren gesetzlichen Gebühren

Gebührenvereinbarung

Zwischen (*Name und Anschrift des Auftraggebers*)

und

Rechtsanwalt (*Name und Anschrift der Kanzlei*)

wird folgende Vereinbarung getroffen:

1. Für die Beratung in der Verkehrsunfallsache/Fahrerlaubnissache (*genaue Bezeichnung*) wird die Abrechnung einer Gebühr aus einem Rahmen von 0,1 bis 1,0 vereinbart. Den konkreten Gebührensatz bestimmt der Anwalt nach Abschluss der Beratung gemäß § 14 Abs. 1 RVG. Die Höhe der Gebühr bestimmt sich nach dem Gegenstandswert der anwaltlichen Tätigkeit gemäß § 13 Abs. 1 RVG in seiner zum Zeitpunkt dieser Vereinbarung gültigen Fassung.

2. Die bei Bearbeitung des Mandates anfallenden Auslagen (Porto- und Telefonkosten, Fahrtkosten etc.) gemäß Nrn. 7000 ff. VV RVG werden neben diesem Honorar erstattet.

3. Soweit sich an die Beratung eine weitere anwaltliche Tätigkeit für den Auftraggeber in derselben Angelegenheit anschließt, wird die Vergütung für die Beratung in Abweichung von § 34 Abs. 2 RVG nicht auf die später entstehenden Gebühren angerechnet.

4. Der Auftraggeber wurde darauf hingewiesen, dass die vereinbarte Vergütung möglicherweise nicht in vollem Umfang von seiner Rechtsschutzversicherung übernommen wird.

, den		
Ort	*Datum*	*Unterschrift des Auftraggebers*

▲

B. Vergütungsvereinbarung für außergerichtliche Vertretung

I. Zeithonorar

4 ▼

Muster 7.4: Vergütungsvereinbarung für außergerichtliche Vertretung – Zeithonorar

Vergütungsvereinbarung

Zwischen (*Name und Anschrift des Auftraggebers*)

und

Rechtsanwalt (*Name und Anschrift der Kanzlei*)

wird folgende Vereinbarung getroffen:

1. Aufgrund des Auftrags vom (*Datum*) wird die außergerichtliche Vertretung des Auftraggebers in der Verkehrszivilsache/Verkehrsverwaltungssache/Verkehrs-OWi-Sache/Verkehrsstrafsache (*genaue Bezeichnung*) übernommen.

Die Vergütung bemisst sich in Abweichung von den Bestimmungen des Rechtsanwaltsvergütungsgesetzes (RVG) nach dem zeitlichen Aufwand, der für die Bearbeitung des Mandates entsteht. Es wird ein Stundensatz von EUR **zzgl. gesetzlicher Umsatzsteuer, d.h.** EUR **brutto, vereinbart.**

2. Die ggf. anfallenden Kosten für Reisen und Übernachtungen werden daneben gesondert unter Anwendung der Nrn. 7003, 7004 und 7006 VV RVG in Rechnung gestellt. Alle sonstigen Auslagen sind mit dem Honorar abgegolten.

3. Es wird ein Vorschuss in Höhe von EUR vereinbart.

4. Mit der Schlussrechnung wird eine genaue Aufstellung über die geleistete Arbeitszeit nach Zeitpunkt, Umfang und Inhalt vorgelegt. Die Abrechnung erfolgt minutengenau.

5. Soweit die Angelegenheit Gegenstand eines gerichtlichen Verfahrens wird, wird die Vergütung für die außergerichtliche Vertretung des Auftraggebers in Abweichung von Vorb. 3 Abs. 4 VV RVG nicht auf Gebühren des gerichtlichen Verfahrens angerechnet.

6. Der Auftraggeber wurde darauf hingewiesen, dass die vereinbarte Vergütung möglicherweise über den gesetzlichen Gebühren nach dem RVG liegen kann und daher nicht in vollem Umfang vom Gegner oder einem Dritten (z.B. Rechtsschutzversicherung) übernommen wird.

, den		
Ort	*Datum*	*Unterschrift des Auftraggebers*

▲

II. Pauschalhonorar

5

Muster 7.5: Vergütungsvereinbarung für außergerichtliche Vertretung – Pauschalhonorar

Vergütungsvereinbarung

Zwischen (*Name und Anschrift des Auftraggebers*)

und

Rechtsanwalt (*Name und Anschrift der Kanzlei*)

wird folgende Vereinbarung getroffen:

1. Aufgrund des Auftrags vom (*Datum*) wird die außergerichtliche Vertretung des Auftraggebers in der Verkehrszivilsache/Verkehrsverwaltungssache/Verkehrs-OWi-Sache/Verkehrsstrafsache (*genaue Bezeichnung*) übernommen.

Abweichend von den Bestimmungen des Rechtsanwaltsvergütungsgesetzes (RVG) wird ein Pauschalhonorar in Höhe von EUR **zzgl. gesetzlicher Umsatzsteuer (d.h.** EUR **brutto) vereinbart.**

2. Die ggf. anfallenden Kosten für Reisen und Übernachtungen werden unter Anwendung der Nrn. 7003, 7004 und 7006 VV RVG neben dem Pauschalhonorar gesondert in Rechnung gestellt. Alle sonstigen Auslagen sind mit dem Honorar abgegolten.

3. Es wird ein Vorschuss in Höhe von EUR vereinbart.

4. Soweit die Angelegenheit Gegenstand eines gerichtlichen Verfahrens wird, wird die Vergütung für die außergerichtliche Vertretung des Auftraggebers in Abweichung von Vorb. 3 Abs. 4 VV RVG nicht auf die Verfahrensgebühr des gerichtlichen Verfahrens angerechnet.

5. Der Auftraggeber wurde darauf hingewiesen, dass die vereinbarte Vergütung über den gesetzlichen Gebühren nach dem RVG liegen kann und daher möglicherweise nicht in vollem Umfang vom Gegner oder einem Dritten (z.B. Rechtsschutzversicherung) übernommen wird.

, den

Ort *Datum* *Unterschrift des Auftraggebers*

C. Einholung einer Kostendeckungszusage

6 ▼

Muster 7.6: Einholung einer Kostendeckungszusage

An die
ABC Rechtsschutzversicherung
Musterstraße
12345 Musterstadt

Ihr Versicherungsnehmer: Otto Müller, Musterstraße 24, 12345 Musterstadt

Versicherungsschein-Nr.: 987 654 321

Unfallgeschehen vom 2.6.2025 in München, Werner-Heisenberg-Allee

Sehr geehrte Damen und Herren,

hiermit zeige ich an, dass Herr Otto Müller mich mit der Wahrnehmung seiner rechtlichen Interessen aus dem Unfallgeschehen vom 2.6.2025 beauftragt hat. Die näheren Einzelheiten entnehmen Sie bitte der anliegenden Schadensschilderung.

Ich bitte auf der Grundlage dieser Darstellung um Kostendeckungszusage für die Durchsetzung der dort aufgeführten Schadensersatzansprüche Ihres Versicherungsnehmers.

Mit freundlichen Grüßen

(*Rechtsanwalt*)

▲

D. Geltendmachung der Geschäftsgebühr

▼ 7

Muster 7.7: Geltendmachung der Geschäftsgebühr

An das
Amtsgericht Musterstadt
Gerichtsstraße 123
12345 Musterstadt

Klage

des Herrn Otto Müller, Musterstraße 24, 12345 Musterstadt

Klägers,

– Prozessbevollmächtigte: RA Meier, Musterstraße 14, 12345 Musterstadt

gegen

die XYZ Haftpflichtversicherung AG, vertreten durch den Vorstand, dieser vertreten durch den Vorsitzenden Herrn Josef Schmitz, Musterstraße 33, 12345 Musterstadt

Beklagte

Namens und in Vollmacht des Klägers erhebe ich Klage und werde beantragen,

> die Beklagte zu verurteilen, an den Kläger 4.500 EUR nebst Zinsen in Höhe von fünf Prozentpunkten über dem Basiszinssatz seit dem 1.8.2025 sowie vorgerichtliche Rechtsverfolgungskosten in Höhe von 572,21 EUR zu zahlen.
>
> (*Verfahrensanträge*)

Begründung

Mit der Klage macht der Kläger Schadensersatzansprüche aus einem Verkehrsunfallgeschehen vom 2.6.2025 sowie die Erstattung der außergerichtlichen Geschäftsgebühr geltend.

(*Ausführungen zu den Schadensersatzansprüchen*)

Als streitwertneutrale Nebenforderung wird daneben die Erstattung der für die außergerichtliche Tätigkeit des Unterzeichners entstandenen Geschäftsgebühr nach Nr. 2300 VV RVG geltend gemacht:

Am 12.6.2025 beauftragte der Kläger den Unterzeichner mit der außergerichtlichen Geltendmachung seiner Schadensersatzansprüche aus dem Unfallgeschehen. Die Beklagte wurde mit anwaltlichem Schreiben vom 12.6.2025 unter Darstellung des Sachverhalts und Spezifizierung der Ersatzansprüche zur Zahlung aufgefordert.

Beweis: Schreiben vom 12.6.2025

Die Beklagte wandte zunächst ein, die Reparaturkosten seien der Höhe nach nicht nachvollziehbar. Daher wurde mit Schreiben vom 26.6.2025 zu den Ausführungen des Privatsachverständigen ausführlich Stellung genommen.

Beweis: Schreiben vom 26.6.2025

Eine Zahlung erfolgte jedoch nicht. Für die außergerichtliche anwaltliche Tätigkeit wurde dem Kläger eine 1,3-Geschäftsgebühr gemäß Nr. 2300 VV RVG nebst Auslagenpauschale und Umsatzsteuer (Gesamtbetrag: 572,21 EUR) in Rechnung gestellt, die dieser auch ausgeglichen hat, so dass er von der Beklagten nicht nur Freistellung von der Rechnungsforderung, sondern Zahlung verlangen kann.

Beweis: Kontoauszug vom 10.7.2025

Die Beklagte hat trotz Fristsetzung zum 24.7.2025 keine Zahlung erbracht.

Beweis: Schreiben vom 10.7.2025

Nach § 15a Abs. 1 RVG entsteht die Geschäftsgebühr unabhängig von der für den Rechtsstreit anfallenden Verfahrensgebühr in voller Höhe. Da sie jedoch als außergerichtlich entstandene Gebühr nicht im Kostenfestsetzungsverfahren nach §§ 103, 104 ZPO festgesetzt werden kann (vgl. BGH BB 2005, 516; OLG Koblenz AGS 2005, 516; OLG Frankfurt JurBüro 2003, 201; OLG München MDR 2002, 237; OLG Rostock JurBüro 1998, 199; LG Berlin JurBüro 2005, 427; AG Stuttgart RVG-Berater 2005, 54; *Enders*, JurBüro 2004, 57; *N. Schneider*, AGS 2004, 277), wird sie als Nebenforderung mit der vorliegenden Klage geltend gemacht.

(*Rechtsanwalt*)

E. Vorschussanforderung nach § 9 RVG

▼ 8

Muster 7.8: Vorschussanforderung nach § 9 RVG

Rechtsanwalt Meier

Herrn
Otto Müller
Musterstraße 24
12345 Musterstadt

Unfallschadensregulierung in Sachen Müller/König

Besprechung am 12.6.2025

Sehr geehrter Herr Müller,

in der vorbezeichneten Angelegenheit danke ich für die Übertragung des obigen Mandates. Ich habe mich mit Schreiben vom heutigen Tage, welches ich zu Ihrer Information in der Anlage beifüge, wie vereinbart an den Haftpflichtversicherer Ihres Unfallgegners gewandt und die Schadensersatzforderungen geltend gemacht.

Wie bereits in unserer gemeinsamen Besprechung am 12.6.2025 angekündigt, bitte ich um Überweisung eines Vorschusses in Höhe von 572,21 EUR (brutto) auf eines meiner unten angegebenen Konten. Ich hatte Ihnen bereits erläutert, dass diese Summe den voraussichtlich entstehenden Gebühren nach dem Rechtsanwaltsvergütungsgesetz auf der Grundlage eines Gegenstandswertes von 4.500 EUR und einem durchschnittlichen Bearbeitungsaufwand entspricht. Eine genaue Bezifferung ist erst nach Abschluss des Mandates möglich.

Über den weiteren Verlauf der Angelegenheit werde ich Sie unterrichten und stehe Ihnen für Rückfragen gerne zur Verfügung.

Mit freundlichen Grüßen

(*Rechtsanwalt*)

▲

F. Abrechnung nach § 10 RVG

9 ▼

Muster 7.9: Abrechnung nach § 10 RVG

Rechtsanwalt Meier

Herrn
Otto Müller
Musterstraße 24
12345 Musterstadt

Unfallschadensregulierung in Sachen Müller/König

Vergütungsabrechnung

Sehr geehrter Herr Müller,

nach Abschluss des Mandates darf ich meine Tätigkeit wie folgt in Rechnung stellen:

Leistungszeit: 12.6.2025 bis 31.7.2025

Gegenstandswert: 5.500 EUR

1.	1,5-Geschäftsgebühr, VV 2300		621,00 EUR
2.	Auslagenpauschale, VV 7002		20,00 EUR
3.	Zwischensumme (netto)	641,00 EUR	
	./. Vorschuss vom 12.6.2025 (netto)	*– 460,85 EUR*	
4.	Restbetrag (netto)		180,15 EUR
5.	Umsatzsteuer, VV 7008		34,23 EUR
	Gesamt		214,38 EUR

Die Abrechnung einer Geschäftsgebühr in Höhe der Mittelgebühr beruht auf dem überdurchschnittlichen Umfang der Angelegenheit. Ich habe insgesamt vier Schreiben an den gegnerischen Versicherer richten müssen, da über einzelne Schadenspositionen gestritten wurde und Vorschäden aus einem anderen Unfallereignis abzugrenzen waren. Darüber hinaus habe ich eine Besprechung mit der Unfallzeugin Paula Kaiser durchführen müssen, um den genauen Unfallverlauf zu klären.

Der Gegenstandswert hat sich im Laufe des Mandates dadurch erhöht, dass die Reparaturkosten nachträglich höher ausgefallen sind als im Kostenvoranschlag angegeben.

Den nach Abzug des von Ihnen gezahlten Vorschusses verbleibenden Betrag von 214,38 EUR bitte ich auf eines meiner unten angegebenen Konten zu überweisen.

Mit freundlichen Grüßen

(*Rechtsanwalt*)

▲

G. Abrechnung mit Vorbehalt wg. Teilerledigung

▼ 10

Muster 7.10: Abrechnung mit Vorbehalt wg. Teilerledigung

An die
XYZ Haftpflichtversicherungs AG
Musterstraße 33
12345 Musterstadt

Ihr Versicherungsnehmer: Paul König
Versicherungsschein-Nr.: 123 456 789

Unfallgeschehen vom 2.6.2025 in München, Forstenrieder Allee

Sehr geehrte Damen und Herren,

in der Anlage übermittle ich Ihnen die Abrechnung meiner Tätigkeit für Herrn Otto Müller, Musterstraße 24, 12345 Musterstadt im Rahmen der Abwicklung des oben genannten Verkehrsunfalls. Ich bitte um Überweisung des Rechnungsbetrages auf eines meiner unten angegebenen Konten.

Der Liquidation liegen Ihre Abrechnungsgrundsätze sowie ein Erledigungswert von 5.000 EUR zugrunde. Es handelt sich dabei um den von Ihnen anerkannten Sachschaden, der am Fahrzeug meines Mandanten entstanden ist.

Soweit wir in den bisherigen Besprechungen keine Einigung über die Erstattung des geltend gemachten Schmerzensgeldes treffen konnten, bleibt eine gerichtliche Geltendmachung dieses Anspruchs ausdrücklich vorbehalten.

Mit freundlichen Grüßen

(*Rechtsanwalt*)

▲

H. Antrag nach § 11 RVG

11 ▼

Muster 7.11: Antrag nach § 11 RVG

An das
Amtsgericht Musterstadt
Gerichtsstraße 123
12345 Musterstadt

Vergütungsfestsetzungsantrag

In der Rechtsanwaltsvergütungssache

des Rechtsanwalts Jörg Meier, Musterstraße 14, 12345 Musterstadt

Antragstellers,

gegen

Herrn Otto Müller, Musterstraße 24, 12345 Musterstadt

Antragsgegner,

wird beantragt,

> die gesetzliche Vergütung des Antragstellers für die gerichtliche Tätigkeit im Verfahren 17 C 465/25 AG Musterstadt in Höhe von 1.139,13 EUR nebst Zinsen in Höhe von fünf Prozentpunkten über dem Basiszinssatz nach § 247 BGB seit dem 31.8.2025 gegen den Antragsgegner festzusetzen.

Begründung

Es wird die Festsetzung der anwaltlichen Vergütung nach § 11 Abs. 1 RVG gegen den eigenen Auftraggeber beantragt.

Der Antragsteller hat den Antragsgegner auftragsgemäß als Prozessbevollmächtigten im Verfahren 17 C 465/25 vor dem Amtsgericht Musterstadt vertreten. Die Klage auf Zahlung von Schadensersatz ist nach Zeugeneinvernahme abgewiesen worden.

Beweis: Beiziehung der Akten 17 C 465/25 AG Musterstadt

Dem Antragsgegner ist nach rechtskräftigem Abschluss des Verfahrens und damit gemäß § 8 Abs. 1 S. 2 RVG eintretender Fälligkeit der Vergütung unter dem 16.8.2025 eine den Anforderungen des § 10 Abs. 2 RVG entsprechende Abrechnung übersandt worden.

Beweis: Abrechnung vom 16.8.2025

Trotz einer mit Schreiben vom 23.8.2025 erfolgten Mahnung mit Fristsetzung zum 30.8.2025 ist keine Zahlung erfolgt.

Mit dem vorliegenden Festsetzungsantrag werden die gesetzlichen Gebühren für die Vertretung im gerichtlichen Verfahren geltend gemacht. Diese berechnen sich aus einem Gegenstandswert von 4.500 EUR wie folgt:

1. 1,3-Verfahrensgebühr, VV 3100		460,85 EUR
2. 1,2-Terminsgebühr, VV 3104		425,40 EUR
3. Auslagenpauschale, VV 7002		20,00 EUR
4. Fahrtkosten, VV 7003		
Verhandlungstermin, 50 km à 0,42 EUR		21,00 EUR
5. Abwesenheitsgeld, VV 7005 Nr. 1		30,00 EUR
Zwischensumme	*957,25 EUR*	
6. Umsatzsteuer, VV 7008		181,88 EUR
Gesamt		1.139,13 EUR

Die vom Antragsteller verauslagen Gerichtskosten (Nr. 1210 KV GKG) hat der Antragsgegner bereits ausgeglichen.

Da sich der Antragsgegner seit dem 31.8.2025 in Verzug befindet, sind auch die gesetzlichen Zinsen in Höhe von fünf Prozentpunkten über dem Basiszinssatz festzusetzen (§ 11 Abs. 2 S. 3 RVG i.V.m. § 104 Abs. 1 S. 2 ZPO).

(*Rechtsanwalt*)

I. Honorarklage gegen Mandant

12 ▼

Muster 7.12: Honorarklage gegen Mandant

An das
Amtsgericht Musterstadt
Gerichtsstraße 123
12345 Musterstadt

Klage

des Rechtsanwalts Jörg Meier, Musterstraße 14, 12345 Musterstadt

Klägers,

– Prozessbevollmächtigter: RA Meier, Musterstraße 14, 12345 Musterstadt –

gegen

Herrn Otto Müller, Musterstraße 24, 12345 Musterstadt

Beklagten

Namens und in Vollmacht des Klägers erhebe ich Klage und werde beantragen,

den Beklagten zu verurteilen, an den Kläger 1.081,41 EUR nebst Zinsen in Höhe von fünf Prozentpunkten über dem Basiszinssatz seit dem 4.7.2025 zu zahlen.

(*Verfahrensanträge*)

Begründung

Am 15.6.2025 erteilte der Beklagte dem Kläger den Auftrag, ihn bei der Regulierung seines Unfallschadens vom 14.6.2025 gegenüber dem Unfallgegner und dessen Haftpflichtversicherer zu vertreten.

Aufgrund der Unfallschilderung des Beklagten kam der Kläger zu dem Ergebnis, dass eine Geltendmachung von Schadensersatzansprüchen erfolgreich sein würde und forderte den gegnerischen Versicherer mit Schreiben vom 18.6.2025 zunächst zu einem Anerkenntnis der Einstandspflicht dem Grunde nach auf, da die konkrete Schadenshöhe noch ermittelt wurde.

Beweis: Schreiben vom 18.6.2025

Im Verlauf der weiteren Besprechungen mit dem Versicherer stellte sich jedoch heraus, dass der Beklagte dem Kläger seine hochgradige Alkoholisierung im Zeitpunkt des Unfallgeschehens verschwiegen hatte. Die weiteren Bemühungen um Durchsetzung der Ersatzansprüche wurden aufgrund des damit bestehenden überwiegenden Verschuldens des Beklagten am 26.6.2025 eingestellt.

Mit Schreiben vom 27.6.2025 stellte der Kläger dem Beklagten die entstandene Vergütung, nämlich eine 1,5-Geschäftsgebühr nebst Auslagenpauschale und Umsatzsteuer in Rechnung.

Beweis: Abrechnung vom 27.6.2025

Der Beklagte verweigerte mit Schreiben vom 4.7.2025 den Ausgleich dieser Rechnung mit Hinweis auf eine angebliche Falschberatung und führte außerdem an, die Vergütung sei zu hoch.

Beweis: Schreiben vom 4.7.2025

Aufgrund des nicht gebührenrechtlichen Einwands ist dem Kläger ein Antrag auf Festsetzung nach § 11 Abs. 1 RVG verwehrt, so dass die Gebührenforderung im Wege einer Honorarklage geltend gemacht werden muss.

Die vom Beklagten behauptete Falschberatung liegt nicht vor.

(*wird ausgeführt*)

Die Berechnung der Vergütung entspricht den Anforderungen des RVG und ist auch in der Sache zutreffend. Der Gegenstandswert für die Berechnung der Gebühren für die außergerichtliche Tätigkeit des Anwalts bestimmt sich nach den für die Gerichtsgebühren geltenden Vorschriften (§ 23 Abs. 1 S. 3 RVG). Maßgeblich für die Gebührenberechnung des Klägers ist also der Wert derjenigen Ansprüche aus dem Unfallereignis, mit deren Durchsetzung er beauftragt wurde. Danach beträgt der Gegenstandswert im vorliegenden Fall 9.000 EUR, da sich der gutachtlich belegte Sachschaden am Fahrzeug des Beklagten auf diese Summe beläuft.

Für die außergerichtliche Vertretung des Beklagten gegenüber dem Unfallgegner und dessen Versicherer kann eine Geschäftsgebühr aus dem Rahmen der Nr. 2300 VV RVG abgerechnet werden.

Der Ansatz einer 1,5-Geschäftsgebühr entspricht im vorliegenden Fall billigem Ermessen unter Berücksichtigung der Umstände des Einzelfalls im Sinne von § 14 Abs. 1 RVG, da die Angelegenheit überdurchschnittlich umfangreich war.

Der Beklagte hat den Kläger in den frühen Morgenstunden des 15.6.2025 – außerhalb der üblichen Bürozeiten – kontaktiert und um anwaltliche Unterstützung gebeten. Da der Beklagte als Freiberufler auf ein Fahrzeug dringend angewiesen war, musste unter großem Zeitdruck geprüft werden, ob und welches Ersatzfahrzeug angemietet werden konnte. Zusätzlich musste eine Vereinbarung mit dem eingeschalteten Sachverständigen getroffen werden, um einen Finanzierungsengpass des Beklagten abzuwenden.

Der Beklagte konnte zum genauen Unfallverlauf nicht in allen Details Angaben machen, so dass der Kläger sowohl Einsicht in die polizeiliche Unfallakte nehmen als auch mit zwei Zeugen sprechen musste. Als sich im weiteren Verlauf der Angelegenheit die Alkoholisierung des Beklagten im Unfallzeitpunkt herausstellte, hat der Kläger sowohl mit dem medizinischen Sachverständigen als auch mit dem gegnerischen Versicherer Rücksprache halten müssen.

Unter Berücksichtigung dieser Umstände entspricht der Ansatz einer 1,5-Geschäftsgebühr billigem Ermessen.

Beweis: Gutachten des Vorstands der Rechtsanwaltskammer

Die vom Beklagten geschuldete Vergütung berechnet sich daher wie folgt:

1. 1,5-Geschäftsgebühr, VV 2300	
aus 9.000 EUR	888,75 EUR
2. Auslagenpauschale, VV 7002	20,00 EUR
3. Umsatzsteuer, VV 7008	172,66 EUR
Gesamt	1.081,41 EUR

Da der Beklagte mit Schreiben vom 4.7.2025 die Zahlung endgültig und ernsthaft verweigerte, befindet er sich seit diesem Zeitpunkt in Verzug. Hieraus rechtfertigt sich die geltend gemachte Zinsforderung (§§ 286, 288 Abs. 1 BGB).

(*Rechtsanwalt*)

Stichwortverzeichnis

fette Zahlen = Paragrafen, magere Zahlen = Randnummern

Jetzt auch mit E-Rechnung
XML
Rechtsanwalt
Norbert Schneider
Gebührenrechtsexperte
Mitentwickler von
AnwaltsGebühren.Online